中国法院2025年度案例

国家法官学院 最高人民法院司法案例研究院 / 编

买卖合同纠纷

中国法治出版社
CHINA LEGAL PUBLISHING HOUSE

《中国法院2025年度案例》通讯编辑名单

序

为深入学习贯彻习近平法治思想，落实习近平总书记“一个案例胜过一打文件”的重要指示精神，人民法院始终把完善中国特色案例制度，加强以案释法作为推进全面依法治国、支撑和服务中国式现代化的重要途径。人民法院案例库向社会开放一年多来，最高人民法院始终坚持高标准建设，实现入库案例对常见案由和罪名全覆盖，对于促进法律适用统一，实现严格公正司法发挥了重要作用。

“中国法院年度案例系列”丛书以及时记录人民法院司法审判工作新发展、新成就为己任，通过总结提炼典型案例的裁判规则、裁判方法和裁判理念，发挥案例鲜活生动、针对性强的优势，以案释法，以点带面，有针对性地阐释法律条文和立法精神，促进社会公众通过案例更加方便地学习法律，领悟法治精神，体现司法规范、指导、评价、引领的重要作用，大力弘扬社会主义核心价值观，积极服务人民法院案例库建设，加强对案例库案例的研究，促进统一法律适用，提升审判质效，丰富实践法学研究，增强全民法治意识和法治素养，展现新时代我国法治建设新成就。

“中国法院年度案例系列”丛书自2012年编辑出版以来，已连续出版13年，受到读者广泛好评。为更加全面地反映我国司法审判执行工作的发展进程，顺应审判执行实践需要，响应读者需求，丛书于2014年度新增金融纠纷、行政纠纷、刑事案例3个分册，2015年度将刑事案例调整为刑法总则案例、刑法分则案例2个分册，2016年度新增知识产权纠纷分册，2017年度新增执行案例分册，2018年度将刑事案例扩充为4个分册，2022年度将土地纠纷（含林地纠纷）分册改为土地纠纷（含环境资源纠纷）分册。自2020年起，丛书由国家法官学院与最高人民法院司法案例研究院共同编辑，每年年初定期出版。在全国各级人民法院的大力支持下，丛书编委会现编辑出版《中国法院2025年度案例系列》丛书，共23册。

“中国法院年度案例系列”丛书以开放务实的态度、简洁明快的风格，在编辑过程中坚持以下方法，努力让案例书籍“好读有用”：一是高度提炼案例内容，控制案例篇幅，每个案例字数基本在3000字左右；二是突出争议焦点，力求在有限的篇幅内为读者提供更多有效信息，便于读者快速抓取案例要点；三是注重释法说理，案例由法官撰写“法官后语”，高度提炼、总结案例的指导价值，引发读者思考，为司法审判提供借鉴，为法学研究提供启迪。

“中国法院年度案例系列”丛书编辑工作坚持以下原则：一是以研究案例库案例为首要任务。自2024年起，“中国法院年度案例系列”丛书优先选用人民法院案例库案例作为研究对象，力求对案例库案例裁判要旨的基本内涵、价值导向、法理基础、适用要点等进行深入分析，增强丛书的权威性、参考性。二是广泛选编案例。国家法官学院和最高人民法院司法案例研究院每年通过各高级人民法院从辖区法院汇集上一年度审结的典型案例近万件，使丛书有广泛的精选基础，通过优中选优，可提供给读者新近发生的多种类型的典型、疑难案例。三是方便读者检索。丛书坚持以读者为本，做到分卷细化，每卷案例主要根据案由或罪名分类编排，每个案例用一句话概括裁判要旨或焦点问题作为主标题，让读者一目了然，迅速找到目标案例。

中国法治出版社始终全力支持“中国法院年度案例系列”丛书的出版，给了编者们巨大的鼓励。2025年，丛书将继续提供数据库增值服务。购买本系列丛书，扫描腰封二维码，即可在本年度免费查阅往年同类案例数据库。我们在此谨表谢忱，并希望通过共同努力，逐步完善，做得更好，探索出一条充分挖掘好、宣传好人民法院案例库案例和其他典型案例价值的新路，为广大法律工作者和社会公众提供权威、鲜活、精准的办案参考、研究素材，更好地服务司法审判实践、服务法学教育研究、服务法治中国建设。

“中国法院年度案例系列”丛书既是法官、检察官、律师等法律工作者的办案参考和司法人员培训辅助教材，也是社会大众学法用法的经典案例读本，同时为教学科研机构开展案例研究提供了良好的系列素材。当然，编者们在编写过程中也难以一步到位实现目标愿景，客观上会存在各种不足甚至错误，欢迎读者批评指正。我们诚心听取各方建议，立足提质增效，不断拓宽司法案例研究领域，创新司法案例研究方法，助推实现中国特色司法案例研究事业的高质量发展。

国家法官学院　最高人民法院司法案例研究院
2025 年 3 月

目　录

Contents

一、买卖合同的订立

1. 中间人参与的买卖关系交易主体如何认定 …………………………… 1

——某金属材料公司诉某环保设备公司、钟某某买卖合同案

2. 仅有送货单等交货凭证能否直接证明买卖合同成立 ……………… 5

——某石材店诉张甲买卖合同案

3. 无书面合同，认定买卖合同关系成立的标准及对合同相对性的审查 …………………………………………………………………… 9

——某建材商行诉某建筑工程公司买卖合同案

4. 买方在不认识第三人供货方的情况下，按照卖方的指示向供货方支付货款是否影响其与卖方之间买卖合同关系的成立 …………… 14

——袁某、陈某诉罗某买卖合同案

5. 本约未订立时预约合同的审查规则 ………………………………… 18

——某贸易公司诉某国际贸易公司买卖合同案

6. 销售代理框架下代理商为自己购买产品应认定为买卖合同关系 ………… 26

——某环保新材料公司诉王某买卖合同案

二、买卖合同的效力

7. 权利人逾期主张使用商品抵用券的法律效力认定 ………………… 34

——文某诉某轮胎销售公司买卖合同案

8. 指定采购中“背靠背”条款的效力认定 …… 39
——某机电设备公司诉某安装工程公司、某建工公司买卖合同案

9. 违规买卖视频账号虚拟货币导致的财产损失，应按各自过错担责 …… 43
——刘某诉钟某买卖合同案

10. 数字藏品的法律属性及其交易行为的效力认定 …… 49
——杨某诉某文创公司买卖合同案

11. 开发商捆绑销售车位行为及车位使用权转让协议的效力认定 …… 53
——冯某诉某房地产开发公司等买卖合同案

12. 古玩交易中重大误解的认定 …… 58
——黄某诉徐某买卖合同案

13. 侵害消费者知情权的行为不当然认定为欺诈 …… 64
——陈某诉某汽车公司买卖合同案

14. 无药品经营资质者签订合同参与药品经营行为的评定 …… 69
——某医药公司、王某诉黄某买卖合同案

15. 增信承诺文件的法律性质认定 …… 73
——某电缆制造公司诉某电气设备公司买卖合同案

三、买卖合同的履行

16. “背靠背”条款存在可被突破情形能否成为拒绝支付货款的抗辩理由 …… 77
——某建筑材料公司诉某建设公司买卖合同案

17. 二手车交易中，出卖车管所审核登记的篡改车架号车辆的一方是否违约 …… 82
——某车行、周某诉刘某、段某买卖合同案

18. 善意取得的认定 …………………………………………………………………… 86
——陈某诉唐某、肖某买卖合同案
19. 合同仅约定质保期时，质保期与检验期的联系与区别 ………………… 91
——某畜牧公司诉某工程材料公司买卖合同案
20. 合同履行发生争议时合同解释规则的运用及默示变更的认定 ………… 96
——某航空公司诉某航空技术公司买卖合同案
21. 以“领养”为名出售宠物，商家应承担经营者责任 ………………… 102
——符某诉刘某等买卖合同案
22. 出卖人未按合同约定开具发票的，应承担继续履行责任 …………… 106
——某投资公司诉某贸易公司买卖合同案
23. 付款期限附条件条款的司法认定路径 ……………………………… 112
——某建材销售部诉某建筑工程公司买卖合同案
24. 附条件的民事法律行为，当事人为自己的利益不正当地阻止条件成就的，视为条件已经成就 ……………………………………… 116
——某建材公司诉某装饰设计公司买卖合同案
25. 买受人无正当理由迟延验货导致质保期满，应视为标的物验收合格 ……………………………………………………………… 121
——某五金制品公司诉某科技公司买卖合同案
26. 双方约定滞销产品任意退货权应在合理期限内行使 ………………… 127
——甲科技公司诉某智能公司、乙科技公司买卖合同案
27. 以第三人的履行行为作为履行条件的约定的法律性质与效力问题 ……………………………………………………………… 131
——某数字公司诉某科技公司买卖合同案
28. 债务加入与连带责任保证的区分与认定 …………………………… 137
——王某等诉于甲等买卖合同案

四、买卖合同的变更和解除

29. 违反附随义务致“合同目的不能实现”能否产生法定解除权 …………… 144
——谢某诉滕某买卖合同案

30. 当事人明知第三人隐瞒重大事项仍选择继续履行的，无权请求撤销合同 …………… 148
——张甲诉张乙等买卖合同案

31. 车辆关键零部件多次维修是否达到解除合同条件 …………… 152
——张某诉某投资公司买卖合同案

32. 卖方未交付发票和合格证导致合同目的无法实现的，买方享有合同解除权，解除权的时间起算点应对守约方作出有利解释 …………… 159
——某物流公司诉某汽车贸易公司买卖合同案

33. 在买卖合同缺乏明确约定的情况下，不能以动物的天然孳息不符合期待而要求解除合同 …………… 164
——郭某诉郝某买卖合同案

五、买卖合同的违约责任

34. 非违约方构成替代交易的情况下，确认相应损失数额的判断规则 …………… 169
——某电力科技公司诉某能源技术公司买卖合同案

35. 未按约定付款的违约行为，是否适用定金罚则没收定金 …………… 173
——某发展公司诉某投资公司等买卖合同案

36. 违约金清偿抵充顺序规则 …………… 178
——某商贸公司诉某建工公司买卖合同案

37. “知假买假”与消费者权益保护的正确认定 …………… 184
——季某诉某运营管理公司买卖合同案

38. 对销售篡改车辆行驶里程是否构成欺诈消费者行为的认定 …………… 189
——吴某诉李甲买卖合同案

六、买卖合同的证据及诉讼时效

39. 网上交易行为引发纠纷，在原告提供的被告身份信息有可能并非原告交易相对方时，法院应否调查 …………………………………… 194
——王某诉温某买卖合同案

40. 刑事侦查阶段出具的鉴定意见不宜直接在民事诉讼中采信 …………… 197
——某电气设备公司诉杜某买卖合同案

41. 诉讼时效届满后借款人签收催款函是否导致诉讼时效重新起算 ……… 202
——王某诉温某买卖合同案

七、信息网络买卖合同纠纷

42. “赌石”交易中卖家是否构成欺诈的认定 ……………………………… 207
——赖某诉何某信息网络买卖合同案

43. 预包装食品标签瑕疵的责任承担 …………………………………… 212
——罗某诉某食品店信息网络买卖合同案

44. 直播带货发生纠纷，主播是否承担责任的认定 ……………………… 218
——冯某诉刘某等信息网络买卖合同案

45. 因物联网数据证据偏在而行预备合并之诉的，应当合并审理，不宜驳回起诉 ………………………………………………………… 222
——谭某诉某体育公司信息网络买卖合同案

46. 消费者利用电商网页错误低价恶意购买，行使合同权利是否应限制 ……………………………………………………………… 227
——王甲诉王乙信息网络买卖合同案

47. 带有射幸性质的交易行为不属于欺诈 …… 232
——谢某诉某玉业公司信息网络买卖合同案

48. 错误标价信息网络买卖合同的效力认定 …… 236
——陈某诉某酒业公司、某网络销售平台信息网络买卖合同案

49. 电子商务平台嵌套经营模式下外层平台的性质及商品混淆时法律责任认定 …… 239
——王某诉某电商公司、某信息技术公司信息网络买卖合同案

50. 网购平台对消费者作出“仅退款”的处理决定对商家有无约束力 …… 244
——某工贸公司诉华某信息网络买卖合同案

51. 标的物毁损灭失的风险负担 …… 247
——卢某诉许某、金某信息网络买卖合同案

52. 网络交易中快递未当面交付验收产生违约责任的认定 …… 252
——胡某诉章某等信息网络买卖合同案

53. 社区团购经营者不能证明自己仅为网络服务提供者时应承担销售者责任 …… 256
——董某诉某科技公司等信息网络买卖合同案

54. 恶意频繁退单的信息网络买卖合同效力认定 …… 260
——庞某诉黄某信息网络买卖合同案

八、所有权保留买卖合同纠纷

55. 因保留所有权人购买的商业险无法受偿应负担相应风险 …… 264
——某运输公司诉严某、姜某所有权保留买卖合同案

一、买卖合同的订立

1

中间人参与的买卖关系交易主体如何认定

——某金属材料公司诉某环保设备公司、钟某某买卖合同案

【案件基本信息】

1. 裁判书字号

江苏省无锡市锡山区人民法院（2022）苏0205民初5965号民事判决书

2. 案由：买卖合同纠纷

3. 当事人

原告：某金属材料公司

被告：某环保设备公司、钟某某

【基本案情】

某环保设备公司因购买钢材需要经中间人杜某介绍向某金属材料公司订购钢材，双方通过中间人杜某分别在2022年2月14日和4月14日签订了两份购销合同，钢材订购、运输、送货等事宜均由杜某经办。双方往来期间，某环保设备公司均按照杜某指示付款，款项部分支付至某金属材料公司账户，部分支付至杜某微信，部分支付至杜某指定的案外人账户，某金属材料公司以未收到剩余货款为由将某环保设备公司诉至法院，某环保设备公司辩称货款已经全部

按照中间人杜某要求支付完毕，不结欠任何货款，若某金属材料公司不认可收款事实，某环保设备公司亦不认可与某金属材料公司签订过买卖合同，因整个交易环节中某环保设备公司从未与某金属材料公司工作人员有过沟通联络，没有与某金属材料公司发生买卖行为，仅是向杜某购买钢材，并全额支付货款，不应再承担付款责任。

【案件焦点】

1. 杜某是中间人还是买受人；2. 杜某是买受方还是出卖方的代理人，其行为是否构成表见代理；3. 钢材买卖合同在某金属材料公司与某环保设备公司之间是否成立。

【法院裁判要旨】①

江苏省无锡市锡山区人民法院经审理认为：案涉合同并非由某金属材料公司与某环保设备公司直接签订，而是由案外人杜某将合同带至某环保设备公司签订并履行，杜某是案涉合同的具体经办人员。通过查明的微信聊天记录事实可知，杜某与某环保设备公司钟某某、某金属材料公司对于合同磋商、签订、履行、付款等进行了多次沟通。对于案涉争议，首先，应当明确杜某在案涉纠纷中的具体身份，杜某有无某金属材料公司代理权限。某金属材料公司明确杜某并非其业务员，其并未与杜某签订过用工手续，也并未授予过杜某代理权限，某环保设备公司也未提供杜某属于某金属材料公司员工的证据，故杜某并无某金属材料公司代理权限。其次，杜某并非某金属材料公司员工也并无代理权却代表某金属材料公司与某环保设备公司签订案涉合同。结合本案事实，杜某的行为构成表见代理，理由是：某金属材料公司称其并未授予杜某代理权限以及收款权限，事后也并未追认，但杜某带着某金属材料公司盖章的合同对外与某环保设备公司签订合同，杜某的行为是无权代理行为。交易前期杜某已经与某环保设备公司磋商采购钢材事宜，并且杜某在微信上向某环保设备公司发送了

① 本书【法院裁判要旨】适用的法律法规等条文均为案件裁判当时有效，下文不再对此进行提示。

某金属材料公司的开票资料，在签订合同时杜某带着某金属材料公司加盖公章的合同与某环保设备公司签订案涉合同，并由杜某安排送货，杜某的行为具有代理权的外观。以上合同磋商及签订的情况，某环保设备公司有理由相信杜某具有某金属材料公司的代理权限并与其进行合作，该过程中某金属材料公司并未告知某环保设备公司杜某没有代理权限，某环保设备公司并不知晓杜某没有代理权限，故杜某的代理行为有效。最后，关于杜某是否具有收款权限，某金属材料公司工作人员在合同履行过程中并未直接与某环保设备公司进行联系沟通，均是通过杜某完成案涉合同的签订、沟通、履行、收取货款事宜，在某金属材料公司未收到全部货款的情况下也是首先联系杜某，要求杜某向某环保设备公司进行催款，在多次要求杜某催款无果的情况下直接联系了某环保设备公司、钟某某，该事实也足以说明某金属材料公司催讨货款的对象首先是杜某，在杜某无法交付收取的货款后才要求某环保设备公司进行支付。在起诉前某金属材料公司通过双方微信聊天记录对某环保设备公司已经将案涉合同项下货款按照杜某的指示支付，杜某已收取货款是明知的。合同履行过程中，某金属材料公司虽未明确授权杜某收款权限，但某金属材料公司认可杜某交付的现金为合同履行中某环保设备公司支付的货款，在案涉合同货款中予以扣减，故某金属材料公司对于杜某收取货款后再交付某金属材料公司的行为予以认可，杜某有权收取某环保设备公司支付的货款，故某环保设备公司按照杜某指示支付货款后已经履行完毕货款支付义务，某金属材料公司无权再要求某环保设备公司继续履行。

江苏省无锡市锡山区人民法院依照《中华人民共和国民法典》第六十七条、第一百七十二条，《中华人民共和国民事诉讼法》第一百四十五条，《最高人民法院关于适用〈中华人民共和国民法典〉总则编若干问题的解释》第二十八条之规定，判决如下：

驳回某金属材料公司的全部诉讼请求。

判决后，双方当事人均未上诉，本判决现已生效。

【法官后语】[①]

在通常的买卖合同中，买卖双方一般都相互熟识，合同的签署、履行等内容均由双方直接交涉。但实际生活中由于信息不对称、货物资源稀缺等原因，部分交易系通过中间人联络完成，买卖双方之间的交流并不多。此类交易中潜藏的法律风险不容忽视。

如何准确合理认定“零接触”交易的主体，应从以下几个方面加以把握。第一，关于主体认定事实的查明。认定合同主体首先应查明交易过程。一是在订有书面合同，但各方对主体存有争议时，如既有个人签名又有公司盖章的，应详尽查明签约人的身份，签约人与载明主体的关系，签约人的具体权限，合同首部尾部能否呼应以及不能呼应的原因等，并由提出抗辩方进行解释。二是在未订立书面合同时，应尽最大努力，向双方询问具体的交易流程，包括但不限于认识的方式、交易的方式（付款方式、交货方式、验收方式、运输方式等）、交易的地点、交易的参与人，特别是在首次开庭时，应着重调查核实双方微信交流记录。三是注意识别判断交易过程中相关的信息的载体及具体的表述方式。如当交易主体是个人还是企业存在争议时，要从交易主体的身份、协商过程中提供的名片、交易过程中使用的便笺有无标识、税务问题如何处理、相关对接人员是企业自有员工还是外聘等诸多细节加以把握，查细、查实。

第二，关于主体认定的分析依据。查清事实的目的是为法律适用服务，关于主体认定的法律依据主要把握以下几个问题：一是对于没有书面协议交易，应充分认识“合同书”和“合同关系”的内在逻辑联系，前者仅仅是后者的载体之一，在没有书面协议的情况下，结合订约协商、订约、交易及纠纷产生后协商的具体情形，可以直接确定合同关系，从而跳出当事人没有书面协议即没有交易的诡辩。二是无论何种事实情况，认定合同主体均不能脱离法律关系三要素（主体、客体、权利义务关系）这一基本的理论分析框架。即在将查明的事实用于分析认定合同主体时，将其从法律关系三要素中独立开来，应当认识

---

① 本书【法官后语】所涉法律问题涉及的法律法规等内容进行了时效性更新，下文不再对此进行提示。

到三者之间的逻辑联系，分析主体问题，要通过各方对涉案客体“标的”存在何种权利义务关系来分析，通过分析具体的权利义务关系的内容，来判断谁是适格的涉案主体，并据此作为判决说理的依据，否则所谓主体认定将无所依附。

遵循上述思路，非有充足依据的前提下，一般应认定为企业交易，而非中间人交易。与此同时，为确保案件事实的查明，可以通过明确举证责任，申请交易参与人作为证人出庭作证，追加交易参与人作为第三人参加诉讼等方式，尽量在一个案件中通过上述方式，充分运用现有法律资源，精准把握“零接触”的线下买卖合同交易主体，既减少诉累，又查清事实，分清是非。综上，交易主体认定作为“零接触”的线下买卖合同交易纠纷的首要问题，应当根据此类纠纷产生的背景，运用恰当的事实查明方法，适度扩张“证人”“第三人”的参与度，进而有效限缩交易主体，正确运用法律关系三要素的分析方法，准确识别认定交易主体。

编写人：江苏省无锡市锡山区人民法院　于志立

2

仅有送货单等交货凭证
能否直接证明买卖合同成立

——某石材店诉张甲买卖合同案

【案件基本信息】

1. 裁判书字号

四川省广安市中级人民法院（2023）川16民终1325号民事判决书

2. 案由：买卖合同纠纷

3. 当事人

原告（上诉人）：某石材店

被告（被上诉人）：张甲

第三人：张乙

【基本案情】

张乙与张甲系父女关系。某石材店于2019年4月22日注册登记成立，系个体工商户，经营者为陈甲，组成形式为个人经营，经营范围为石材加工销售。陈甲系陈乙的长子，卿某某系陈乙的妻子，陈乙当庭陈述某石材店实为家庭经营，自2014年左右开始使用某石材店这个名称。

时间为2015年7月9日、7月12日的送货单原件上载明的发货人均为某石材店，张甲均在提货人处签字确认，故对该组送货单的真实性予以确认。时间为2015年7月23日送货单"复印件"记载了张甲的电话号码。张甲认为该组送货单系复印件，对其合法性、客观性和关联性均不予认可。在本案第一次开庭审理过程中当庭向张甲释明，是否要对4张"复印件"上的签名"张甲"申请鉴定。因张甲在指定的期限内未申请鉴定，故对该组单据的真实性予以确认。

另查明，张乙系案外人谢某某的女婿，张乙曾经使用谢某某的银行卡于2016年11月27日、2017年1月26日向某石材店经营者陈甲的父亲陈乙分别转账2170元、10000元，合计转账12170元。陈乙曾于2022年6月9日电话向第三人张乙发送短信催收货款。

还查明，根据第一次庭审审理的情况，发现张乙可能与本案有法律上的利害关系，经向某石材店释明，是否申请追加张乙为本案当事人。某石材店坚持认为其未与张乙形成买卖合同关系，故不申请追加。为查清案件事实，依职权追加张乙为本案第三人参加诉讼。经向某石材店当庭释明，若本案系第三人张乙与某石材店形成了事实上的买卖合同关系，某石材店是否请求第三人张乙承担责任。某石材店坚持认为其系与张甲形成的买卖合同关系，未与第三人张乙形成买卖合同关系，不请求第三人张乙承担责任。

【案件焦点】

张甲与某石材店是否成立买卖合同关系。

【法院裁判要旨】

四川省武胜县人民法院经审理认为：当事人基于买卖合同提起诉讼的，其请求权基础是买卖合同，因此，首先应当举证证明买卖合同的存在与成立。本案中，某石材店自认其与张甲未签订书面买卖合同。《最高人民法院关于审理买卖合同纠纷案件适用法律问题的解释》第一条第一款规定："当事人之间没有书面合同，一方以送货单、收货单、结算单、发票等主张存在买卖合同关系的，人民法院应当结合当事人之间的交易方式、交易习惯以及其他相关证据，对买卖合同是否成立作出认定。"根据该条规定，送货单、收货单等交货凭证仅能证明货物交付的事实，并不能独立证明买卖合同的成立，人民法院不能仅以交货凭证为据认定买卖合同成立或者否定买卖合同成立，而是应当从实际出发，根据个案情况，具体结合当事人之间的交易方式、交易习惯以及其他相关证据，对买卖合同是否成立作出认定。本案中，某石材店持有张甲签收的送货单，可以证明张甲实际接收了石材，但张甲于2015年在送货单上签字确认，其从未向某石材店支付货款，某石材店也未向张甲催收货款，这并不符合常理。综合全案审理查明的事实，能够认定张乙系案涉石材的实际购买方。意思表示一致是买卖合同成立的核心要件，某石材店未能提供证据证明其与张甲就买卖石材事宜达成合意，当然不能据此推断出某石材店与张甲之间买卖合同关系成立，某石材店对此应承担举证不能的法律后果。

四川省武胜县人民法院依照《最高人民法院关于审理买卖合同纠纷案件适用法律问题的解释》第一条第一款和《最高人民法院关于适用〈中华人民共和国民事诉讼法〉的解释》第九十条、第九十一条第一项之规定，判决如下：

驳回某石材店的诉讼请求。

一审宣判后，某石材店不服，提起上诉。

四川省广安市中级人民法院经审理认为：同意一审法院裁判意见，依照《中华人民共和国民事诉讼法》第一百七十七条第一款第一项之规定，判决如下：

驳回上诉，维持原判。

【法官后语】

市场经济条件下，买卖交易频繁。在大量的买卖交易实践中，有的有书面合同，有的没有书面合同。在司法实践中，没有书面合同，仅持有送货单、收货单等交货凭证主张存在买卖合同关系的，能否据此认定买卖合同成立并要求收货人付款？

一、关于仅有送货单等交货凭证证明买卖合同成立与否的规定

《最高人民法院关于审理买卖合同纠纷案件适用法律问题的解释》第一条第一款规定："当事人之间没有书面合同，一方以送货单、收货单、结算单、发票等主张存在买卖合同关系的，人民法院应当结合当事人之间的交易方式、交易习惯以及其他相关证据，对买卖合同是否成立作出认定。"该款规定了在没有书面合同的情况下，怎样认定买卖合同的成立，旨在进一步明确审判实践中用以证明买卖合同成立的几种常见的书面凭证的证明力问题。

二、关于该类案件的举证责任分配原则

《最高人民法院关于适用〈中华人民共和国民事诉讼法〉的解释》第九十一条规定："人民法院应当依照下列原则确定举证证明责任的承担，但法律另有规定的除外：（一）主张法律关系存在的当事人，应当对产生该法律关系的基本事实承担举证证明责任……"当事人基于买卖合同提起诉讼的，其请求权基础是买卖合同，因此其首先应当举证证明买卖合同的存在与成立。有书面合同的，应当提交书面合同；在没有书面合同时，主张合同成立的一方提交的送货单、收货单等交货凭证书证，也是证明买卖合同成立的重要证据。但如果相对人否认此类证据与买卖合同成立的事实之间有关联，人民法院此时是要求主张合同成立的一方另行举证，还是要求否定合同成立的一方应当举证，抑或直接否定买卖合同成立的事实？对普通的买卖合同成立的问题，法律并无举证责任倒置的规定，因此，不能将证明买卖合同成立的举证责任分配给否认买卖合同成立的一方。但在主张合同成立的一方已经提交送货单等交货凭证时，仅凭被告的否定性抗辩，即否认买卖合同成立的事实，或者要求原告就此进一步举证，则会导致原告举证

负担过重，此时，人民法院不能仅仅根据被告的否定性抗辩，直接否定买卖合同成立的事实。在必要时，可要求被告就买卖合同不成立的事实进行举证。

三、关于送货单等交货凭证对买卖合同成立的证明力问题

一方当事人以送货单、收货单等交货单据主张存在买卖合同关系的，人民法院能否直接认定或者否定买卖合同关系成立的事实？笔者认为，意思表示一致是买卖合同成立的核心要件，就证明买卖合同成立的事实而言，送货单、收货单等交货凭证属于间接证据，其仅能证明货物已交付的事实，并不能直接证明双方就货物买卖事宜达成合意，故不能独立证明买卖合同的成立。人民法院不能仅以交货凭证为据认定买卖合同成立或者否定买卖合同成立，而是应当从实际出发，根据个案情况，具体结合当事人之间的交易方式、交易习惯以及其他相关证据，对买卖合同是否成立作出认定。当相对方就其否定性抗辩意见提供初步证据以后，主张合同成立的一方若没有其他证据证明买卖合同成立的事实的，应承担举证不力的后果，人民法院可直接驳回其基于买卖合同成立而提出的给付价款之诉讼请求。

编写人：四川省武胜县人民法院　滕俊贤

3

无书面合同，认定买卖合同关系成立的标准及对合同相对性的审查

——某建材商行诉某建筑工程公司买卖合同案

【案件基本信息】

1. 裁判书字号

福建省宁德市中级人民法院（2024）闽09民终40号民事判决书

2. 案由：买卖合同纠纷

3. 当事人

原告（被上诉人）：某建材商行

被告（上诉人）：某建筑工程公司

【基本案情】

某建材商行向一审法院提起诉讼称，某建筑工程公司承建某地块项目，某建材商行为其提供管线材料等货物，某建筑工程公司分别于2022年7月22日、7月27日向某建材商行支付5万元、5万元，合计转账10万元。后案外人周某向蔡某出具《证明》，该《证明》载明："某建筑工程公司承建的某地块项目至2022年1月22日共计收到蔡某提供的价值251167.8元的水电管线材料，上述材料已全部入库，特此证明！"某建材商行遂提交了售货单、周某出具《证明》复印件等证据，提起本案诉讼，请求：（1）依法判令某建筑工程公司向某建材商行支付工程材料款共计211142元；（2）依法判令某建筑工程公司支付某建材商行利息共6774元（以211142元为基数，自2022年5月25日起按年利率3.85%计算，暂计算为2022年5月25日直至工程材料款付清之日止）；（3）本案诉讼费、保全费、保险费等全部诉讼费用由某建筑工程公司承担。

【案件焦点】

本案当事人之间是否成立买卖合同关系。

【法院裁判要旨】

福建省福鼎市人民法院经审理认为：某建筑工程公司系某地总包企业，虽然某建材商行与某建筑工程公司之间未签订书面购销合同或买卖合同，但根据某建材商行提供的福建某地银行存款分户明细查询，该明细中载明的每笔转账均对款项用途进行了详细备注，如钢材款等材料款，且某建筑工程公司曾向某建材商行转账。法院认为，案涉合同相对方系某建材商行与某建筑工程公司。关于结欠金额的认定，法院认为，某建材商行提供的自2022年1月起的售货单，个别单据客户签字一栏虽无人签字，但某建材商行能作出合理说明，符合交易习惯，大部分单据客户签字一栏均由案外人张某或陈某等人签名，某建筑工程公司虽辩称张某和陈某等人并非公司工作人员，但结合某建筑工程公司有向某建材商行转账的事实，法院认为，可认定张某和陈某等人系某建筑工程公司一方工作人员。综上，法院对某建材商行要求某建筑工程公司支付货款211142元的诉讼请求，予以支持。

福建省福鼎市人民法院依照《中华人民共和国民法典》第六百二十六条、第六百二十八条，《中华人民共和国民事诉讼法》第六十七条第一款，《最高人民法院关于适用〈中华人民共和国民事诉讼法〉的解释》第九十条之规定，判决如下：

一、某建筑工程公司应于判决生效之日起十日内支付某建材商行工程材料款211142元及利息；

二、驳回某建材商行的其他诉讼请求。

某建筑工程公司不服一审判决，提起上诉。

福建省宁德市中级人民法院经审理认为：关于本案当事人之间是否成立买卖合同关系。本案某建材商行以买卖合同纠纷提起诉讼，主张其与某建筑工程公司之间存在买卖合同关系，其应对买卖合同存在与成立的事实承担举证责任。对此，某建材商行提交了售货单、周某出具的《证明》复印件及某建筑工程公司支付材料款的银行明细等证据，经审查：（1）某建材商行提供的自2022年1月起的售货单，大部分单据客户签字一栏均由案外人陈某或张某等人签名，某建筑工程公司辩称张某和陈某等人并非公司工作人员，某建材商行也未举证证明陈某或张某的身份情况。（2）某建材商行提供的《证明》系复印件，且《证明》载明的内容为“某建筑工程公司承建的某地块项目至2022年1月22日共计收到蔡某提供的价值251167.8元的水电管线材料，上述材料已全部入库，特此证明”，并在“项目负责人”处签名“周某”。而某建材商行对蔡某的身份情况未举证证明，仅陈述蔡某与某建材商行的经营者俞某系共同投资经营关系，同时，某建材商行对周某的身份情况亦未举证证明，某建筑工程公司表示周某亦不是其工作人员。该《证明》复印件载明的内容无法体现案涉货物买卖合同相对方系某建材商行与某建筑工程公司。（3）某建材商行提供的某建筑工程公司支付材料款的银行明细，本案当事人之间没有书面合同，某建筑工程公司虽向某建材商行转账，但并不代表某建筑工程公司存在与某建材商行建立买卖合同关系的意思表示，且某建筑工程公司就其向某建材商行转账的行为提供证据证明系代案外人周某进行的委托付款。因此，本案上述在案证据不足以证明某建材商行与某建筑工程公司之间存在买卖合同关系。同时，本案某建材商行对于蔡某、周某、陈某、张某的身份，如何认识周某并发生买卖关系未作出合理说明。庭审中，某建材商行均陈述案涉货物买卖主要是跟周某沟通联系，而某建筑工程公司表示周某不是其工作人员，并提交《某地块工程项目部施工管理人员配备情况表》，显示项目经理另有他人，人员名单中并无周某、陈某、张某，对此，某建材商行亦未提出异议，双方还陈述此前某建材商行与某建筑工程公司之间并无沟通联系。综上，根据民事诉讼举证责任规则，某建材商行提供的在案证据综合起来无法形成完整的证据链，证明某建筑工程公司与某建材商行发生买卖合同关系的事实，故本案某建材商行诉讼请求的基础事实不存在，某建材商行应承担举证不能的不利法律后果，依法应判决驳回其诉讼请求。一审法院判决认定事实错误，予以纠正。

福建省宁德市中级人民法院依照《最高人民法院关于审理买卖合同纠纷案件适用法律问题的解释》第一条第一款，《最高人民法院关于适用〈中华人民共和国民事诉讼法〉的解释》第九十条，《中华人民共和国民事诉讼法》第六十七条第一款、第一百七十七条第一款第二项之规定，判决如下：

一、撤销福建省福鼎市人民法院（2023）闽 0982 民初 1684 号民事判决；

二、驳回某建材商行的诉讼请求。

【法官后语】

买卖合同作为典型的合同之一，因交易便捷、长期合作等原因，不签订书面买卖合同直接供货的情况大量存在，一旦出现一方违约，在没有签订书面合同的情况下，如何举证证明买卖关系的存在是至关重要的。在建设工程领域，无书面合同，认定买卖合同关系成立的标准及对合同相对性的审查是值得注意的。本案判决基于《中华人民共和国民法典》的法律框架，根据民事诉讼举证责任规则，结合当事人提交的证据，对买卖合意、价款、如何下单、如何交货、如何结算、如何付款等与买卖合同相关的必备事项进行审查认定。

一、当事人之间没有书面合同，人民法院应结合相关事实、证据和交易习惯对买卖合同是否成立作出认定

《最高人民法院关于审理买卖合同纠纷案件适用法律问题的解释》第一条第一款规定："当事人之间没有书面合同，一方以送货单、收货单、结算单、发票等主张存在买卖合同关系的，人民法院应当结合当事人之间的交易方式、交易习惯以及其他相关证据，对买卖合同是否成立作出认定。"实务上，在没有签订书面买卖合同的情况下，可以用于证明买卖双方达成合意的证据比较有限。当事人只能根据间接证据（如送货单、收货单、付款记录、发票等）形成证据链从而证明买卖事实的存在，但上述间接证据亦存在被推翻或不被认定的情况。

就本案而言，根据民事诉讼举证责任规则，某建材商行提供的在案证据综合起来无法形成完整的证据链，证明某建筑工程公司与某建材商行发生买卖合同关系的事实，故本案某建材商行诉讼请求的基础事实不存在，某建材商行应承担举证不能的不利法律后果，依法应判决驳回其诉讼请求。

二、材料商能否突破合同相对性要求发包人、承包人连带承担材料款

本案某建筑工程公司已将案涉工程整体承包给案外人周某，某建材商行作为材料商，能否突破合同相对性要求承包人承担材料款？在司法实践中，实际施工人（挂靠人）为完成工程施工，经常发生对外行为，签订购销合同等，当其未能按约定向材料供应商支付货款时，会与第三方产生纠纷。处理此类纠纷应当注意两个方面：(1) 材料商与发包人、承包人不具有合同关系。例如，在本案纠纷中，涉及三个法律关系：发包人与承包人某建筑工程公司工程施工合同关系，承包人某建筑工程公司与实际施工人周某工程施工转包合同关系以及实际施工人与材料商买卖合同关系。买卖合同关系与工程施工承（转）包合同关系相互独立，主体不同，内容不同，责任不同。虽然由于工程违法转包、分包容易使不具有相应资质的承包者进行工程建设，导致转包合同无效，但买卖

合同是独立的，不影响买卖合同的效力。因此，本案某建筑工程公司与某建材商行不具有事实上的权利义务关系，某建材商行要求某建筑工程公司支付材料款的诉请并无依据。（2）突破合同相对性应当具备法律依据。依据合同相对性，合同只在当事人双方之间产生债权债务关系，与合同外第三人无关。如果实际施工人（挂靠人）以自己的名义对外签订合同，则权利和义务应当由其本人承受，不应当溯及基础的挂靠关系。根据合同的相对性，不能因物的性质或物的流转方向发生变化而突破合同相对性，让非合同相对人承担本应由合同相对人承担的责任，合同相对方也不得以材料、设备已用于工程建设而要求发包人、承包人（被挂靠方）承担责任。实践中，如果挂靠人以被挂靠人的名义签订合同，应当依照《中华人民共和国民法典》第一百七十二条的规定，结合签订合同时挂靠人所出示或具备的书面文件、履行方式、外观宣示和合同相对方的善意与否等因素，判断交易过程是否构成了表见代理。如果构成表见代理，则应当由被挂靠人承担合同责任，反之，则应当由实际履行方即挂靠人承担合同责任。

编写人：福建省宁德市中级人民法院　徐萍

4

买方在不认识第三人供货方的情况下，按照卖方的指示向供货方支付货款是否影响其与卖方之间买卖合同关系的成立

——袁某、陈某诉罗某买卖合同案

【案件基本信息】

1. 裁判书字号

广东省珠海市中级人民法院（2023）粤04民终4346号民事判决书

2. 案由：买卖合同纠纷

3. 当事人

原告（被上诉人）：袁某、陈某

被告（上诉人）：罗某

【基本案情】

原告袁某与陈某为中华人民共和国澳门特别行政区居民，二人系夫妻关系。原告在2022年3月30日至4月13日陆续向被告罗某购买某品牌手机、某品牌手表和某品牌包等一批货物。原告向被告下单后，被告再向第三方黎某甲下单并支付定金，或二人直接向黎某甲支付定金。黎某甲收到定金后，向被告发货，再由被告向原告发货。交付完毕后，原告向被告指定的账户支付尾款。

因被告收到款项后经两原告多次催促仍未能如约交货，原、被告于2022年5月7日协商确认，原告全部退货，被告退回原告已付的货款28.76万元。被告自2022年5月11日起陆续向两原告退还货款，截至2022年6月4日，被告共计退还货款10.6万元，余下应退货款18.16万元。2023年4月26日，在罗某与黎某甲、黎某乙买卖合同纠纷案（另案）中，法院判决罗某与黎某甲、黎某乙之间建立的是买卖合同关系，作为供货方的黎某甲应向罗某承担返还货款715660元的责任。但随后本案原告袁某、陈某多次通过微信联系被告要求退还货款仍然遭拒，于是向人民法院起诉被告承担违约责任。

【案件焦点】

袁某、陈某与罗某之间是否构成买卖合同关系。

【法院裁判要旨】

广东省横琴粤澳深度合作区人民法院经审理认为：本案原告为我国澳门特别行政区居民，本案属于涉澳买卖合同纠纷，应参照我国有关涉外民事案件法律适用的法律规定，确定处理本案争议的准据法。由于合同履行地在中华人民共和国内地，参照《中华人民共和国涉外民事关系法律适用法》第四十一条之规定，本案适用中华人民共和国内地法律。

本案中，原、被告双方的交易情况显示，买方系通过微信向卖方下单并支付部分款项预订所需物品。卖方向买方如约交货后，买方向卖方指定的账户支付尾款。此类交易方式符合连环交易的通常做法。

被告所主张的委托关系之核心是委托人委托受托人处理委托事务，委托事务的范围必须是委托人有权实施，且不违反法律或者社会公共利益的行为；而合作关系的核心在于双方利益共享、风险共担，但原告所提交的证据并不足以证明其与被告之间构成委托关系或合作关系，双方之间亦不存在任何委托事项或利益共享。因此，原告与被告之间应构成买卖合同关系。

本案中，原、被告双方对于应退款金额和实际退款金额均无异议。原、被告双方既未约定借期内利率，也未约定逾期利率。虽然双方未明确退款时间，但是被告应当在合理期限内退还款项。由于被告在 2022 年 6 月 4 日后未再退款，因此原告主张被告从 2022 年 6 月 5 日起按同期 LPR 计算利息于法有据，法院予以支持。

广东省横琴粤澳深度合作区人民法院依据《最高人民法院关于审理民间借贷案件适用法律若干问题的规定》第二十八条第一款，参照《中华人民共和国涉外民事关系法律适用法》第四十一条之规定，判决如下：

被告罗某于本判决生效之日起十五日内向原告袁某、陈某支付货款 18.16 万元及利息。

罗某不服一审判决，提起上诉。

广东省珠海市中级人民法院经审理认为：同意一审法院裁判意见，依照《中华人民共和国民事诉讼法》第一百七十七条第一款第一项之规定，判决如下：

驳回上诉，维持原判。

【法官后语】

随着粤港澳大湾区商贸往来与经济融合的加速推进，市场主体在粤港澳大湾区跨境购售货物的商业行为越来越频繁，随之产生越来越多的涉港澳民商事纠纷。商业活动形式也越发多元化，市场主体间的交易行为往往存在连环相扣的属性，如若其中一环出现违约问题则可能辐射到上下游主体的合同履行。为实现司法效率与审判质量之间的平衡，司法实践应在坚持公正审判的基础上，尽量降低当事人因连环诉讼产生的权益救济成本。

通过本案裁判强调了当事人一方因第三人行为导致合同不能履行的，应当依法向对方承担违约责任。

根据《中华人民共和国涉外民事关系法律适用法》第四十一条的规定，由于双方普遍在广东省珠海市交货，故选择适用合同履行所在地法律，即中华人民共和国内地法律。本案中存在有一方当事人是我国澳门特别行政区居民的情况，买方袁某、陈某通过微信向卖方罗某下单货物并支付定金。卖方找供货方拿货并将货物存放在自己家中。卖方向买方如约交货后，买方再向卖方指定的账户支付尾款。可见，卖方并非按照买方的询问和指示后代替买方购买货物而获得所有权，而是向供货方取得货物所有权后出售给买方。基于双方之间没有订立有偿委托合同，且卖方主张其与买方存在委托关系的举证不足，故本案事实更符合中间赚取差价的买卖行为而非有偿委托，双方之间的买卖合同关系成立具有高度盖然性。在合同的实际履行过程中，买方在不认识合同当事人之外的第三人供货方黎某甲、黎某乙的情况下，按照卖方的指示向供货方支付货款，属于有体物的连环交易情况。依照合同相对性原理，即使买方与第三人供货方存在转账货款的事实，也不影响合同当事人之间买卖合同关系的成立，合同项下的权利和义务并不扩及供货方。

由于供货方不能依约交付货物，在另案中，人民法院已判决供货方违约并向卖方承担返还货款的责任。本案中，卖方因供货方的原因导致其未能履行买卖合同，根据《中华人民共和国民法典》第五百九十三条的规定，买方有权向卖方提出请求或诉讼，卖方不能主张由供货方等合同当事人之外的第三人承担违约责任。

编写人：广东省横琴粤澳深度合作区人民法院　葛阳辉　吴诗怡

5

本约未订立时预约合同的审查规则

——某贸易公司诉某国际贸易公司买卖合同案

【案件基本信息】

1. 裁判书字号

上海市第一中级人民法院（2023）沪01民终1142号民事裁定书

2. 案由：买卖合同纠纷

3. 当事人

原告：某贸易公司

被告：某国际贸易公司

【基本案情】

2016年3月4日，原告某贸易公司（乙方）与某国际贸易公司（本案被告，于2020年6月10日变更公司名称）（甲方）签订《煤炭购销合作框架协议》，约定合作领域："煤炭、铁矿贸易。合作期限为3年。双方在此协议基础上每月签订具体的煤炭购销合同。甲方按照本框架协议及当月煤炭购销合同，从供应商采购煤炭销售给乙方。在整个贸易过程中甲方获固定的购销差价暂定8元/吨，如果市场价格变化较大时，双方另行协商确定固定差价。每月煤炭购销数量约为15万吨，双方依据货款回收状况确定具体的月份购销数量，甲方资金占用总额控制在5000万元。交货地点及方式以具体煤炭购销合同为准。且任何一方违反本协议项下承诺、保证和义务，违约方须赔偿给守约方造成的直接经济损失及必要费用的1.2倍。"

2016年12月6日，被告某国际贸易公司作为抵押权人（乙方），原告某贸易公司作为债务人（丙方），案外人陈某作为抵押人（甲方），共同签订《房地产最高额抵押协议》，约定案外人陈某以其名下某房屋，为原、被告之间开展煤炭业务中原告将产生的债务提供抵押担保。《房地产最高额抵押协议》约定："如在《煤炭购销合作框架协议》约定的丙方债务履行期限届满后，丙方未能履行其对乙方的还款义务，且经依法诉讼审判并就丙方财产依法强制执行仍不能履行债务后，则届时乙方有权对甲方抵押的房地产通过变卖、拍卖等方式依法处置，并以处置变现所得款项优先受偿。乙方债权超出抵押担保责任限额的部分，乙方不得向甲方追索；处置变现所得款项超出抵押担保责任限额的部分，在清偿完毕债务之后由乙方在十日内退还给甲方。"

2016年12月6日，某贸易公司作为增量债务人（丙方）与债权人某国际贸易公司等（统称甲方），案外人某煤炭公司等（统称乙方），抵押人陈某（丁方）签订《煤炭购销（多方）还款协议》。该协议约定丁方自愿以其所有的房产为乙方的存量货款及违约金债务，以及丙方与甲方继续开展的煤炭购销贸易中新产生的甲方增量货款债权，提供房地产抵押担保（一般担保），且本协议项下丁方办理的存量债权和增量债权的房地产抵押，均作为第二顺位办理抵押登记，并且存量债权和增量债权的担保责任最高限额为人民币5000万元。

后因案外人某煤炭公司未能偿还被告某国际贸易公司债务，被告某国际贸易公司诉至河北省唐山市中级人民法院，该院判决案外人某煤炭公司等偿还被告某国际贸易公司货款26688308.36元及利息，如案外人某煤炭公司经强制执行仍不能履行该付款义务，被告某国际贸易公司可对案外人陈某提供的案涉抵押物在其顺位抵押权益范围内享有限额不能超过5000万元的优先受偿权。

另查明，原告某贸易公司与被告某国际贸易公司未在《煤炭购销合作框架协议》下签订其他具体履行合同，双方至今未实际开展煤炭交易往来。

原告某贸易公司向本院提出诉讼请求：依法判令被告支付原告违约金6000万元。

【案件焦点】

1. 关于《煤炭购销合作框架协议》的性质；2. 被告某国际贸易公司在

《煤炭购销合作框架协议》履行过程中是否存在违约情形；3. 原告某贸易公司在本案中是否受到损失。

【法院裁判要旨】

上海市金山区人民法院经审理认为：本案需要把握以下几个关键问题。

一、关于《煤炭购销合作框架协议》的性质

预约合同与本约合同的区别在于预约合同以双方在预约合同框架内继续签订本约合同为目的。预约合同在不同个案的表现形式多样，不仅名称各异，条款内容亦繁简不一。因此，判断是否为预约合同，核心标准应当是当事人的意思表示。也就是说，当事人是否有意在将来订立新的合同，以最终明确在双方之间形成某种法律关系的具体内容。如果当事人之间存在明确的将来订立本约的意思，那么即使预约的内容与本约已经十分接近，即便通过合同解释，从预约中可以推导出本约的全部内容，也应当尊重当事人的意思表示，排除这种客观解释的可能性。本案中《煤炭购销合作框架协议》应当认定为预约合同。第一，《煤炭购销合作框架协议》第八条明确约定"本协议为双方贸易合作领域及模式框架协议，在实际开展贸易过程中，双方另行签订具体购销合同，并详细约定各自权利和义务"，此系合同签订时双方内心真意的直接体现，原、被告双方在签订时均认可该协议为框架协议，实际开展贸易仍需另行签订具体购销合同。第二，虽然《煤炭购销合作框架协议》从体系上看内容相对完备，对合作领域、合作模式及合作规模、贸易流程、结算和付款方式、违约责任等均作出相应约定，但对于交易数量、交易地点、交易价格等重要合同条款并不明确，《煤炭购销合作框架协议》约定"参考数量为 15 万吨，双方依据货款回收状况确定具体的月份购销数量""交货地点及方式以具体煤炭购销合同为准""当月合同签订后，如果乙方……"。因此，《煤炭购销合作框架协议》仅是约定条款相对齐全，但并不影响其预约合同的实质。第三，从《煤炭购销合作框架协议》名称来看，双方明确以"框架协议"为名，该名称与实际内容相印证，亦能体现出双方当事人内心的真意，故《煤炭购销合作框架协议》应认定为预约合同。

二、被告某国际贸易公司在《煤炭购销合作框架协议》履行过程中是否存在违约情形

根据双方签订的《煤炭购销合作框架协议》，双方互负在框架协议约定的三年履行期限内签订具体买卖合同之义务。现某贸易公司主张某国际贸易公司违反合同约定未与其签订具体买卖合同，法院不予认可。第一，原告某贸易公司认为被告某国际贸易公司未与其开展贸易，便在另案中实现抵押权，违反了某贸易公司为案外人某煤炭公司提供担保以获得交易机会的本意。但某国际贸易公司因某煤炭公司未偿还欠款而实现抵押权，是其合法行使权利以维护自身利益之行为，既不违反法律规定，亦符合《煤炭购销（多方）还款协议》之约定。该行为虽然客观层面导致案外人陈某名下之房屋被实现抵押权，但并非本案中恶意阻碍本约缔结之行为。且该风险某贸易公司在涉及本案一系列商业行为中应当预见。第二，《煤炭购销合作框架协议》有效期三年，三年内某贸易公司通过微信和登门等方式与某国际贸易公司就港口、供应商、上下游交易链条等问题进行磋商，某国际贸易公司亦与某贸易公司保持沟通，且在《煤炭购销合作框架协议》到期后仍继续沟通。综观该过程，双方均在为《煤炭购销合作框架协议》下具体业务开展进行磋商，虽前后持续时间较长，但在该过程中，某贸易公司未曾向某国际贸易公司发出明确具体的供货要求，未向某国际贸易公司支付预付款或货款，某国际贸易公司亦未明确拒绝供货或拒绝签订具体的买卖合同。故可以判断双方一直处于为签订具体买卖合同而进行的磋商阶段。第三，当事人对自己提出的主张有提供证据以证明的责任，否则应当承担主张不能成立的不利后果。现原告某贸易公司主张被告某国际贸易公司违约，但未能举证证明某国际贸易公司存在违约情形，亦未能举证证明双方在长期磋商过程中未能签订具体购销合同系由于被告某国际贸易公司造成。某贸易公司主张某国际贸易公司违约，于法无据，法院不予支持。

三、原告某贸易公司在本案中是否受到损失

某贸易公司主张其通过案涉房屋抵押以获得与被告某国际贸易公司煤炭交易中的5000万元额度，现因案涉房屋被某国际贸易公司在另案起诉导致该抵押

权被实现，直接导致某贸易公司已获得的5000万元交易额度消灭，故认为其经济损失为5000万元。某贸易公司该主张法院难以支持。首先，案涉房屋实际上设定了两个抵押：一个系为案外人某煤炭公司偿付被告某国际贸易公司26688308.36元的履行义务设定抵押，另一个系为原、被告未来贸易中某贸易公司所产生的付款义务设定抵押。因此，案涉房屋在《煤炭购销合作框架协议》项下的抵押范围并非5000万元，而是5000万元减去为某煤炭公司抵押的2600余万元后的剩余部分。现被告某国际贸易公司通过另案实现的正是这2600余万元的抵押权，而非本案中的抵押部分。本案的抵押部分，某国际贸易公司并未主张相应权利。其次，5000万元交易额度仅说明某贸易公司与某国际贸易公司的贸易总额限定在5000万元以内，并不等同于某贸易公司已经向某国际贸易公司支付了5000万元预付款，也不等同于某贸易公司从某国际贸易公司购置5000万元以内的煤矿后无须支付相应货款，更不等同于某贸易公司通过与某国际贸易公司开展贸易能获得5000万元的预期收益。最后，预约合同具有独立性，违反预约合同造成损害的，无疑应当赔偿损失。该损失范围应当包括对本约订立的信赖利益，如订立预约合同所支付的各项费用，已付款项的法定孳息，提供担保所造成的损失等。但本案中某贸易公司未就上述损失或其他损失向本院举证证明。某贸易公司主张某国际贸易公司应依照《煤炭购销合作框架协议》第七条第一款约定，以5000万元损失的1.2倍，共计6000万元赔偿某贸易公司损失，本院不予支持。

综上，上海市金山区人民法院依照《最高人民法院关于适用〈中华人民共和国民法典〉时间效力的若干规定》第一条，《最高人民法院关于审理买卖合同纠纷案件适用法律问题的解释》（2012年）第二条，《中华人民共和国民事诉讼法》第一百四十五条之规定，判决如下：

驳回原告某贸易公司的全部诉讼请求。

一审判决后，原告某贸易公司提起上诉。上诉人未按时缴纳上诉费。上海市第一中级人民法院依照《中华人民共和国民事诉讼法》第一百五十七条第一款第十一项，《最高人民法院关于适用〈中华人民共和国民事诉讼法〉的解释》

第三百一十八条之规定，裁定如下：

本案按上诉人某贸易公司自动撤回上诉处理。一审判决自本裁定书送达之日起发生法律效力。

【法官后语】

一、是否有在未来订立本约合同的意思表示，是判断预约合同成立与否的关键因素

《中华人民共和国民法典》第四百九十五条第一款规定，当事人约定在将来一定期限内订立合同的认购书、订购书、预订书等，构成预约合同。在此基础上，《最高人民法院关于适用〈中华人民共和国民法典〉合同编通则若干问题的解释》第六条对预约合同的成立作出进一步细化规定。

该条第一款遵循民法典之精神，如果能够确认当事人有在一定期限内订立合同的意思表示，人民法院应当认定预约合同成立。该条第二款则单独对以意向书或备忘录形式订立的预约合同进行区分，此种情形中不仅要求当事人有签订本约合同之意向，还需确定将来所要订立合同的主体、标的等内容。该条第三款对于未明确约定在将来一定期限内另行订立合同的情况下，如果认购书、订购书、预订书等已就合同标的、数量、价款或者报酬等主要内容达成合意，则依然可以认定预约合同成立。由此可见，无论采取何种形式订立预约合同，当事人是否具有未来一定期限内订立本约合同的意思，都是确立预约合同成立的关键因素。换言之，预约合同本身条款约定的内容即使非常全面，如果当事人有未来订立本约合同的意思，均不影响预约合同的认定及成立。

以本案为例，可以从以下三个方面判断双方当事人对未来签订正式合同是否具有真实意思。一是预约合同明确具有签订本约合同的目的。预约合同的内容中应当能够清晰体现双方当事人在未来一定时间内签订本约合同的意思表示，这一时间既可以是明确的时间节点，亦可以是某个明确的时间段，本案中的预约合同多个条款即明确约定，双方另行签订具体购销合同。二是预约合同中双方当事人具有预见性和期待性。双方当事人通过预约合同的签署，同时具备在未来的某个时间签署本约合同的期待。一方面，双方在订立预约合同时直接追

求的并非交易的展开，而是本约合同签订；另一方面，双方签订本约合同的时间应当具有一定期限，该期限应当明确且具有期待性。本案中双方即约定合同履行期为三年，即在三年内订立本约合同。三是预约合同并不排斥合同的形式和内容充沛性。预约合同并非必然因其为预约合同而内容简单，预约合同在其符合预约特征的基础上，完全可以具备完备的合同要素，包括交易种类、数量、金额等。换言之，即使一个合同具备完整的合同要素，但当事人的意思表示仍然以签订本约合同为目的，则仍应当尊重当事人的意思表示，认定为预约合同。

二、因一方原因导致本约未能订立时，应当判断当事人是否违背诚信原则，做出阻碍本约订立的行为

预约合同之所以称为预约，本身代表着其存在不确定性，如果一旦订立预约合同，就必须在未来一定期限内订立本约合同，则当事人便已无订立预约的必要，而是在恰当的时间订立本约即可。因此，预约合同允许本约合同最终未能订立，只有当未能订立的原因可以归咎于某一方时，方能认为该一方需要承担未履行订立本约义务的责任。

《最高人民法院关于适用〈中华人民共和国民法典〉合同编通则若干问题的解释》第七条对此作出进一步明确，将可归咎一方导致未订立本约的情形分为两种：一是拒不订立本约；二是违背诚信原则导致本约未能订立。第一种情形较易理解与适用，对于第二种情形，从行为评价角度而言违背了诚信原则，从行为结果角度而言，则是具有恶意阻碍本约订立的效果。

以本案为例，不履行订立本约合同的行为，可以从以下方面考量。首先，该行为应当具备恶意阻碍本约合同实施的意图。换言之，如果一方当事人不具备消极恶意阻碍本约的订立，则即使在结果层面导致本约合同没有实现，也不构成违约行为。本案中，被告某国际贸易公司行使抵押权，系其合法维护权利，实现另案中所享有债权的合法方式，虽然结果层面导致本约最终未能订立，但并不违背诚信原则，也并不存在恶意阻碍的意思，因此不应当认定为违约。其次，预约合同双方是否就本约合同进行善意、有效的沟通，亦可作为当事人是否具有恶意阻碍意图的考量因素。本案中，原、被告双方就本约的订立磋商持

续三年之久，被告在这一过程中并未拒绝磋商，双方一直保持有效沟通，故可以认定双方持续在为订立本约合同而进行磋商，不存在恶意阻碍的故意和情形。

三、违反预约合同的赔偿责任不应及于履行利益

首先，预约合同违约赔偿不等同于违反缔约过失责任的赔偿，二者的性质和赔偿范围等都不一致，要厘清它们的界限。预约合同违约赔偿是违反预约合同中约定的责任，而缔约过失责任规范的是在本约缔约过程中的过失行为；预约合同是区别于本约的独立的合同，虽然有辅助本约的意味，但订立预约合同时本约订立程序还未正式开启，故不适用缔约过失责任。而本约的损害赔偿责任不限于此。

其次，违反预约合同不同于违反本约。从合同的内容完备程度、合同约束力度、权利义务和责任的分配细致度等来看，本约明显强于预约合同。违反本约的赔偿范围是履行利益，履行利益是合同履行之后才有的，因此预约合同的损害赔偿一般不包括履行利益。

最后，守约方的信赖利益和机会成本应当予以保护。预约的功能要求双方期待本约的订立并为此付出相应的行动。守约方期待和促成本约最终订立所付出的信赖利益和机会成本应当予以保护，属于赔偿范围。但预约签订并不代表本约的必然签订，也不意味着当事人必然获得本约订立后可能预计的利益。因此，违反预约合同的赔偿范围不应当包含本约的履行利益。本案中原告主张因被告违反预约合同，导致其预期的5000万元收益无法实现，即系主张本约订立后的履行利益，不属于违反预约合同的赔偿范围。

编写人：上海市金山区人民法院　刘泉宏

6

销售代理框架下代理商为自己购买产品应认定为买卖合同关系

——某环保新材料公司诉王某买卖合同案

【案件基本信息】

1. 裁判书字号

云南省昆明市中级人民法院（2023）云01民终6639号民事判决书

2. 案由：买卖合同纠纷

3. 当事人

原告（反诉被告、被上诉人）：某环保新材料公司

被告（反诉原告、上诉人）：王某

【基本案情】

2020年6月20日，某环保新材料公司与王某签订合同一份，约定王某销售该公司轻钢别墅材料产品，合同期限为2020年6月20日至2021年6月19日。王某在本合同签订时，须一次性向某环保新材料公司支付进货定金人民币39.8万元，此款作为王某取得某环保新材料公司授权区域销售某品牌轻钢别墅系列产品的要约条件，公司配送220平方米的自建轻钢材料，同时提供经营性配套开业用品，王某销售产品的一切利润归王某所有。作为市场运营支持，某环保新材料公司向王某提供施工补贴15万元，宣传补贴15万元。在进货定金及补贴全部抵扣完后，王某按合同约定进货均享有5%的进货返利。在合同有效期内，从王某下单进货开始，按双方约定的出厂价8.5折结算货款，直至进货定金、施工补贴、宣传补贴全部抵扣完为止。双方确认，在履行本合同期内

任何一方违反本合同任何条款，均视为违约，违约方承担相应责任，违约金按违约所涉及的合同金额的55%计算并终止合同。

合同后附轻钢别墅建筑材料配置清单作为合同附件一，合作政策及供货价格作为合同附件二。某环保新材料公司同时出具了优惠券一张，载明：原政策不变，现酬宾活动期间再额外赠送轻钢龙骨180平方米，并注明：(1) 本优惠券与其他优惠活动不可同时使用，不可兑换现金。(2) 此优惠券使用有效期和合同有效期一致。(3) 本优惠券盖章后合同款付清才可使用。某环保新材料公司向王某出具了经销授权书，载明：授权王某为我公司指定经销商，在云南省昆明市呈贡区销售某品牌轻钢别墅系列产品，授权期限2020年6月20日至2021年6月19日。

王某向某环保新材料公司先后支付39.8万元，有收据为证，款项包括“轻钢建房定金”“经销商定金”“代理补款”“补代理款”“超出面积内装材料定金款”。合同签订后，某环保新材料公司向王某交付了395.5平方米轻钢别墅材料，并为王某设计了效果图，王某称相关材料用于其哥哥的别墅，该别墅已建盖完成。2020年11月15日，双方就建房后续材料签订《补充协议》，载明王某欠某环保新材料公司费用13.7万元。

某环保新材料公司曾以王某为被告诉至本院，主张解除代理合同、支付材料款及违约金，该案王某提交的证据副本中有本案争议合同和补充协议，本案争议合同的证明内容为：该合同是原、被告双方基于虚假意思表示签订的无效的“阳合同”，真实有效的“阴合同”是被告购买自建轻钢材料和原告提供建房技术指导服务的买卖合同，“阳合同”第3.1条约定的价款39.8万元为被告购买建材和由原告提供技术指导等服务的对价；第3.2条约定原告向被告配送自建轻钢材料全部用于被告自建房屋，没有用于销售。原告未按“阳合同”第3.2条约定向被告提供经营性配套开业用品，也未按合同第4.1条约定向被告提供施工补贴15万元和宣传补贴15万元。如果原告有受该合同约束的意思，则原告构成严重违约；如果原告无受该合同约束的意思，则该合同是无效合同，无效合同的违约金条款无效。补充协议的证明内容为：补充协议再次证明，原、被告双方真实意思表示是协商建房，不是代理销售。

【案件焦点】

1. 双方之间的合同关系性质如何认定；2. 某环保新材料公司本诉主张的材料款、设计费、货款利息、违约金是否有依据，应否得到支持；3. 王某反诉主张的退还进货定金，支付施工补贴、宣传补贴、逾期付款利息、违约金是否有依据，应否得到支持。

【法院裁判要旨】

云南省昆明市呈贡区人民法院经审理认为：针对本案第一个争议焦点，双方之间的合同关系性质如何认定的问题，某环保新材料公司两次向本院提起诉讼，案由均为买卖合同纠纷，其在前次诉讼中主张解除代理合同，在本案中虽明确主张买卖合同关系但同时也主张了解除代理合同的违约责任；王某在前次诉讼中主张双方之间系购买自建轻钢材料和建房技术的买卖合同关系，在本次诉讼中主张双方之间系销售代理合同关系。本院认为，双方之间的无名合同未明确合同名称，从内容来看主要约定了王某在指定区域、指定期限内销售某环保新材料公司产品的权利义务，同时约定了双方系独立民事主体，王某所销售的产品通过进货付款取得，王某销售产品的利润由王某自行享有，王某一方虽主张双方之间系经销关系，但其主张的销售代理关系非法定的有名合同类型，本院认为在本案合同项下双方之间形成的仍然是王某购买产品后自行销售的买卖合同关系，仅因双方存在销售代理的合意，合同同时设置了相关奖励等条款。而从双方当事人的意思表示来看，某环保新材料公司出具的收据多次载明收取款项为代理款，王某在本案别墅材料采购及补充协议签订时均以本人名义进行，王某未否认买卖事实，实践中类似的销售代理关系中也不排除为自己或亲友买卖的情形，综上本院认定双方之间是含有销售代理合意的买卖合同关系。

针对本案第二个争议焦点，某环保新材料公司本诉主张的材料款、设计费、货款利息、违约金是否有依据，应否得到支持的问题，经庭审查明的事实可以认定，在双方代理销售的合作框架下，王某的付款和进货都用于本案案涉别墅的建设，原告某环保新材料公司主张材料款，本院认为双方关于合作政策及供货价格的约定有效，故支持按照 1880 元/平方米的 8.5 折计算为 184009 元（1880 元/平方米×0.85×395.5 平方米－448000 元）。至于设计费，某环保新材料公司认可双方存在销售代理关系的情况下免费设计，本院认为其主张该费用依据不足，本院不予支持。至于货款利息，本院结合王某经催告长期不付款造成某环保新材料公司资金占用损失的情况支持以 184009 元为本金自 2021 年 8 月 18 日起至款清之日止按照同期贷款市场报价利率计算。至于某环保新材料公司以王某违反双方合同约定为由主张的违约金，因双方合同的履行需要某环保新材料公司提供条件并由王某积极履行，双方目前的证据并未证实哪方违约导致合同无法履行，故本院认为某环保新材料公司主张违约金依据不足，本院不予支持。

针对本案第三个争议焦点，王某反诉主张的退还进货定金，支付施工补贴、宣传补贴、逾期付款利息、违约金是否有依据，应否得到支持的问题，进货定金 39.8 万元实际系王某拉货 220 平方米的对价，后续支付的 5 万元亦为供货对应的货款，另其虽提交了额外赠送轻钢龙骨 180 平方米的优惠券，欲证实超出 220 平方米的材料系赠送，但该优惠券系合同的配套材料，适用的前提是合同款付清，故本院认为仅凭该优惠券不足以证实王某主张。综上，因相关供货义务已经履行，王某主张返还进货定金依据不足，本院不予支持。至于施工补贴和宣传补贴，施工补贴针对的是王某开设实体店铺施工，宣传补贴针对的是王某实际宣传某品牌轻钢别墅材料，两项补贴均为特定条件下有条件支付，王某虽主张支付两项补贴但并未举证证实补贴支付条件成就，故本院认为其主张支付两项补贴依据不足，本院不予支持，进而其主张款项利息依据不足，本院亦不予支持。另其主张某环保新材料公司违约，但其提出的提供经营性配套开业用品、施工补贴、宣传补贴系以实体店铺施工开业及宣传为前提，其虽提出某环保新材料公司未按出厂价 8.5 折结算货款但并未提交双方实际结算价款的证据，其主张自行聘请施工技术师傅未举证证实也无法认定与双方代理经销关系的关联性，另在其未足额支付货款的情况下某环保新材料公司拒绝交付材料亦不构成违约，故其主张违约责任依据不足，本院不予支持。

云南省昆明市呈贡区人民法院依照《中华人民共和国民法典》第五百九十五条、第六百二十六条，《中华人民共和国民事诉讼法》第六十七条第一款之规定，判决如下：

一、被告（反诉原告）王某于本判决书生效之日起十日内一次性支付原告（反诉被告）某环保新材料公司货款184009元；

二、驳回原告（反诉被告）某环保新材料公司的其他本诉之诉讼请求；

三、驳回被告（反诉原告）王某的全部反诉诉讼请求。

王某不服一审判决，提起上诉。

云南省昆明市中级人民法院经审理认为：同意一审法院裁判意见，依照《中华人民共和国民事诉讼法》第一百七十七条第一款第一项之规定，判决如下：

驳回上诉，维持原判。

【法官后语】

一、销售代理法律关系认定要点分析

销售代理关系并非法律规定的有名合同关系，实践中有两种关系较为典型，第一种是单纯的委托合同关系，较为典型的如商品房销售领域，开发商将房屋打包给销售代理公司进行出售，销售代理公司通过网络以及楼盘现场拉人等方式进行宣传，以促成商品房销售，并按比例获取佣金或者报酬。在该关系项下，委托事项明确，即代理销售房屋，权利义务也较为清晰，即受托人自行承担宣传及人工等费用，以销售佣金或者报酬为回报，因代理商非将房屋购买后销售，如未能成功对外销售的，代理商将无法获取销售佣金或者报酬但同时也不承担买方主体责任，故与买卖合同关系区别明显。

第二种是含有委托代理合意但实为买卖合同的关系，较为典型的如汽车销售领域4S店与汽车生产厂家之间的关系，实践中通常由汽车生产厂家授权，4S店遵循生产厂家要求统一标准建造场地并统一外观形象和标识，主要销售单一品牌的汽车。在该关系项下，虽然厂家出于品牌影响力等原因对于4S店有一定的管理权限，双方之间也有区别于一般买卖合同关系的销售补贴、奖励、扣款等存在，但是具体到4S店销售的汽车本身，均为4S店以购买方式获得支配权，后以自身名义对外销售，如4S店未能成功对外销售的，除非双方之间约定了特别回购条款，否则也应由4S店自行承担损失，4S店的利润来源为对外销售汽车的差价收益而非销售佣金或者报酬，故4S店与生产厂家之间实际为含有委托代理合意的买卖合同关系。与之相类似的情形还有运动品牌的代理商与厂家或者品牌方之间的销售代理关系，同样是代理商与厂家或者品牌方达成买卖后以自身名义对外销售。

二、从合同约定及履行情况出发界定本案法律关系，说理充分，逻辑清晰，有信服力

本案中，从合同约定内容来看，约定了王某在指定区域、指定期限内销售某环保新材料公司产品的权利义务，同时约定了双方系独立民事主体，王某所销售的产品通过进货付款取得，王某销售产品的利润由王某自行享有，故在本案合同项下双方之间形成的仍然是王某购买产品后自行销售的买卖合同关系，仅因双方存在销售代理的合意，合同同时设置了相关奖励等条款，故可以认定双方之间是含有销售代理合意的买卖合同关系。

从合同的履行情况来看，王某在本案合同签订后并未按照合同约定成立公司或个体工商户以实体经营，也未举证证实其进行了实体宣传或销售，双方之间就材料供应的往来仅限于案涉的一套别墅的材料供应。虽然在王某多次付款时某环保新材料公司在建房定金以外亦出具了代理款的收据，但王某实际付款的39.8万元与合同约定的支付进货定金39.8万元数额一致，结合双方争议的情况，亦可认定该39.8万元实际为220平方米的自建轻钢材料的对价。综上，双方在销售代理合意下进行了一套别墅材料的买卖。因双方合同并未禁止为自己或亲友买卖，实践中此类销售代理关系也不排斥为自己或亲友买卖，本案中，某环保新材料公司主张实际买受人为王某，王某陈述案涉别墅系其哥哥所有，为自己或亲友买卖的事实并不损害出卖方即某环保新材料公司的权利，故认定该别墅材料的买卖发生于双方销售代理合意的框架下有理有据，既尊重了案件

事实，也便于厘清当事人的权利义务关系。

三、本案的裁判具有较好的示范效果和相关启示

基于现实生活的复杂性，各类销售代理关系差别很大，有大企业大品牌常年积累后形成的较为成熟规范的操作模式，合同完备、流程规范，更多的则是类似本案中不够成熟规范的操作模式，合同约定存在笼统性，实际履行中的管理督促也不够清晰。本案的审理紧扣合同约定内容、法律关系要义、实际履行情况，科学准确地认定了双方权利义务和责任，为类似案件的处理提供了可参考的适用路径，有一定的示范效果。

本案中，双方合同约定支付进货定金39.8万元同时配送220平方米的自建轻钢材料，王某支付了39.8万元后在某环保新材料公司的催促下又支付了5万元（收据内容为：超出面积内装材料定金款），其后双方就建房后续材料签订《补充协议》，确认王某欠某环保新材料公司费用13.7万元，以上认定紧扣付款事实和案涉别墅材料的供应，揭开了销售代理关系看似复杂的面纱，准确把握了案涉别墅材料销售的实际履行情况。

针对某环保新材料公司的主张，其以合同约定的原价为单价主张剩余材料款，并主张设计费，而双方合同就合作政策及供货价格已有明确约定，即按照出厂价的8.5折结算货款，该约定为有效约定，故在双方未最终结算的情况下，法院基于双方合同约定认定按照8.5折计算单价并认定欠付材料款数额，同时结合某环保新材料公司认可销售代理关系框架下免费设计的意见，认定不支持设计费，有合同依据亦符合案件实际。

针对王某的主张，其主张退还进货定金，与材料已实际供应的情况不符，其以180平方米优惠券为凭据主张超出220平方米的材料系赠送，与优惠券的使用约定以及其经催告后在39.8万元以外支付5万元的事实不符，故不予支持；王某主张支付施工补贴15万元和宣传补贴15万元，但王某并未开设实体店铺亦未施工，也未进行线下宣传，故不予支持。另双方均主张对方承担违约责任，某环保新材料公司虽主张王某违约，但双方就销售代理达成的合意不具备强制履行力，即便王某怠于履行销售相关义务，也不能据此认定其行为违约

并承担违约责任；王某主张某环保新材料公司违约亦缺乏依据，故法院认定双方均不承担违约责任。此外，王某在供货完毕并出具欠款凭证后经催告不付款确实造成了相关专项资金占用损失，法院支持按照同期贷款市场报价利率计算贷款利息。

简言之，本案的实际是销售代理框架下仅有王某本人名义的一套别墅材料的买卖，在准确把握双方法律关系的前提下，科学认定双方之间的权利义务及责任，符合案件的实际情况，亦能体现公平正义的司法理念。

编写人：云南省昆明市呈贡区人民法院　方铮铮

二、买卖合同的效力

7

权利人逾期主张使用商品抵用券的法律效力认定

——文某诉某轮胎销售公司买卖合同案

【案件基本信息】

1. 裁判书字号

广西壮族自治区南宁市兴宁区人民法院（2023）桂 0102 民初 3546 号民事判决书

2. 案由：买卖合同纠纷

3. 当事人

原告（反诉被告）：文某

被告（反诉原告）：某轮胎销售公司

【基本案情】

2021 年 11 月 21 日，某轮胎销售公司与文某就涉案轮胎货款结算确认形成《某轮胎销售公司对账单》，该对账单载明文某尚欠某轮胎销售公司轮胎货款 9407 元，并载明“2 月 28 日会议抽中代金券未兑换”“3 月 19 日返利未冲减”“未按照应回款时间支付货款的，以逾期未回款金额为基数，每逾期一日，按每天万分之六向销售方支付”。

文某与某轮胎销售公司负责处理涉案货款结算事宜的员工通过微信进行沟通：2022年4月29日，该员工称“55744×5%=2787.2-1188+888+460+600=3547.2”“这样对了吧?”“那么55744×5%=2787.2-1188=1599.2，是吧?”“然后还有这三笔要兑现，是吧”“55744×5%=2787.2-1188+888+460+600=3547.2”“文某剩下5条轮胎不能理赔的，其他的已经冲减三包款4600元”。2022年5月8日，文某将《某轮胎销售公司三包鉴定单》以及不予理赔的五条轮胎以图片形式发送给该员工，并称“我的钱呢”。

另查明，2021年2月28日，某轮胎销售公司组织召开“经销商开门红会议”，并对到场参会的客户组织参与抽奖活动，文某抽中一张“价值888元的代金券”。该券载明：“1. 本券仅限于某轮胎销售公司2021年2月28日开门红会议使用；2. 凭券在本公司消费可抵现金888元；3. 本券撕毁无效，不找零钱，不兑换现金；4. 本券最终解释权归某轮胎销售公司。”同时，某轮胎销售公司在活动现场通过幻灯片讲解的方式向客户详细说明该代金券的使用要求：客户需向某轮胎销售公司购买一定数量指定型号的轮胎才可使用该券。

【案件焦点】

文某抽中的“代金券”能否在尚欠涉案轮胎货款中予以扣减888元。

【法院裁判要旨】

广西壮族自治区南宁市兴宁区人民法院经审理认为：某轮胎销售公司与文某就涉案轮胎货款进行结算形成《某轮胎销售公司对账单》，共同确认文某尚欠某轮胎销售公司货款总额为9407元，且某轮胎销售公司在庭审中自认应在尚欠货款总额中扣除五条轮胎的理赔款4600元。文某主张某轮胎销售公司应向其返利货款总额的5%即1599元、扣减运费460元、已售特定型号轮胎返利600元等，文某提供了充分的证据予以证实，法院予以认定。

关于“代金券”兑换扣减问题，其一，某轮胎销售公司以抽奖的形式发送“代金券”的行为系发出要约；文某抽中并接受了某轮胎销售公司发送的“代金券”，且向某轮胎销售公司主张使用，系对某轮胎销售公司的承诺，双方之间成立合同关系。其二，虽然“代金券”中载明该券应于 2021 年 2 月 28 日使用，但双方当事人在 2021 年 11 月 21 日就涉案轮胎货款进行结算形成的《某轮胎销售公司对账单》中已载明“2 月 28 日会议抽中代金券未兑换”。据此认定双方协商一致对“代金券”的使用期限和使用方法进行了变更，双方应按变更后的合同履行各自的权利义务，故在计算尚欠轮胎货款时应予以扣减 888 元。

综上，文某应向某轮胎销售公司支付尚欠货款 1720 元（9407-4600-888-600-1599=1720）。至于文某反诉要求某轮胎销售公司返还五条轮胎，双方已对此作出明确约定，某轮胎销售公司应向文某予以返还。

广西壮族自治区南宁市兴宁区人民法院依照《中华人民共和国民法典》第五百七十七条、第六百二十六条、第六百二十八条，《中华人民共和国民事诉讼法》第六十七条，《最高人民法院关于适用〈中华人民共和国民事诉讼法〉的解释》第九十条、第九十一条、第一百零五条、第一百零八条之规定，判决如下：

一、文某向某轮胎销售公司支付尚欠货款 1720 元；

二、文某向某轮胎销售公司支付逾期付款违约金（以尚欠货款 1720 元为基数，按日利率 0. 06%计付，自 2021 年 11 月 22 日起计付，但计算上限以不超过尚欠货款 1720 元的 30%即 516 元为限）；

三、某轮胎销售公司向文某返还五条轮胎；

四、驳回某轮胎销售公司的其他反诉请求；

五、驳回文某的其他诉讼请求。

判决后，双方当事人均未上诉，本判决现已生效。

【法官后语】

本案例核心焦点涉及商品抵用券的法律性质的认定问题，主要辨析了权利人逾期主张使用商品抵用券所产生的法律后果。其中又包含两个具体问题：代金券与抵用券的判断认定、商家发送抵用券的法律性质认定。本案是一起典型的因使用商品抵用券引起的买卖合同纠纷，故结合案例，对此类问题进行分析。

一、代金券与抵用券的判断认定

代金券是消费者在商家消费时可以使用的一种券，其面值可以直接用来支付商品或服务价格，其使用场景主要为用于购物时的现金支付，可以直接减免购物成本。抵用券是指消费者在商家购物时可以使用的一种券，其面值可以用来抵销商品价格，其使用场景主要为用于商家促销和抢占市场份额。抵用券与代金券的本质区别在于，抵用券仅能抵扣商品价格，而代金券则可以直接用来支付商品或服务价格。抵用券通常只能在特定的商家或特定的商品上使用，且往往有使用期限的限制。本案中，某轮胎销售公司发送的“代金券”实质系抵用券，而非代金券。一方面，某轮胎销售公司明确说明其发送的“代金券”作为对客户的一种返利优惠，表明某轮胎销售公司发送该券的目的在于促销轮胎产品；另一方面，“代金券”中载明使用说明“凭券在本公司消费可抵现金888元”，即客户在向某轮胎销售公司购买轮胎时可以直接抵扣相应轮胎货款。

二、商家发送商品抵用券行为的法律性质认定

《中华人民共和国民法典》第四百七十二条规定：“要约是希望与他人订立合同的意思表示，该意思表示应当符合下列条件：（一）内容具体确定；（二）表明经受要约人承诺，要约人即受该意思表示约束。”要约是要约人希望和他人订立合同的意思表示，成立要约，须符合四个要件：（1）系特定人的意思表示；（2）向要约人希望与之订立合同的受要约人作出；（3）具有订立合同的目的并表明一经受要约人承诺要约人即受该意思表示拘束的意旨；（4）要约内容具体而确定。引申到本案：其一，某轮胎销售公司向其长期有轮胎买卖合作关系的客户以抽奖的形式发送本质上为抵用券的“代金券”，该券载明使用内容和使用期限，内容具体，期限明确；其二，某轮胎销售公司通过幻灯片讲解的方式向客户说明该券的使用要求，该行为足以认定其具有订立合同的目的并表明一经客户承诺即受该意思表示拘束的意旨。据此判断，某轮胎销售公司发送“代金券”行为系要约，该要约在文某获得“代金券”时生效，文某取得承诺的资格。

三、权利人逾期主张使用商品抵用券的法律效力认定

《中华人民共和国民法典》第四百八十三条规定："承诺生效时合同成立，但是法律另有规定或者当事人另有约定的除外。"第四百八十一条第一款规定："承诺应当在要约确定的期限内到达要约人。"合同成立受制于承诺是否生效，而承诺需在要约确定的承诺期限内到达要约人。商家发送的商品抵用券明确规定了使用期限，若权利人在规定的使用期限内向商家主张使用，则视为权利人在要约确定的承诺期限内向商家作出了承诺，且该承诺未被撤回或撤销，亦不存在该承诺无效或不生效的情形，则商家和权利人之间成立合同关系。若权利人逾期向商家主张使用，则视为迟到的承诺，为新要约，倘若商家以超过使用期限为由拒绝使用，则视为商家未予承诺，商家和权利人之间未成立合同关系。本案中，文某抽中并接受了某轮胎销售公司发送的"代金券"，并于当日向某轮胎销售公司主张使用，视为文某在要约确定的承诺期限内向某轮胎销售公司作出了承诺，双方之间成立合同关系。

原则上，民事法律行为从成立时起具有法律约束力，行为人非依法律规定或者取得对方同意，不得擅自变更或者解除。因当事人的法律行为而发生的合同变更，包括依单方行为变更和双方行为变更（又称协议变更）两种类型。商家对商品抵用券的使用规则、兑换时限、限制条件或主要内容等重要信息和权利人协商一致发生变更的，应视为对合同内容的变更，产生合同变更的法律效果，双方应按变更后的合同关系履行权利义务。

本案中，虽然"代金券"中载明该券的使用时间仅限于2021年2月28日当天，但双方在2021年11月21日在货款结算凭证中约定将该券载明的扣减金额888元载入其中，不仅使"代金券扣减888元"成为案涉买卖合同的组成部分，而且对该券的使用期限进行了变更，表明双方协商一致对该抵用券的使用规则以及兑换时限发生变更，即对合同内容的变更，产生合同变更的法律效果，双方应按变更后的合同履行各自的权利义务。因此，"代金券"应对当事人均产生法律约束力，即在计算本案尚欠货款时应予以扣减。

编写人：广西壮族自治区南宁市兴宁区人民法院　张宏强

8

指定采购中“背靠背”条款的效力认定

——某机电设备公司诉某安装工程公司、某建工公司买卖合同案

【案件基本信息】

1. 裁判书字号

上海市第二中级人民法院（2023）沪 02 民终 7521 号民事裁定书

2. 案由：买卖合同纠纷

3. 当事人

原告（上诉人）：某机电设备公司

被告（被上诉人）：某安装工程公司、某建工公司

第三人：某信息科技公司

【基本案情】

2017 年 9 月 20 日，某信息科技公司向某安装工程公司发出的《指定采购函》载明：某信息科技公司云计算数据中心需要柴油发电机组产品设备，现请贵司向某机电设备公司采购柴油发电机组产品设备，采购金额为 652. 7 万元。2018 年 1 月 15 日，某机电设备公司（乙方）与某安装工程公司（甲方）签订《买卖合同》，约定甲方向乙方购买设备，价税合计为 652. 7 万元，约定于 2018 年 1 月 20 日前送至现场；付款方式为业主工程竣工验收合格后，甲方收到业主支付合同价款 90%，并交付试运行 30 天后支付本合同金额的 90%，质保期为工程竣工且通过当地政府相关部门验收和备案两年，第一年工程质保期结束后支付合同金额的 5%，第二年工程质保期结束后支付合同金额的 5%。合同所有款项的支付均以甲方收到本项目发包方相应款项为前提：甲方在未收到该项目

发包人支付的相应比例的工程款的情况下，逾期付款的，不承担违约责任。

另查明，某建工公司为某安装工程公司的股东。2020年5月，某安装工程公司将某信息科技公司诉至湖南省益阳市中级人民法院，要求某信息科技公司支付工程款及利息，在本案审理时该案也在审理中。

关于送货，被告某安装工程公司对于原告某机电设备公司将供应的设备运至现场不持异议，其提出安装和调试已经完成，未进行试运行，同时被告某安装工程公司提供银行回单，以证明原告与被告某安装工程公司签订合同后，第三人某信息科技公司未支付过款项，原告和第三人对此予以认可。

【案件焦点】

1. 某安装工程公司支付某机电设备公司货款的条件是否成就；2. 对某机电设备公司的诉请是否应予支持。

【法院裁判要旨】

上海市虹口区人民法院经审理认为：根据原告某机电设备公司和被告某安装工程公司签订的《买卖合同》约定，付款方式为业主工程竣工验收合格后，甲方收到业主支付合同价款90%，并交付试运行30天后支付本合同金额的90%，质保期为工程竣工且通过当地政府相关部门验收及备案两年，第一年工程质保期结束后支付合同金额的5%，第二年工程质保期结束后支付合同金额的5%。双方对于付款条件的约定，在被告某安装工程公司收到第三人某信息科技公司的工程款的前提下，付给原告某机电设备公司。被告某安装工程公司根据第三人某信息科技公司的《指定采购函》，向原告某机电设备公司采购设备，《买卖合同》的约定亦根据《指定采购函》的内容确定，故原告与被告关于合同价款、付款方式的约定系双方真实的意思表示，为当事人对自身权利义务的安排，未违反法律、行政法规的规定，应认定有效，符合双方共担风险的真实意思表示，亦符合权责一致的原则。本案中原告将《指定采购函》作为证据提交，亦表明其明知约定付款条件的由来，被告是否应向原告支付系争货款应受到第三人某信息科技公司向被告付款情况的制约，现被告于2020年5月向法院起诉，要求第三人某信息科技公司支付工程款，系已经积极履行向第三人某信息科技公司主张系争工程的付款义务，原告应在被告与第三人的纠纷得到法院确认后根据合同约定主张相应的货款。同时，被告已经提供证据证明两被告的章程、经营场所独立，独立核算独立经营，原告要求两被告共同承担货款、利息损失、律师费的主张，难以成立，均不予支持。

上海市虹口区人民法院依照《中华人民共和国民法典》第四百六十五条、第五百零九条第一款、第五百七十七条，《中华人民共和国民事诉讼法》第六十七条第一款，《最高人民法院关于适用〈中华人民共和国民事诉讼法〉的解释》第九十条之规定，判决如下：

驳回原告某机电设备公司的全部诉讼请求。

某机电设备公司不服，提起上诉。

某机电设备公司在收到法院缴纳上诉费的通知后，未能在规定期限内缴纳。上海市第二中级人民法院依照《中华人民共和国民事诉讼法》第一百五十七条第一款第十一项及《最高人民法院关于适用〈中华人民共和国民事诉讼法〉的解释》第三百一十八条之规定，裁定如下：

本案按某机电设备公司自动撤回上诉处理。

【法官后语】

"背靠背"条款一般是指合同约定付款义务人在收到第三人的款项后再履行付款义务。该类条款常见于建筑施工及其相关的买卖、服务合同法律关系中。在本案的买卖合同中，作为中间人的采购方受货物实际使用方的指示与供货方订立买卖合同，约定采购方收到实际使用方货款后向供货方支付，是典型的"背靠背"条款。同时，该条款的订立与货物实际使用方对采购内容、采购对象及付款条件的指示密不可分，有其特殊性。

对于"背靠背"条款的法律性质，实践中主要有"条件说"和"期限说"这两种观点。"条件说"认为"背靠背"条款是对付款条件的约定，是采购方与供货方对双方共同承担不确定性风险的约定，明确了付款的条件。"期限说"则认为"背靠背"条款是对付款期限的约定。该观点认为"背靠背"条款应被解释为采购方与供货方对于付款期限利益的风险共担，而不是对付款可能性的风险共担。

“背靠背”条款构成付款条件。不同于《中华人民共和国民法典》第一百五十八条、第一百六十条规定的附条件与附期限的法律行为，“背靠背”条款的生效不以付款条件的成就为前提。与合同其他条款一样，在不违反法律法规强制性规定、没有其他无效事由的情况下，“背靠背”条款自合同成立、合同各方签章后生效。因此，“条件说”与“期限说”的核心分歧不是法律适用上的差异，而是对于付款义务的履行前提的不同认识。将“背靠背”条款视为付款条件更符合当事人意思自治。供货方对合同各方的地位应当有充分的了解，对付款风险作出预判。

本案中，供货方明知采购方向其购置设备出于货物实际使用方的指示，供货方对于货物实际使用方的商业情况应当是了解的。在本案审理中，原告主张“背靠背”条款系采购方利用其优势地位与供货方订立的合同条款，显失公平，应为无效。该观点难以成立。其一，就合同的公平性而言，“背靠背”条款不属于《中华人民共和国民法典》规定的合同显失公平的情形。在“背靠背”条款签订时，各合同当事人意思表示均为真实。供货方虽然处于合同关系的下游，但其从事相关业务，熟悉商业实践，对于付款条件的构成有足够的判断力，显然与法律规定中的危困状态相去甚远。其二，就合同的合法性而言，“背靠背”条款不违反法律、行政法规的强制性要求。以货物实际使用方的行为作为收款合同的履行条件满足采购方与供货方共担付款风险的需要。供货方提供的货物或服务往往需要经过货物实际使用方的试用与检验，由货物实际使用方验收，采购方可能缺乏验收的能力。若认为“背靠背”付款无效，则由货物实际使用方验收的相关条款也归于无效，使得采购方与供货方之间的合同陷入互相无法履行的境地，明显不具有合理性。因此，“背靠背”条款的有效性应得到确认。

基于此，无论是采购方还是供货方，都应当在约定“背靠背”条款后恪守诚实信用原则。供货方恪守诚信原则意味着应当遵守合同约定，受合同订立时的意思表示拘束，承担相应的交易风险。尤其是在本案中，供货方明知其与采购方的协议出于货物实际使用方的指示，理应承担实际使用方导致的相关迟延履行风险。如果合同的履行发生重大变化，则应积极地与其他各方沟通协商，而不是“推翻”合同约定，要求采购方承担全部的交易风险。采购方恪守诚信原则意味着其应当积极向货物实际使用方主张债权，以促成付款条件的成就。虽然“背靠背”条款是有效的付款条件，但这不代表采购方得以从合同法律关系中抽身而出。采购方怠于履行其对货物实际使用方债务的，应当视为其不正当地阻止“背靠背”付款条件的实现，法律规定此时视为该付款条件已经成就。在本案中，作为采购方的某安装工程公司已起诉某信息科技公司，应当认为其积极向货物实际使用方行使权利。某机电设备公司对某安装工程公司的付款请求权不应在某信息科技公司付款前实现。

编写人：上海市第二中级人民法院　朱婷婷

上海市虹口区人民法院　殷杰

9

违规买卖视频账号虚拟货币导致的财产损失，应按各自过错担责

——刘某诉钟某买卖合同案

【案件基本信息】

1. 裁判书字号

福建省泉州市中级人民法院（2023）闽05民终6014号民事判决书

2. 案由：买卖合同纠纷

3. 当事人

原告（被上诉人）：刘某

被告（上诉人）：钟某

【基本案情】

刘某于2020年11月1日向钟某购买视频平台通用币（159500币），该159500的视频平台通用币储存在视频平台账号B中，该账号并非刘某及钟某的实名认证账号。刘某当日支付货款137170元，双方未签订书面买卖合同，通过微信聊天记录达成合意。聊天记录显示：（1）2020年11月1日22时左右，双方通过手机进行账号换绑成功，钟某说："包售后的，不用担心。"（2）当日23时23分到25分原告方（包括原告员工，以下同）说"不能投""显示系统繁忙"，钟某回复说："这边在解决，下午给您回复。"（3）2020年11月3日13时28分原告方说"投不了"，钟某回复"好"。2020年11月3日13时44分左右原告方说："买的时候可以手投，后来得以证实，就是昨天晚上开始就投不了了。"2020年11月3日13时49分原告方说："今天三点之前处理一下，如果投不了，那就得售后。"（4）2020年11月3日17时19分："这边在处理售后问题，大家给点时间，端口这边我一直在催着，不行会安排退款。"（5）2020年11月6日16时59分原告方说："具体哪个版本能投放的？"钟某回复说："这边在找官方解决，等下。"原告购买后使用8788.51的通用币，后钟某向客服询问，客服回复："由于账号存在交易风险，平台将暂时封禁您的视频平台通用币账号15个工作日。"2020年11月19日该账号收到的违规处罚通知显示："因涉嫌欺诈，处罚永久封禁。"被封禁时的通用币为150711.49。

【案件焦点】

1. 非实名认证主体之间成立的买卖账号的合同是否有效；2. 购买方是否有权向出卖方主张因账号涉嫌欺诈被平台封禁而导致的财产损失。

【法院裁判要旨】

福建省安溪县人民法院经审理认为：原告刘某向被告钟某购买视频平台通用币，系双方的真实意思表示，不违反法律法规的强制性规定，双方发生的买卖合同合法有效，对双方均具有法律约束力。关于原告是否有权向被告主张返还款项 137170 元及利息，本院认为，第一，原、被告双方均非案涉视频平台账号的实名认证主体，而原、被告双方购买虚拟财产即视频平台通用币必须依赖案涉视频平台才能使用，原、被告在交易时就应该预见到该视频平台账号有可能因非实名认证的问题被封禁而产生损失的后果，双方在合同的缔约过程中均存在过错，应各自承担相应的责任。第二，本案合同目的无法实现的原因系涉嫌欺诈被封禁，原、被告均未提供证据证明是何方面原因涉嫌欺诈，也未提供证据证明是购买之前涉嫌欺诈，还是购买之后涉嫌欺诈，且非实名认证亦为可能涉嫌欺诈的范围，双方应自行承担相应无法提供证据的法律后果。第三，封禁后无法使用的 150711.49 通用币损失（根据购买时 159500 通用币按 0.86 折合 137170 元）按 150711.49×0.86 计算四舍五入为人民币 129611.9 元。第四，经查，案涉交易时间为 11 月 1 日晚，至 11 月 3 日原告表明“买的时候可以手投，昨天晚上开始就投不了了。”即 11 月 2 日晚就开始无法使用，且原告已使用 8788.51 的通用币，又被封禁系谁的原因无法查清且购买后短时间出现封禁情况，鉴于钟某又明确表明“这边在处理售后问题，大家给点时间，端口这边我一直在催着，不行会安排退款”，根据本案的事实及钟某方对该账号的实际投入及钟某对原告方的承诺，对双方的责任分摊酌定为钟某承担 80%的责任，原告方自行承担 20%的责任，钟某应返还原告货款四舍五入为 103690 元（129611.9 元×0.8）。第五，因双方未约定付款期限及逾期付款违约金，考虑双方本案中存在的过错，故刘某请求钟某支付的利息不予支持。因本案的法律事实持续至民法典施行后，故应适用民法典的相关规定。

福建省安溪县人民法院依照《中华人民共和国民法典》第五百零九条、第五百七十七条、第五百九十五条及《最高人民法院关于适用〈中华人民共和国民法典〉时间效力的若干规定》第一条第三款之规定，判决如下：

一、钟某应于本判决生效之日起十日内退还刘某货款 103690 元；

二、驳回刘某的其他诉讼请求。

判决后，钟某不服一审判决，提起上诉。

福建省泉州市中级人民法院经审理认为：同意一审法院的裁判意见，福建省泉州市中级人民法院依照《中华人民共和国民事诉讼法》第一百七十七条第一款第一项之规定，判决如下：

驳回上诉，维持原判。

【法官后语】

当前，越来越多的人选择在短视频平台上记录、分享生活，热门的账户蕴含着较大的流量和商机，账户受欢迎的同时也有许多商家欲通过账户的流量投放商品广告，增加商品竞争力，也因账户有着较高的商业价值，就账户归属等问题产生了一系列纠纷。该类纠纷涉及主体较广，不同主体之间争议内容也不尽相同，如公司与员工、账户共同使用者以及实名认证主体和非实名认证主体之间往往就视频平台账户的账户归属、账户使用权、账户权益归属、账户财产损失等发生争议；非实名认证主体之间往往就买卖账户合同效力、后续损失承担等发生争议；账户相关人员与被侵权人之间往往就账户受到侵害或者特定人或物受到账户相关人员或行为侵害而导致的侵权损害责任承担等发生争议，可能涉及案由有侵权责任纠纷、财产损害赔偿纠纷、名誉权纠纷、著作权权属纠纷、不正当竞争纠纷、确认合同无效纠纷等。处理该类纠纷需准确辨别案件争议主体及争议焦点，综合在案证据和相关法律规定，结合合同约定、平台协议等合理认定账户归属系列问题、财产损失责任认定以及涉案买卖合同效力等问题。本案则属于非实名认证主体之间因交易的视频平台账户涉嫌欺诈被永久封禁导致合同目的无法实现，从而引发的买卖合同纠纷。要处理好该类纠纷，需要厘清以下问题。

一、非实名认证主体之间成立的买卖账号的合同是否有效的问题

《中华人民共和国民法典》第一百五十三条规定，违反法律、行政法规的强制性规定的民事法律行为无效。但是，该强制性规定不导致该民事法律行为无效的除外。违背公序良俗的民事法律行为无效。第一百五十四条规定，行为人与相对人恶意串通，损害他人合法权益的民事法律行为无效。该两条规定是民法典关于民事法律行为无效的规定。本案中，《用户服务协议》对视频平台账号需进行实名认证，不得售卖进行了规定，非实名注册的属于违规行为，平

台可进行封禁。《用户服务协议》不属于法律、行政法规，买卖视频平台账号的行为也未违背公序良俗，根据在案证据，买卖视频平台账号行为尚不构成“行为人与相对人恶意串通，损害他人合法权益”的情形，因此买卖账号行为不属于无效的民事法律行为。传统意义上买卖合同交易标的物一般是现实的、具体的实物，账户及储存的虚拟货币显然不是传统意义上的买卖合同的交易标的，虽非传统，也非法律明文禁止买卖的标的物，因此，买卖账户的虚拟货币属于买卖合同案由范畴。本案原告向被告购买视频平台通用币，系双方的真实意思表示，不违反法律法规的强制性规定，双方发生的买卖合同合法有效，对双方均具有法律约束力。原告和被告是否为涉案视频平台账户的实名认证主体不影响合同成立和生效。

二、出卖方是否应向购买方退还因账号被平台永久封禁而导致的货款损失的问题

在司法实践中，“合同目的不能实现”往往有两种情形：一种情形是合同一方有履行能力，但不履行，即合同可以继续履行，但一方以明确意思表示或者以自己的行为表明不履行合同义务。另一种情形是合同已不具备履行的可能性，即法律上或者事实上不能履行或债务的标的不适于强制履行或者履行费用过高。另一方基于上述情况，依法享有解除权，有权申请解除合同，并要求承担违约责任。《中华人民共和国民法典》第五百七十七条至第五百九十四条是关于违约责任的规定，如当事人一方不履行合同义务或者履行合同义务不符合约定的，应当承担继续履行、采取补救措施或者赔偿损失等违约责任。因此，当事人应当举证证明另一方因自身原因违约的事实，否则应当承担举证不能的不利法律后果。此外，《中华人民共和国民法典》第五百条还规定了缔约过失责任，即当事人在订立合同过程中有下列情形之一，造成对方损失的，应当承担赔偿责任：(1) 假借订立合同，恶意进行磋商；(2) 故意隐瞒与订立合同有关的重要事实或者提供虚假情况；(3) 有其他违背诚信原则的行为。

本案中，根据双方均确认的事实，案涉视频平台账号系因涉嫌欺诈被视频平台封禁，但对于涉嫌欺诈的具体原因，双方各执一词但均无法进一步举证。

钟某主张系刘某所投放产品涉嫌违规导致，但从在案的聊天记录内容看，首先，刘某开始使用案涉视频账号的视频平台通用币时即出现部分渠道无法投放的情况；同时，根据平台规则，案涉账号并未进行实名认证无法直接发布产品视频。因此，钟某的相关主张缺乏事实依据。其次，根据平台规则，对账号进行买卖为平台所禁止，对于该事实双方均应有所预见，现在双方均无法举证证实案涉账号涉嫌欺诈具体原因的情况下，应认定双方在合同的缔约过程中均存在过错，对于案涉账号无法使用双方均应承担一定责任。一审法院基于钟某曾在双方后续沟通时向刘某承诺退款的事实，酌情认定钟某承担80%的责任，刘某承担20%的责任，二审法院认为一审理据充分，予以维持。因此，钟某应予退还刘某货款103690元。至于钟某上诉关于系刘某的原因导致账号无法使用，其所谓退款不构成“售后承诺”的主张，目前无法证实案涉账号涉嫌欺诈的具体原因；同时，钟某在微信聊天记录中退款意思表示清楚明确，并未附加任何“售后”的前提条件，故其该项主张依据不足，不予采信。

此外，本案被告辩称，视频平台应当对封禁账户的行为导致的货款损失承担赔偿责任，对此，法院认为，货款损失是因买卖双方成立的买卖合同目的无法实现而产生的，视频平台并非合同当事人，根据合同相对性原则，平台对其封禁行为造成的货款损失无须承担违约责任。若平台对他人视频平台账户下的合法资产无故侵吞、扣留或不予返还构成侵权的，受损方有权提起侵权之诉。实践中，根据平台和用户签订的《用户服务协议》，作为官方平台，有权对账号进行封禁。账户被判定违规永久封禁后，账号内尚有虚拟财产或直播收益未提现的，可以发起解封申诉。收到申诉后，平台会再次核查，如果判定有误，平台会作出解封处理，如核实判罚无误，用户可发起提现申请，扣除违规收益后，将剩余收益提现。

近年来，随着网络信息技术的快速发展，视频平台等热门网络社交平台衍生而出的案件越来越多，虽然是网络虚拟空间，但并非法外之地，任何人在使用网络时都应遵守国家的法律法规，坚守道德底线、法律底线和纪律底线，不得侵害他人合法权益以及国家和社会利益，避免给自己和他人带来财产损害甚至人身损害，平台也应加强自我监督管理，在封禁用户账号前尽到合理的提示义务，畅通封禁后的申诉通道，健全后续反馈机制，避免信任恐慌，有关行业主管部门也应当加强网络空间行为规范，同时对平台进行相关约束和监督，进一步规范平台对违规收益的处置和流转机制，避免财产资产不明流失。本案对同类案件具有一定的借鉴意义，对全社会共同营造健康向上文明清新的网络环境起到一定程度的助推作用。

编写人：福建省安溪县人民法院　彭英容　李珍珍

10

数字藏品的法律属性及其交易行为的效力认定

——杨某诉某文创公司买卖合同案

【案件基本信息】

1. 裁判书字号

山东省济南市中级人民法院（2023）鲁 01 民终 7668 号民事判决书

2. 案由：买卖合同纠纷

3. 当事人

原告（上诉人）：杨某

被告（被上诉人）：某文创公司

【基本案情】

2022 年 4 月，某文创公司开发一款 App（应用软件）从事数字藏品的网络发行与平台运营，发行多个系列数字藏品。数字藏品发行过程中，某文创公司曾采用为数字产品赋能，如免费参加线下沙龙、艺术展览以及分红、交易排名送实物等手段进行营销宣传。该文创公司持有增值电信业务经营许可证、拍卖经营批准证书、出版物经营许可证、区块链信息服务备案管理系统等证照。其经营范围包括数字文化创意软件开发、区块链技术相关软件和服务等一般项目和增值电信业务、出版物零售；出版物互联网销售；拍卖业务等许可项目。

杨某于 2022 年 7 月在上述 App 内注册账户，注册后频繁购买平台发行的上述系列数字藏品，在此过程中，杨某亦与平台内其他注册玩家进行数字藏品的二级市场交易，买进和卖出数字藏品。对此，杨某在庭审中称“购买数字藏品是因为比较新奇，有增值的空间”“看中数字藏品的赋能，如分红、抽奖、线下沙龙”等。杨某累计在该 App 平台充值 22685 元。

2022 年 9 月之后随着数字藏品热度的降低，杨某充值购买的数字藏品大幅贬值，杨某认为某文创公司为吸引消费者和销售更多产品，不断在微信社群虚假宣传，同时开展了一系列消费竞赛、拉新邀请比赛、充值送充值金等诱导充值消费的活动，给消费者营造平台火爆、产品增值假象，成功诱导欺诈杨某等消费者不断充值消费，最后没有兑现增值的承诺。某文创公司作为经营者，利用虚假广告或虚假宣传提供商品或者服务且存在诱导欺诈行为，违反《中华人民共和国消费者权益保护法》相关规定，应当依法退还货款并赔偿杨某三倍损失。发行、销售数字藏品平台应按照国家法律法规和监管要求，必须具备相关业务经营资质。某文创公司非法经营，其存在无证无资质非法经营数字藏品的行为，应承担赔偿责任。为此诉至法院，请求：判令某文创公司全额退还杨某在该公司平台的充值款 22685 元。

【案件焦点】

1. 数字藏品是否属于消费品；2. 数字藏品交易行为是否合法、有效。

【法院裁判要旨】

山东省济南市长清区人民法院经审理认为：数字藏品是指使用区块链技术，对应特定的作品、艺术品生成的唯一数字凭证，通过网络数字化发行、购买、收藏和使用的数字出版物。数字藏品基于其艺术特性、不可复制性、稀缺性等特点，具有一定的交换价值，可以作为商品进行交换，而且我国目前对数字藏品的发行、交易并未有法律明令禁止，依据在民商事活动中“法无禁止即许可”的原则，对数字藏品的交易不宜认定为违法行为。故双方之间的数字藏品交易行为，系双方自愿发生的民事法律行为，应认定合法、有效。

数字藏品作为新生事物，虽具有一定的收藏和投资价值，但亦蕴含了较高的市场风险，杨某作为完全民事行为能力人，应当对此有充分的认知，对数字藏品交易应当注重于其自身的艺术或收藏价值，而非过分关注数字藏品自身之外的所谓“赋能”“升值空间”等投资属性。从杨某的交易记录看，其在案涉App平台存在多笔买入卖出记录，其目的在于数字藏品的投资，因此应当承担相应的市场风险。

山东省济南市长清区人民法院依照《中华人民共和国消费者权益保护法》第二条及《中华人民共和国民事诉讼法》第六十七条之规定，判决如下：

驳回杨某的诉讼请求。

杨某不服一审判决，提起上诉。

山东省济南市中级人民法院经审理认为：同意一审法院裁判意见，依照《中华人民共和国民事诉讼法》第一百七十七条第一款第一项之规定，判决如下：

驳回上诉，维持原判。

【法官后语】

本案系由数字藏品交易引发的关于数字藏品法律属性、交易行为是否合法的一起纠纷。本案某文创公司经营的App即属于元宇宙平台，该公司在该平台上发行多个系列数字藏品，并允许用户之间自由交易。因此，本案主要从以下方面分析。

一、数字藏品是否合法

众所周知，以比特币为代表的虚拟货币与数字藏品均是基于区块链技术而产生，都具有唯一性、不可篡改性、不可复制性，区别在于数字藏品为非同质化代币，虚拟货币为同质化代币。2017年中国人民银行发布公报在我国境内禁止比特币等虚拟货币交易，此后人民银行又联合多部门将虚拟货币相关业务定义为非法金融活动予以取缔，因此虚拟货币交易为我国法律所禁止。但迄今为止，国家并未出台相关法律法规及政策，宣布数字藏品为非法客体，亦未禁止对数字藏品的发行与交易。因此，从法律地位上，数字藏品并非法律禁止交易的客体。

二、数字藏品是否属于消费品

首先，数字藏品作为特定作品、艺术品的唯一数字凭证，通过区块链技术赋能后，属于数字出版物的一种，具有唯一性、不可篡改性、不可复制性等诸多特性，具有一定的收藏价值和交换价值，能够满足人们的精神需求，因此数字藏品具有消费品属性。但同时，由于数字藏品属于新生事物，其诸多特性又使得数字藏品同时具有一定的投资价值，甚至被大量炒作，购买者希望通过对数字藏品频繁地买入、卖出赚取差价，反而忽视了其本身所蕴含的艺术价值，因此数字藏品又难以被归入《中华人民共和国消费者权益保护法》所保护的客体中。从本案看，杨某所购买的数字藏品很难说具有多高的艺术或收藏价值，其购买数字藏品的目的是赚取差价，“坐等升值”，并非出于收藏或艺术欣赏的目的，故本案并未适用《中华人民共和国消费者权益保护法》的相关规定。

三、数字藏品交易行为的效力认定

如同证券市场交易一样，数字藏品交易行为可分为数字藏品发行的一级市场和用户之间相互流通的二级市场。一级市场是数字藏品平台向不特定用户发行数字藏品的市场，二级市场是指平台用户之间通过相互交易、转让、赠与等行为实现数字藏品流通的市场。

对于数字藏品的发行需要何种资质，目前并没有明确的法律法规予以规定，有观点认为，个人也能成为数字藏品发行主体。本案即为数字藏品发行平台与用户之间的纠纷，某文创公司具有增值电信业务经营许可证、拍卖经营批准证书、出版物经营许可证、区块链信息服务备案管理系统等多种证照，在无法律明确规定的情况下，人民法院不宜认定其为非法经营。根据在民商事活动中“法无禁止即许可”的原则，本案涉及的数字藏品买卖交易，系当事人自愿发生，意思表示真实，亦不违背公序良俗，应认定为合法有效。

对于数字藏品的二级市场交易是否合法，目前我国尚无相关的法律性文件予以明确，实践中争议也较大。目前，其流通规则大多为发行交易平台自己设定且差异较大，部分App允许用户购买一定天数后可以转赠，部分App则不允许二次交易，还有发行平台为了赚取手续费则允许用户之间自由交易。在审判实践中，人民法院作为中立审判机构，应当遵循“法无禁止即许可”的基本原则，充分尊重市场主体之间的真实意思表示，而不是轻易否定其合法性，也能鼓励这一新生行业的发展，同时也要防范以数字藏品等投资为名义实施金融违法犯罪的新型风险。虽然本案的处理维护了数字藏品这一新生事物的交易安全，防止了大量纠纷的产生，但同时本案也反映了数字藏品市场存在的问题，应当引起重视并予以解决。

编写人：山东省济南市市中区人民法院　吴开龙

11

开发商捆绑销售车位行为及车位使用权转让协议的效力认定

——冯某诉某房地产开发公司等买卖合同案

【案件基本信息】

1. 裁判书字号

江苏省徐州市鼓楼区人民法院（2023）苏0302民初2164号民事判决书

2. 案由：买卖合同纠纷

3. 当事人

原告：冯某

被告：某房地产开发公司、某物业公司徐州分公司、某物业公司

【基本案情】

2021年1月29日，冯某与某房地产开发公司签订《预选房确认单》，约定意向房号及付款方式等。2021年2月到4月，有相关销售人员在相关微信群中发“只有买车位”“才能买到房子”等信息。2021年5月19日，某房地产开发公司通过其公众号发布《严正声明》，明确公司不存在“捆绑车位购房”等情形，且声明在销售过程中秉承“合法、合规”原则，抵制违规销售等。2021年5月31日，某房地产开发公司授权某物业公司徐州分公司代为收取涉案地块车位款。2021年7月5日，冯某与某房地产开发公司签订涉案车位使用权转让协议，明确车位无法办理产权证、出让涉案车位的使用权及年限等。同日，冯某出具书面声明：自愿购买车位的使用权、开发商不存在将车位与商品房“捆绑销售”行为等，并按约支付车位款18万元。2021年10月10日，冯某与某房地产开发公司签订了商品房买卖合同，该合同中约定“规划的车位、车库归出卖人所有”。另查明，原告购买的车位在涉案地块地下车库规划项目内，并不在人防车位区域范围内。

原告认为某房地产开发公司存在“捆绑销售”车位行为，涉案车位使用权转让协议因某房地产开发公司存在欺诈、显失公平等应予撤销，遂提出如下诉讼请求：（1）撤销冯某与某房地产开发公司签订的车位使用权转让协议；（2）三被告共同返还冯某车位购置款18万元及利息。三被告共同辩称某房地产开发公司不存在捆绑销售车位情形，以及涉案车位使用权转让协议有效。

【案件焦点】

1. 某房地产开发公司是否存在“捆绑销售”车位情形；2. 冯某与某房地产开发公司签订的车位使用权转让协议效力如何。

【法院裁判要旨】

江苏省徐州市鼓楼区人民法院经审理认为：以下几个问题需要重点把握。

第一，所谓“捆绑销售”，即搭售行为是指经营者在提供商品或者服务的交易过程中利用自己取得的市场支配地位，违背购买者的意愿搭配销售或者提供购买者不需要的另一种商品或者服务的行为，购买者因为经营者的市场支配地位而不得不接受上述不合理条件的行为。本案中，现有证据尚不能证明被告某房地产开发公司在出售涉案商品房时存在捆绑销售车位的行为，且被告某房地产开发公司是涉案所在区域众多房地产开发公司中的一家，并不能据此认定其在该地区的商品房销售市场具有优势地位。原告作为购房者在决定购买被告某房地产开发公司开发的商品房时，其相较于被告某房地产开发公司虽处于某方面劣势地位，但该区域商品房销售市场上可供购买的商品房并不局限于被告某房地产开发公司所开发的涉案小区，故原告具有绝对的自主选择权来决定是否购买涉案商品房，原告购买涉案商品房并同时购买涉案车位使用权应当是其多方权衡下作出的选择。因此，原告主张被告某房地产开发公司存在“捆绑销售”等行为，事实和法律依据不足，本院不予支持。

第二，某房地产开发公司以出让方式取得涉案地块的土地使用权，系建设用地使用权人；其作为涉案车位所在项目的建设用地使用权人，在取得权利后，经依法审批取得用地、规划、建设等各类许可后进行建设，并作为发包人将涉案车位所在项目发包给相关建设单位进行建设，在依法竣工验收后取得了涉案车位的所有权。涉案的规划许可证载明涉案地下车库面积未计入容积率面积，故涉案地下车库不分摊土地成本。依据涉案的商品房买卖合同中关于“规划的车位、车库归出卖人所有”的约定，以及上述法律规定，应认定某房地产开发公司对于涉案车位享有相关占有、使用、收益及处分等物权。

第三，原告具有完全民事行为能力，其在涉案车位使用权转让协议上签字并作出相关声明，应能认定系其真实意思表示。原告未能提供证据证明被告某房地产开发公司存在胁迫、欺诈等手段使其在违背真实意思的情形下签订涉案车位使用权转让协议，故原告主张其签订涉案协议的意思表示不真实以及主张被告某房地产开发公司存在欺诈、胁迫等情形，事实和法律依据不足，本院不予支持。即使本案的车位使用权转让协议系“捆绑销售”且违规，但该转让协议也不存在违反法律、行政法规强制性规定的情形，故不能因此认定涉案车位使用权转让协议无效。

江苏省徐州市鼓楼区人民法院依照《中华人民共和国民法典》第一百四十三条、第二百三十一条、第二百七十五条、第三百五十二条、第四百六十五条、第五百零二条，《中华人民共和国民事诉讼法》第六十七条，《最高人民法院关于适用〈中华人民共和国民事诉讼法〉的解释》第九十条、第九十一条之规定，判决如下：

驳回原告冯某的诉讼请求。

判决后，双方当事人均未上诉，本判决现已生效。

【法官后语】

诚实信用是民事活动的核心，也是社会主义的核心价值观。在商品房处于卖方市场、购房人需先“验资”才能排队“摇号”买房的“购房潮”的推动下，购房人受房地产过热影响，以致头脑“发热”又将先购买车位作为能买到房屋的筹码。在“购房潮”退去，一个小区的购房人纷纷主张开发商存在虚假宣传、“捆绑销售”车位等情形，并诉请撤销车位使用权转让协议、要求开发商退还款项等，如果不能按照诚实信用原则及相关法律规定裁判，会给开发商带来不良后果。本案中，人民法院充分发挥司法裁判的规范指引作用，以公正裁判树立行为规则，让购房人头脑清醒，不能狂热炒房，坚持“房住不炒”的原则，而且要认清房价涨跌是市场规律，要遵循诚信原则。

一、商品房买卖中的捆绑销售

捆绑销售是指将两种以上商品或服务捆绑起来进行销售、定价的营销方式，该词作为一种口头表达方式常见于人们日常生活中。我国有关法律规范中使用的并非捆绑销售，而是搭售，即经营者在销售特定商品或提供特定服务时，消费者必须以购买他种商品或接受他种服务为前提。搭售行为适用于竞争法领域，受反垄断法规制。商品房买卖过程中经常会出现捆绑销售的现象，其主要表现形式为捆绑车位、储藏间销售，捆绑装修等。在商品房买卖捆绑销售的过程中，搭售的商品或服务的价格一般明显较市场平均水平偏高，其目的主要为规避商品房限价政策，用来提高房价。

住房和城乡建设部在 2016 年 10 月 10 日下发的《关于进一步规范房地产开

发企业经营行为维护房地产市场秩序的通知》中明确指出："一些房地产开发企业为了追求不正当利益，存在违法违规等不正当经营行为，其中包括……（七）以捆绑搭售或者附加条件等限定方式，迫使购房人接受商品或者服务价格……对存在上述行为的房地产开发企业，各级房地产主管部门要加大执法检查力度，依法严肃查处。"同时，根据《中华人民共和国反垄断法》的规定，经营者在相关行业或者区域内形成垄断地位是构成捆绑销售行为的前提条件。只有经营者形成垄断地位，其才有可能滥用市场支配地位，侵害消费者自主选择权，违反正常的市场竞争，产生不利后果。未形成垄断地位、不具有市场支配地位的经营者并不侵害消费者自主选择权。商品房领域出台的相关规定直接明确不得以任何形式收取价外费用，不得捆绑销售车位以及设置其他附加条件，并未要求开发商具有垄断或市场支配地位。

本案中，原告相较于某房地产开发公司虽处于某方面劣势地位，但某房地产开发公司作为涉案所在区域众多房地产开发公司之一，并不具有市场支配地位。原告在特定区域市场上可供购买的商品房并不局限于该公司开发的案涉小区，具有自主选择权来决定是否购买案涉商品房，其购买涉案商品房并同时购买涉案车位使用权是其多方权衡下作出的选择。故原告主张某房地产开发公司存在捆绑销售行为，事实和法律依据不足，人民法院不予支持。

二、商品房买卖中捆绑销售协议效力的认定

因捆绑销售产生纠纷时，购房人的诉讼请求一般为要求解除捆绑商品或服务的协议，或确认协议无效、撤销协议等。其主张的依据主要包括以下三点：(1) 捆绑销售违反国家规定；(2) 捆绑销售绑定商品或服务价款过高，不符合实际，违背公平、等价有偿原则；(3) 销售房屋过程中开发商存在欺诈行为；等等。司法实务中，对捆绑销售所签订协议效力的认定应考虑以下几点。

首先，虽然有关国家行政机关出台了一系列的政策对商品房的搭售行为予以否定和禁止，但并不意味着双方所签订的合同是无效的。其次，合同效力的认定以我国民事法律规范中对合同效力的规制为准，即看行为人是否具有相应的民事行为能力，意思表示是否真实，是否违反法律、行政法规的强制性规定，是否违背公序良俗等。最后，看商品房购房者在购房、购车位等过程中对购房、购车位等是否具有较大的选择余地和空间，即购房者在购房时是否具有自主选择权，是否对购房购车等具有充分注意、辨识、审查能力等，判断购房者签订相关协议时意思表示是否真实，进而认定购房者是否存在《中华人民共和国民法典》规定的重大误解、显失公平、被欺诈、被胁迫等情形。

本案中，原告在涉案车位使用权转让协议上签字并作出自愿购买车位使用权的声明，可以认定原告已对涉案车位的现实和法律状况具有充分了解与认识，在此情形下签订了车位使用权转让协议。原告虽主张案涉车位转让协议存在显失公平的情形，但在客观上，双方在涉案协议中约定的某房地产开发公司转让车位使用权、原告支付相应款项等合同的主要权利义务不存在显著失衡情形；主观上原告未提供证据证明其在签订合同时处于危困状态、缺乏判断能力等情形，故案涉车位转让协议不存在显失公平的情形。原告亦未能提供证据证明某房地产开发公司存在欺诈、胁迫等情形，法院最终认定涉案车位使用权转让协议合法有效。

编写人：江苏省徐州市鼓楼区人民法院　朱恒胜　魏跃中

12

古玩交易中重大误解的认定

——黄某诉徐某买卖合同案

【案件基本信息】

1. 裁判书字号

江苏省扬州市中级人民法院（2023）苏 10 民终 3014 号民事判决书

2. 案由：买卖合同纠纷

3. 当事人

原告（被上诉人）：黄某

被告（上诉人）：徐某

【基本案情】

2020 年 10 月，原告黄某至被告徐某处看房预备租房，后双方未能就租房事宜达成一致。在此过程中，原告发现了被告处的“古床”，后原告多次至被告处查看“古床”。此后，经双方协商，被告以 48.8 万元的价格出售“古床”给原告。在达成交易前原、被告未对“古床”进行鉴定，后双方亦未签订书面的买卖合同。2020 年 10 月 16 日，原告向被告汇款 48.8 万元，被告向原告交付“古床”。后原告找人将“古床”进行拆分，将“古床”运输至原告处，对“古床”进行了一定的清理后重新组装，并邀请被告夫妇至原告处庆祝。审理中，双方一致认可该床为红木材质。

在本案审理过程中，原告黄某向本院提出鉴定申请，要求对案涉床的年代以及价值进行鉴定。经本院委托，检测公司于 2023 年 2 月 14 日作出鉴定意见书，鉴定意见为：案涉床为亚花梨木，采用现代机械加工制作的产品，制作年份最多不会超过 30 年；某资产评估事务所于 2023 年 5 月 24 日作出资产评估报告书，案涉床的评估价值为 8 万元。原告为此支付鉴定费合计 6.2 万元。

另查明，被告在 2021 年 9 月 26 日庭审中陈述：“原告多次与被告联系，被告的夫人介绍床是从她外婆那一代就已经传下来了，年代比较久远，但是没有明确床的具体朝代，也没有说是从宫廷里流传下来的。”被告在 2021 年 10 月 25 日庭审中陈述：“床是祖上传的，有 100 年出头，对此非常确定。”在法官询问其出售的床是不是古床时，被告回答：“是古床，从被告的丈母娘的妈妈的时候就有了，传下来的床。”本案庭审中，被告陈述：“听说（案涉床）是家里的老物件，但是对于准确来源并不清楚。”

【案件焦点】

原、被告之间关于“古床”的买卖合同是否因存在重大误解而撤销。

【法院裁判要旨】

江苏省扬州市江都区人民法院经审理认为：公民、法人合法的民事权益受法律保护。下列合同当事人一方有权请求人民法院或者仲裁机构变更或者撤销：(1) 因重大误解订立的；(2) 在订立合同时显失公平的。一方以欺诈、胁迫的手段或者乘人之危，使对方在违背真实意思的情况下订立的合同，受损害方有权请求人民法院或者仲裁机构变更或者撤销。本案中，虽然原告提供的证据不足以证明双方在交易时明确约定案涉床的年代和材质，但根据原告提供的谈话录音以及被告在庭审中一再确认案涉床有100多年历史，是其祖上传下来的陈述，可以推定双方在交易商谈过程中被告对案涉床的年代等亦存在此等不当介绍、误导性宣传等行为。原告基于购买古床的本意与被告订立买卖合同关系，作出以48.8万元购买案涉床的意思表示，系对合同标的产生重大误解，使自己的行为后果与自己的意思相悖，并造成较大损失，应当认定为重大误解，故对原告要求撤销双方之间的买卖合同的诉讼请求，本院依法予以支持。合同无效或者被撤销后，因该合同取得的财产，应当予以返还；不能返还或者没有必要返还的，应当折价补偿。有过错的一方应当赔偿对方因此所受到的损失，双方都有过错的，应当各自承担相应的责任。现原、被告之间的买卖合同被撤销，被告理应将收到的购床款48.8万元返还原告，同时原告应将案涉床返还被告。鉴于购买时系原告从被告处拆分、搬运案涉床，故返还时亦应由原告将案涉床搬运至被告处，并由原告承担运输、装卸、安装费用。

江苏省扬州市江都区人民法院依照《中华人民共和国民法总则》第一百四十七条、第一百四十八条、第一百五十一条，《中华人民共和国合同法》第五十四条、第五十八条，《最高人民法院关于适用〈中华人民共和国民法典〉时间效力的若干规定》第一条，《中华人民共和国民事诉讼法》第六十七条之规定，判决如下：

一、撤销原告黄某与被告徐某之间就案涉亚花梨木床达成的买卖合同；

二、被告徐某于本判决生效之日起十日内返还原告黄某购床款48.8万元，同时原告黄某于本判决生效之日起十日内将案涉亚花梨木床交付被告徐某；

三、驳回原告黄某的其他诉讼请求。

徐某不服一审判决，提起上诉。

江苏省扬州市中级人民法院经审理认为：重大误解，是指误解者作出意思表示时，对涉及合同法律效果的重要事项存在认识上的显著缺陷，其后果是使误解者的利益受到较大的损失，或者达不到误解者订立合同的目的。误解直接影响到当事人所应享有的权利和承担的义务。同时在这种情况下，虽然同行为人原来的真实意思不相符，但这种情况的出现，并不是由于行为人受到对方的欺诈、胁迫或者对方乘人之危而被迫订立的合同，使自己的利益受损，而是由于行为人自己的大意，缺乏经验或者信息不通而造成的。本案中，徐某在原一审中非常确定案涉床有 100 年出头，是祖上传下来的，原一审中，黄某也提供了录音，录音中徐某陈述案涉床年代起码超过 150 年。虽录音、庭审陈述在案涉买卖合同之后，但可以认定徐某未如实告知黄某有关案涉床的信息，对床的年代等存在误导性说明。结合黄某以 48. 8 万元购买案涉床，远超同等样式现代床的价值，可以认定黄某的本意是购买有历史价值的古床，因黄某对案涉床的价值、年限存在认识上的显著缺陷，导致以 48. 8 万元购买了价值仅为 8 万元的制作年份最多不超过 30 年的案涉床，使黄某的利益受到较大损失，构成重大误解。黄某有权解除案涉买卖合同。

江苏省扬州市中级人民法院依照《中华人民共和国民事诉讼法》第一百七十条第一款第一项之规定，判决如下：

驳回上诉，维持原判。

【法官后语】

盛世兴收藏，随着物质生活水平的提高，人们的精神需求更加丰富，对古玩藏品的兴趣日增，古玩交易成为股票和房地产之外的另一种重要的投资方式。古玩交易是一类特殊的商品交易，就一般商品而言，其产地、性能、质地、年代等均是明确的，即便合同中没有明确约定，相应的交易价格也有市场价格、政府定价或者政府指导价等作为参考。然而对于古玩，其产地、性能、质地、年代等在未经相关权威机构或专家的鉴定之前均不确定；无国家或行业指导价，其交易价格往往是由交易者个人对标的物的认可或喜好程度并同时参考市场认可度决定的。这也在一定程度上导致在当前的古玩交易中，对于重大误解认定的难度较大。

一、重大误解的构成要件及具体情形

重大误解是我国民法基本制度之一，认定重大误解需满足以下几个条件：一是行为人主观上存在错误认识，这种错误可以是关于行为的性质，也可以是关于行为的相对人，交易标的的质量、数量等；二是行为的结果与行为人的意思相悖；三是行为人的错误认识与行为后果之间存在因果关系，即如果没有这种错误认识，将不会产生该行为后果；四是行为人在客观上遭受了较大损失，如果没有损失或者损失较小，也不能构成重大误解。

重大误解可以分为以下情形：（1）对合同的性质发生误解。在此种情况下，当事人的权利义务将发生重大变化。例如，当事人误以为出租为出卖，这与当事人在订约时所追求的目的完全相反。（2）对对方当事人发生的误解。例如，把甲当事人误以为是乙当事人而与之签订合同。特别是在信托、委托等以信用为基础的合同中对对方当事人的误解就完全属于重大误解。（3）对标的物种类的误解。例如，把大豆误以为是黄豆加以购买，这实际上是对当事人权利义务的指向对象即标的本身发生了误解。（4）对标的物的质量的误解直接涉及当事人订约的目的或者重大利益的。例如，误将仿冒品当成真品。除此之外，对标的物的数量、履行地点或者履行期限、履行方式发生误解，足以给当事人的利益造成重大损害的，也可认定为重大误解的合同。

二、古玩交易的行规合理性

古玩交易在漫长的历史发展过程中形成了独特的行规，例如，“买卖全凭眼力，真假各安天命”“藏品当面验货，售出概不退换，货款两清”。还有经常被提到的“捡漏”，即以很便宜的价钱买到很值钱的古玩，以及“打眼”，即花高价买了很便宜的东西或假货，这些行规有一定的合理性。古玩交易是一种特殊商品交易。古玩蕴含着历史文化的沉淀，承载着制作人的情感工艺，超出了无差别的人类劳动所能涵盖的范围，难以确定统一的价值衡量标准。尤其是对于市场上大量存在的未经权威机构鉴定的古玩而言，其价值很大程度上取决于当事人的主观判断。无论是卖方还是买方，参与此类交易都是高收益与高风险并存的，不能确定的风险是当事人必须考量的交易成本，当事人在两者相权衡的基础上自由决定是否交易。当事人在古玩交易中理应负有比普通商品交易更高的谨慎注意义务。否则一旦允许随意退换货，交易成本将大大提升，交易安全也无法得到保障，最终只会对交易起到消极作用。

三、古玩交易行规在司法中的限制

行规是基于法治的自治，其前提是合法，基点是合理，它是法律法规的补充，其有效性只能在合乎法律法规的前提下才能得到实现。因为行规受其背后的经济利益影响，不可避免地带有行业的局限性和狭隘性，所以它的适用必须受到法律的规制。例如，古玩交易行规的适用就应遵循以下原则：首先是双方当事人地位平等，在交易过程中，不得有欺诈、胁迫、虚假陈述、利用优势地位误导等情况。其次是在交易过程中，如卖方就交易物品或交易相关的信息有明示或保证，则其应受到约束。比如，卖方向买方明示某瓷器是明清时代的古物，则卖方应受到这一交易条件的约束。

现在的古玩交易中卖方并不一定遵循过去“不保真”的传统，而会积极地对标的物的材质、年代等做出保证或承诺，对买方的购买行为造成不可忽视的影响，当事后证明卖方存在故意的虚假陈述时，就违背了自愿、公平、诚实信用的原则，古玩交易行规不再适用。当保证或承诺的内容已构成合同主要内容时，便成立重大误解。

本案中，徐某在一审中非常确定案涉床有100年出头，是祖上传下来的，原一审中，黄某也提供了录音，录音中徐某陈述案涉床年代起码超过150年。虽录音、庭审陈述在案涉买卖合同之后，但可以认定徐某未如实告知黄某有关案涉床的信息，对床的年代等存在误导性说明。结合黄某以48.8万元购买案涉床，远超同等样式现代床的价值，可以认定黄某的本意是购买有历史价值的古床，因黄某对案涉床的价值、年限存在认识上的显著缺陷，导致以48.8万元购买了价值仅为8万元的制作年份最多不超过30年的案涉床，使黄某的利益受到较大损失，构成重大误解。

编写人：江苏省扬州市江都区人民法院　杜丽丽　王溧波

13

侵害消费者知情权的行为不当然认定为欺诈

——陈某诉某汽车公司买卖合同案

【案件基本信息】

1. 裁判书字号

北京市第三中级人民法院（2023）京03民终14797号民事判决书

2. 案由：买卖合同纠纷

3. 当事人

原告（上诉人）：陈某

被告（被上诉人）：某汽车公司

【基本案情】

付某（陈某之儿媳）向某汽车公司订购汽车一辆，预估保险金额为1.8万元，并于2022年10月28日支付定金2万元。后陈某（甲方）与某汽车公司（乙方）签订正式销售合同，约定购买汽车一辆（以下简称涉诉车辆），含税总价款为106万元，定金36万元，余款70万元通过金融机构贷款支付；车辆交付时间暂定为2022年10月31日之前，前提为乙方收到车辆全款；乙方将上述车辆交与甲方前，须为该车辆做PDI（交付前检查）及养护之工作；乙方应在甲方依约支付车辆总价款后通知甲方办理车辆交付手续；如乙方因自身原因，未能在本合同第三条第一项约定的时间或双方另行达成的时间交付车辆，每逾期一日应向甲方支付定金的千分之一作为违约金。双方在签订销售合同的同时还签订了附件，涉诉车辆系特殊车辆，里程为7988公里，生产日期为2020-10-06，车辆具体状况为内饰有轻微磨损，外观以实车为准。2022年10月31日，付某向某汽车公司支付定金36万元和内饰费3.98万元。

后陈某发现涉诉车辆曾维修、出险，造成保费上浮，本案审理过程中，经陈某申请，法院调取涉诉车辆临时车牌或正式车牌情况，显示涉诉车辆分别由赫某、刘某、赵某申请核发了临时车牌。陈某认为因某汽车公司未在销售前详细告知涉诉车辆的临牌、维修、出险等情况，致使陈某陷入错误的认知签订销售合同并支付定金、内饰费等，属于欺诈行为，且根据临牌情况，某汽车公司存在二次、多次销售行为，就此，要求撤销双方签订的销售合同，某汽车公司返还其购车款40万元、精品装饰款1.88万元以及上牌服务费1000元，支付资金占用费，并赔偿其损失330万元。

【案件焦点】

未告知涉诉车辆曾维修、出险、办理临牌等信息，是否构成某汽车公司违反了告知义务，侵害了陈某的知情权，是否对陈某实施了欺诈行为。

【法院裁判要旨】

北京市顺义区人民法院经审理认为：就未如实告知问题，消费者享有知悉其购买、使用的商品或者接受的服务的真实情况的权利。经营者向消费者提供有关商品或者服务的质量、性能、用途、有效期限等信息，应当真实、全面，不得作虚假或者引人误解的宣传。涉诉车辆尽管属于特殊车辆，但该车辆的维修、出险、临牌等信息属于经营者全面、如实告知义务的范围，某汽车公司未向陈某全部如实告知存在不当，违反《中华人民共和国消费者权益保护法》的相关规定。

就上述未如实告知是否构成欺诈的问题，欺诈是指故意告知虚假情况，或者故意隐瞒真实情况，诱使当事人作出错误意思表示的行为。即欺诈的构成要件为：欺诈故意、欺诈行为、受欺诈人因欺诈行为而陷入认识错误和受欺诈人因认识错误作出意思表示。经营者未向消费者主动告知会影响一般消费者消费选择的真实信息，损害消费者的知情权的行为，并不当然构成经营者欺诈。本案中，在销售前，某汽车公司已明确告知陈某涉诉车辆系特殊车辆（如行驶里程 7988 公里、生产时间 2020-10-06），即在一定程度上已经提醒陈某可能存在某些问题，这与 4S 店购买的普通新车是有明显区别的，在发现上述问题后双方立刻相互沟通并继续履行销售合同。同时，从陈某的缔约意思考虑，其目的在于取得质量合格的特定车辆的所有权，用以满足其使用要求。尽管涉诉车辆存在维修、出险、临牌等情形，但涉诉车辆并不存在影响到陈某的人身健康、安全的情形，能够实现其缔约目的。综合以上分析，某汽车公司未向陈某告知维修、出险、临牌等信息并不构成《中华人民共和国消费者权益保护法》第五十五条规定的欺诈。

就二次、多次销售问题，“二手车”是指从办理完注册登记手续到达到国家强制报废标准之前进行交易并转移所有权的汽车、挂车和摩托车。根据上述规定，如涉诉汽车存在二次销售的情形，则涉诉汽车之前应存在某汽车公司将车辆登记在他人名下等行为。具体到本案中，涉诉车辆的进口证明书、进口机动车随车检验单、环保信息随车清单、一致性证书齐全，京顺车管所亦口头回复该涉诉车辆未在北京地区办理过车辆的正式牌照、未进行注册登记，故法院认为在案证据不足以证明涉诉汽车存在二次销售的情形，故对陈某的该项主张不予采信。综上，法院对陈某要求撤销销售合同的诉讼请求不予支持。因双方均同意解除合同，对此法院不持异议，依法予以确认。某汽车公司同意退还陈某购车款及内饰费等共计 41.98 万元，法院对此不持异议，依法予以确认。关于违约金，法院认为，尽管未认定某汽车公司未如实告知的行为属于欺诈，但是该行为对陈某在缔约时的知情权、选择权产生了一定程度的影响。法院酌定某汽车公司向陈某赔偿 7 万元。

北京市顺义区人民法院依照《中华人民共和国民法典》第一百四十八条、第五百六十六条，《中华人民共和国消费者权益保护法》第八条、第二十条、第四十条、第五十五条，《中华人民共和国民事诉讼法》第六十七条之规定，判决如下：

一、解除双方签订的销售合同；

二、某汽车公司于本判决生效之日起七日内返还原告陈某购车款、内饰费等41.98万元；

三、某汽车公司于本判决生效之日起七日内赔偿原告陈某7万元；

四、驳回原告陈某的其他诉讼请求。

陈某不服一审判决，提起上诉。

北京市第三中级人民法院经审理认为：同意一审法院裁判意见，依照《中华人民共和国民事诉讼法》第一百七十七条第一款第一项之规定，判决如下：

驳回上诉，维持原判。

【法官后语】

自1993年《中华人民共和国消费者权益保护法》第四十九条确立惩罚性赔偿制度以来，法院即将该制度适用于消费者与经营者之间的消费欺诈纠纷，其中豪华汽车销售过程中产生的消费欺诈及惩罚性赔偿问题，因常常涉及较高的赔偿金额且事关一般消费者人身、财产以及社会公共安全，尤其令人瞩目。

一、关于消费欺诈的认定

欺诈是指一方当事人故意告知对方虚假情况或者故意隐瞒真实情况，诱使对方当事人作出错误意思表示的行为。对于汽车销售欺诈的认定应当同时满足四个要件：

一是经营者存在欺诈的故意，即故意隐瞒车辆真实情况、隐瞒车辆状况重要信息或故意告知车辆虚假情况。由于当事人的内心意思往往难以查明，法官只能通过外在的客观行为来判断是否具有主观故意，故司法实践对经营者欺诈故意的认定一般采用过错推定方法。只要经营者客观上存在告知消费者虚假情况或者隐瞒真实情况的行为，如事故车辆故意隐瞒维修情况，故意以展车试驾车作为新车销售等，一般即可推定经营者存在欺诈的故意，除非经营者举证证明不存在故意。

二是经营者实施欺诈行为，即存在告知消费者虚假情况或者隐瞒真实情况的行为。实践中，欺诈行为通常分为积极欺诈和消极欺诈，即故意告知消费者虚假信息或故意隐瞒真实情况，不履行告知义务。

三是消费者因经营者欺诈行为陷入错误认识。应根据消费者情况具体分析，对于具有一定相关专业知识的消费者，如果其凭借自身专业知识可以判断所购车辆的真实情况，则不宜认定为陷入错误认识。对于一般消费者，凭其有限的专业知识及社会经验难以判断车辆的真实情况时，经营者的欺诈行为足以误导消费者，则可以认定消费者陷入错误认识。

四是消费者基于错误认识而作出错误的意思表示。若汽车经营者的欺诈行为可以达到误导一般消费者做出不利选择的程度，就可认定该车辆购买行为与欺诈行为之间具有因果关系，除非有证据证明消费者事先知道该信息为不实信息。

二、经营者告知义务履行的认定

汽车经营者未履行告知义务并不均构成消费欺诈，告知义务应以是否影响消费者购买决策、是否给消费者造成利益损失为限。

在新车销售情形中，新车一般指全新未经使用、未经维修的车辆，新车从主机厂到4S店往往需要经过长途运输，而运输过程中可能会造成车辆瑕疵。4S店不可能因存在小瑕疵就将车辆重新运回厂家处理，故汽车行业普遍存在交付前检查作业程序，即由厂家授权经销商向用户交付车辆前对车辆进行最后检测，对发现的一般瑕疵和缺陷及时校正修补或更换原厂配件，使车辆达到原厂标准。因此，如经营者未将诸如车辆漆面瑕疵处理、车辆零部件更换等并不影响车辆安全性能或未对车辆价值产生较大影响的信息告知消费者，可能仅涉及侵犯消费者的知情权，不宜认定为欺诈行为；如经营者对车辆曾发生事故导致前纵梁等部件受损而进行过重大维修或对试驾车私自篡改里程表数据等事实未告知消费者，一般可认定构成经营者欺诈。

具体到本案中，某汽车公司未如实告知陈某涉诉汽车存在出险、维修（喷漆）、临牌等情况，违反了告知义务，对陈某在缔约时的知情权、选择权产生了一定程度的影响。但是在认定是否构成欺诈时不能以经营者未向消费者主动告知会影响一般消费者选择便推定经营者当然具有主观恶意。某汽车公司已明确告知陈某涉诉车辆系特殊车辆，涉诉车辆虽存在出险、维修（喷漆）、临牌问题，但并不影响陈某缔约目的的实现，因此，某汽车公司并无在汽车销售过程中隐瞒真实情况的故意，不构成欺诈。

编写人：北京市顺义区人民法院　张莉　黄慧茹

14

无药品经营资质者签订合同参与药品经营行为的评定

——某医药公司、王某诉黄某买卖合同案

【案件基本信息】

1. 裁判书字号

四川省宜宾市中级人民法院（2023）川15民终4175号民事判决书

2. 案由：买卖合同纠纷

3. 当事人

原告（反诉被告、被上诉人）：某医药公司、王某

被告（反诉原告、上诉人）：黄某

【基本案情】

某医药公司系一家从事药品、食品经营的公司，王某系某医药公司四川片区某药剂销售总负责人。2022年5月，某医药公司与黄某签订《经销合同》，该合同由《某药剂特许经营合同》《产品买卖合同》《某药剂产品有关防止窜货的管理制度》三部分组成，合同约定黄某向某医药公司购买某药剂产品，某医药公司授权黄某在自贡区域的私立诊所、单体药房等地方销售该产品，并指定黄某只能在上述区域销售。合同的具体执行主要由王某和黄某对接。合同订立后，黄某通过四川某医药公司账户向某医药公司支付货款111720元，并向王某微信转账5000元作为保证金，某医药公司向黄某交付了133件某药剂。合同履

行过程中，因王某发现黄某将某药剂销售至限定区域外的地方，要求黄某进行处理，但黄某未予理睬。某医药公司遂向收购该批货物的公司进行回购，并因此支付货款371342元。其后某医药公司又将回购的货物再次销售，卖得10万元。某医药公司、王某提起诉讼，要求解除案涉合同并由黄某赔偿损失。黄某提起反诉，要求确认案涉合同无效并由某医药公司、王某退还保证金。

【案件焦点】

1. 黄某是不是案涉合同的相对方及合同效力；2. 某医药公司、王某主张的损失是否应得到支持。

【法院裁判要旨】

四川省宜宾市南溪区人民法院经审理认为：根据案件查明的事实，案涉《经销合同》系由某医药公司与黄某签订，双方在合同中约定黄某作为需方向某医药公司购买某药剂，某医药公司作为特许人授予黄某在特定区域对某药剂进行销售等内容。且从双方的陈述及王某与黄某的微信聊天记录可以看出，黄某对案涉货物购买的数量、收货的地址、购进后的销售均由其自主决定，黄某通过四川某医药公司向某医药公司进行支付货款等事实，加之黄某在庭审中明确表示其不是四川某医药公司的员工，故黄某与某医药公司系案涉《经销合同》的相对方。但案涉货物是药品，黄某并不具备《中华人民共和国药品管理法》第五十一条、第五十二条规定的从事药品经营所需的必要条件，故其与某医药公司签订的《经销合同》违反上述法律强制性规定，属于无效合同。根据《中华人民共和国民法典》第一百五十七条的规定，合同无效，双方均已实际履行的，应当互负返还义务，仅返还财产或者折价补偿不足以弥补损失的，一方还可以向有过错的另一方请求损害赔偿，双方均有过错的，根据各自过错程度合理确定责任。药品销售属于特殊行业，因地区差价的问题，该行业中普遍存在不同地区不能窜货的商业惯例，因黄某将案涉药品销售至合同限定销售区域外的地域，某医药公司为防止损失扩大，先后向购买案涉货物的相关公司回购，并支付相应货款371342元，而后某医药公司又将药品再次销售，双方无相互返还的必要，但由此给某医药公司造成了 271342 元（371342 元-100000 元）的损失。对于该损失的负担，某医药公司明知黄某无相应的药品经营许可证，不具备药品经营所需的必备条件而与之签订《经销合同》，原、被告均存在过错，但被告黄某违背诚信原则，应当承担较重的责任，故本院确定原告某医药公司自行承担 40%的损失，被告黄某承担 60%的赔偿责任，即为 271342 元×60%＝162805.2 元。关于 5000 元保证金，虽系王某实际收取，但其系某医药公司在四川片区某药剂销售总负责人，王某收取保证金的行为代表某医药公司，故该笔款项一并由某医药公司返还黄某。关于 7480 元欠款，实为王某与黄某之间的返点费，该主张于法无据，本院不予支持。

四川省宜宾市南溪区人民法院判决如下：

一、某医药公司与黄某于 2022 年 5 月 1 日签订的《经销合同》无效；

二、黄某于本判决生效后十日内赔偿某医药公司损失 162805.2 元；

三、某医药公司于本判决生效后十日内返还黄某保证金 5000 元；

四、驳回某医药公司、王某的其他诉讼请求。

黄某不服一审判决，提起上诉。

四川省宜宾市中级人民法院经审理认为：同意一审法院裁判意见，遂判决如下：

驳回上诉，维持原判。

【法官后语】

药品涉及公众健康和生命安全，是重要的民生问题。国家立法对从事药品生产经营活动所需条件进行了明确规定，药品生产经营具有严格准入门槛，无经营资质者不得以任何形式参与药品经营。本案对案涉合同作出无效认定，是人民法院依法维护药品市场经营管理秩序稳定、降低人民群众用药成本、保障人民群众用药安全的重要体现。

其一，关于合同效力的认定。药品作为一种特殊商品，《中华人民共和国药品管理法》第五十一条、第五十二条对从事药品生产经营活动所需条件进行了明确规定，药品生产经营具有严格准入门槛，无经营资质者不得以任何形式参加药品经营。若让不具备药品经营资质的自然人或组织进行药品销售，会严重扰乱药品市场经营秩序，造成药品日常经营行为脱离监控范围，导致药品强监管的规则制度形同虚设，有损社会公共利益。本案中，黄某不具备相关药品经营许可，也未获得相关药品经营企业的委托授权，故黄某与某医药公司签订的《经销合同》违反上述法律强制性规定，属于无效合同。

其二，关于合同无效后损害赔偿的认定。合同无效的后果包括返还财产、折价补偿以及赔偿损失，损害赔偿根据各自过错程度合理确定责任。本案中，黄某明知自身不具备药品经营所需的必要条件，仍与药品企业签订《经销合同》，而某医药公司作为药品经营企业，理应具有较高的药品经营常识，却与不具备药品经营许可的自然人黄某签订《经销合同》，双方在缔约过程中均存在过错，均应承担相应的过失责任。虽案涉合同无效，但合同中已明确约定黄某不得变更销售区域，黄某变更销售区域的不诚信的行为，是导致某医药公司为防止窜货跨区域回收药品产生损失的直接原因。因此，根据诚实信用原则的要求，黄某应当承担更多的赔偿责任。

其三，药品涉及公众健康和生命安全，对于无药品经营资质者参与药品经营的行为，若不进行打击和规范，将必然导致药品成本上涨并转移给普通民众，亦可能为假药流入药品经营正规渠道留下可乘之机，甚至存在毒贩利用药品制毒贩毒的风险。本案依法认定案涉合同无效，在一定程度上斩断了药品销售领域违规经营的利益链，压缩了药品流通成本，是人民法院依法保障公众用药安全、降低公众用药成本，维护人民群众生命健康的重要体现。

其四，本案对各类市场主体起到很好的价值引领和提示警醒作用。在药品销售领域，药品生产、销售企业将药品交由无资质的企业或个人进行销售的现象客观存在。本案对药品销售企业将药品批发给自然人进行二次销售的行为进行否定评价，并确认药品销售企业自行承担部分缔约过失责任，有力提示和警醒药品销售企业在经营过程中，必须遵守法律法规、遵循药品市场经营规则。

编写人：四川省宜宾市南溪区人民法院　李棚　周光鸿

15

增信承诺文件的法律性质认定

——某电缆制造公司诉某电气设备公司买卖合同案

【案件基本信息】

1. 裁判书字号

河北省邢台市中级人民法院（2023）冀05民终3722号民事判决书

2. 案由：买卖合同纠纷

3. 当事人

原告（被上诉人）：某电缆制造公司

被告（上诉人）：某电气设备公司

【基本案情】

2020年8月，某电缆制造公司（卖方）通过某平台与某电力公司（买方）签订三份物资采购合同，总价款为3642700.38元，由某电力公司购买某电缆制造公司线缆，具体型号、单价、数量以合同附件为准。2020年9月，某电气设备公司向某电缆制造公司出具承诺书一份，主要内容为：某电气设备公司挂靠某电力公司资质承揽配电安装工程，针对配电安装工程，某电力公司与某电缆制造公司签订三份物资采购合同；因工程需要，某电气设备公司一直未通知某电力公司要求某电缆制造公司供应线缆，现因工程需要，请某电缆制造公司供应剩余线缆。承诺书中，某电气设备公司针对以上情况承诺如下："某电力公司保证2021年9月30日前，转账付给贵公司货款992312.1元；2021年10月30日前，转账付给贵公司货款130万元；2021年11月30日前，转账付给贵公司货款1012557.2元，若某电力公司未按以上要求按期足额付款，以未付款金额为基数按月利率1%付给贵公司作为赔偿金。我司针对以上付款、赔偿金承担连带担保责任（担保有效期自本承诺书签订之日起两年）。”

2021年9月19日，某电缆制造公司完成部分供货后，某电气设备公司工作人员吴某在三张发货单上签字，发货单显示客户名称为某电力公司。

截至起诉之日，某电缆制造公司已收到案涉合同货款2195907.07元，庭审后，某电缆制造公司表示，货款本金已支付完毕。

某电缆制造公司提出诉讼请求：（1）判令某电气设备公司立即给付某电缆制造公司欠付货款，并以此为基数自2022年9月30日起，按月利率1%给付某电缆制造公司赔偿金至偿清之日止；（2）本案诉讼费由某电气设备公司负担。

【案件焦点】

1. 案涉承诺书是否符合保证要件；2. 货款数额如何确定。

【法院裁判要旨】

河北省宁晋县人民法院经审理认为：保证合同中的保证人应为主债权债务合同之外的第三人，当提供保证的合同当事人并非主合同之外的第三人时，不能认定其保证人的法律地位。

案涉承诺书载明某电气设备公司挂靠某电力公司资质承揽的施工工程，现因工程需要，请某电缆制造公司供应剩余线缆等内容。从该表述可以看出，某电气设备公司自认其挂靠某电力公司资质承揽施工工程，并要求某电缆制造公司继续供应线缆。而且，某电气设备公司工作人员吴某在某电缆制造公司提供的三张客户名为某电力公司的发货单上签字确认，发货单上电缆的规格、型号与承诺书内容相符。综合以上因素，应认为某电气设备公司并非完全独立于其所述的主债权债务合同之外的第三人，不符合保证的法定构成要件。

某电气设备公司向某电缆制造公司出具承诺书，某电缆制造公司对承诺书予以接受，双方构成独立的合同关系，现不能认定承诺书符合保证或债务加入等情形，某电缆制造公司可依据承诺书的内容请求某电气设备公司作为义务人履行义务或承担相应责任。

河北省宁晋县人民法院依照《中华人民共和国民法典》第五百零九条第一款、第五百七十七条，《最高人民法院关于适用〈中华人民共和国民法典〉有关担保制度的解释》第三十六条之规定，判决如下：

一、被告某电气设备公司支付原告某电缆制造公司赔偿金110920元，于本判决生效之日起三日内付清；

二、驳回原告某电缆制造公司的其他诉讼请求。

某电气设备公司不服一审判决，提起上诉。

河北省邢台市中级人民法院经审理认为：从案涉承诺书的条款内容来看，案涉承诺书的法律性质并非保证合同，保证责任具有从属性，从属于主合同债务，保证责任的从属性体现在效力的从属性上，即主债权合同无效的，保证合同无效；体现在保证责任的从属性上，保证责任不能大于主债务人责任。某电气设备公司的“保证”承诺在效力、责任范围上，均不具有从属性特征，不属于担保法意义上的保证。

河北省邢台市中级人民法院依照《中华人民共和国民事诉讼法》第一百七十七条第一款第一项之规定，判决如下：

驳回上诉，维持原判。

【法官后语】

增信措施作为市场主体融资的手段，是债务人改善融资条件，降低融资成本的重要手段。实践中，为满足融资需求，公司对外提供增信的措施类型繁多，内容各异，尽管《最高人民法院关于适用〈中华人民共和国民法典〉有关担保制度的解释》第三十六条对增信措施性质的认定提供了基本审理思路，然而，由于增信措施并非一种典型、单纯的担保方式，其具有多样性、复杂性的特点，实践中依然存在增信措施定性不清晰、类型多样化、缺乏可操作性等障碍。

一般来说，第三人提供的承诺文件性质分为三种：担保、债务加入、独立合同。判断具体属于何种法律关系，应从以下几个方面考虑，准确认定当事人的真实意思表示：一是坚持文义优先原则，即首先从承诺文件中所使用的文字词句出发判断其真实意思表示；二是判断承诺书中第三人所承担的义务与原债务是否具有同一性，其意欲承担的是独立的还是从属的债务；三是判断当事人关于义务履行顺位的真实意思。

第一，若第三人在承诺文件中具有担保的意思表示，且符合担保的法定构成要件，如具有效力上的从属性、债务范围的从属性、与主债务区分先后履行顺序、符合公司对外担保规则及担保主体限制等因素，一般应认定为担保。

第二，如果承诺文件中，第三人具有明确加入既存的债务关系、与债务人就其债务对债权人负连带之责的意思表示，一般应认定为债务加入。

第三，虽然目前实践中第三方增信文件多数可归入担保或债务加入，但也确实存在不能归入担保或者债务加入的情形。如果承诺文件中约定了第三人的义务或责任，而第三人的意思表示具有独立承担债务、创设新的债务、效力上独立于主债务、未区分债务履行顺位等因素的，则应认定为债权人与第三人间形成独立合同，债权人可根据承诺文件向第三人主张权利。此种情形下，承诺文件中虽可能使用“担保”“保证”等词句，但因其要素与传统意义上的担保不同，因此不能仅根据文义判断承诺文件性质。本案即为第三类情形。某电气设备公司出具的承诺书虽包括保证担保的表述，但承诺书“保证”的范围已不限于原合同买受人债务范围，且承诺书的效力不依附于原三份买卖合同，有其独立性，不符合担保的法定构成要件，应认为合同双方当事人之间达成新的独立合同，债权人可要求第三人依照其承诺内容承担责任。

编写人：河北省宁晋县人民法院　江楠　李建勋

三、买卖合同的履行

16

“背靠背”条款存在可被突破情形能否成为拒绝支付货款的抗辩理由

——某建筑材料公司诉某建设公司买卖合同案

【案件基本信息】

1. 裁判书字号

广西壮族自治区河池市中级人民法院（2023）桂12民终7号民事判决书

2. 案由：买卖合同纠纷

3. 当事人

原告（被上诉人）：某建筑材料公司

被告（上诉人）：某建设公司

【基本案情】

2017年某建设公司与第三方签订《项目承包合同》，约定由某建设公司承建有关项目。签订该承包合同后，某建设公司因承建该项目与某建筑材料公司签订了《混凝土购销合同》，约定由某建筑材料公司提供混凝土。2020年某建设公司向某建筑材料公司出具的《承诺书》载明：某建设公司尚有该项目混凝土货款金额588337.5元未向某建筑材料公司支付，承诺于2020年12月31日前，向某建筑材料公司支付货款 188337.5 元；待该项目工程竣工结算审定后，某建设公司收到发包人支付的工程尾款后 10 日内向某建筑材料公司付清剩余货款余额 40 万元，并支付双方商定的资金占用费 6 万元。某建筑材料公司在承诺书空白处写明“同意该货款支付的履行方式”并加盖公司印章及签字确认。出具该承诺书后，某建设公司于 2020 年 12 月 11 日向某建筑材料公司支付了 188337.5 元，之后再未进行任何货款支付。某建筑材料公司向某建设公司索要剩余货款时，某建设公司以案涉项目尚未进行竣工结算审定，发包人尚未向其支付工程尾款为由拒绝了某建筑材料公司的付款请求。

【案件焦点】

某建设公司能否依据承诺书约定的“背靠背”支付条款，以第三方尚未向其支付工程尾款为由拒绝向某建筑材料公司支付货款。

【法院裁判要旨】

广西壮族自治区河池市金城江区人民法院经审理认为：依法成立的合同受法律保护。某建筑材料公司按期向某建设公司供应货物，某建设公司应向某建筑材料公司支付货款。某建设公司出具的《承诺书》中对付款的时间约定不明确，根据《中华人民共和国民法典》第五百一十一条第四项的规定，某建设公司出具《承诺书》后未能履行给付货款的义务，某建筑材料公司起诉主张要求其支付货款、资金占用费及逾期付款利息于法有据，应予以支持。

广西壮族自治区河池市金城江区人民法院依照《中华人民共和国民法典》第五百一十一条及《最高人民法院关于审理买卖合同纠纷案件适用法律问题的解释》第十八条第四款之规定，判决如下：

某建设公司支付给某建筑材料公司货款 40 万元及资金占用费（分段计算：1. 2022 年 9 月 1 日之前的资金占用费，以双方签订承诺书认可的 6 万元计付；2. 以 40 万元为基数，从 2022 年 9 月 2 日起至实际清偿之日止，按年利率 12% 计付）。

某建设公司不服一审判决，提起上诉。

广西壮族自治区河池市中级人民法院经审理认为：从本案实际情况出发，如将承诺书中的内容理解为关于履行条件的约定，则意味着在条件不成就时，某建设公司无须支付剩余货款，与其负有的付款义务不相符，就此而言，尽管承诺书关于剩余款项的支付约定从形式上看属于履行条件，但就其本质而言，仍然属于履行期限的约定。本案中，某建设公司在案涉项目已经竣工并出具审计报告具备结算条件后未按期收到案涉项目尾款的情况下，理应积极向案涉项目发包方要求支付尾款，但某建设公司无充分证据证实其已经积极向项目发包方主张项目尾款，可推定某建设公司怠于行使其权利导致案涉剩余货款迟迟无法支付，某建设公司与某建筑材料公司关于案涉货款的履行已经超过合理期限，某建筑材料公司有权请求某建设公司立即履行，一审法院予以支持并无不当。综上所述，某建设公司的上诉请求不能成立，应予驳回；一审判决认定事实清楚，适用法律正确，应予维持。

据此，广西壮族自治区河池市中级人民法院依照《中华人民共和国民事诉讼法》第一百七十七条第一款第一项之规定，判决如下：

驳回上诉，维持原判。

【法官后语】

"背靠背"支付条款大量存在于买卖合同、建设工程施工合同等领域；建设工程款与买卖合同货款之间的"背靠背"支付条款虽存在差异，但二者也存在重合的部分，即出卖人向工程承包人供货，付款条件为业主向承包人支付工程款后再支付货款。仅从买卖合同"背靠背"支付条款的裁判思路上看，司法实践中对"背靠背"支付条款的效力、性质等问题的认定尚有争议，认定"背靠背"支付条款有效为主流意见，但无论认为该条款约定属于附条件支付还是附期限支付，均对供应商造成了较大的资金压力。本案的核心问题在于是否存在供应商可突破"背靠背"支付条款约定请求立即支付货款的情形，使其摆脱支付条款带来的困境。

审判实践中，买卖合同中处于优势地位的合同一方利用"背靠背"支付条款实质排除合同相对方的主要合同权利或存在其他有损对方利益的情形下，相对方可在以下几种情况下突破“背靠背”支付条款主张权利。

一、合同无效

根据《中华人民共和国民法典》第五百零七条的规定，合同不生效、无效、被撤销或者终止的，不影响合同中有关解决争议方法的条款的效力。“背靠背”支付条款不属于解决争议方法的条款，因此，如相关合同整体无效则“背靠背”支付条款亦无效，且“背靠背”支付条款也不属于《最高人民法院关于审理建设工程施工合同纠纷案件适用法律问题的解释（一）》第二十四条规定中关于参照实际履行的合同结算建设工程价款内容。此时可突破“背靠背”支付条款支持权利人要求支付款项的诉请。本案中，双方《混凝土购销合同》及承诺书均不存在合同无效的情形，则应认定其中“背靠背”支付条款有效。

二、“背靠背”支付条款约定不明

“背靠背”支付条款的表述明确与否也将影响该条款可否被突破。如仅约定了在业主不及时支付款项的情况下，供应商愿意放弃追究承包方违约责任，但并未约定承包方可以因此不向供应商支付货款的，供应商仍有权要求承包方支付货款。本案如将“背靠背”支付条款认定为附条件的约定，则意味着在条件不成就的时候，某建设公司无须支付剩余货款，与其负有的付款义务不相符，也与合同目的及立法精神不相符，则案涉“背靠背”支付条款应认定为某建设公司未履行付款义务所设定的期限。某建设公司对尚欠货款并无异议，且认可工程已经竣工并审计但未收到工程尾款，发包方向某建设公司履行付款具体时间不确定，则某建设公司与某建筑材料公司关于货款的支付约定期限亦不明，某建筑材料公司有权随时主张权利。同时，就买卖合同本质而言，双方并无发包方若不支付工程尾款则某建设公司即不再向某建筑材料公司支付货款的意思表示。因此，某建设公司关于案涉“背靠背”支付条款已经明确约定货款支付条件，现条件尚未成就故不应支付货款的主张不能成立。

三、承包方怠于主张其权利

根据《中华人民共和国民法典》第一百五十九条的规定：附条件的民事法

律行为，当事人为自己的利益不正当地阻止条件成就的，视为条件已经成就；不正当地促成条件成就的，视为条件不成就。实践中，承包方往往基于长期合作等原因，一定程度上存在容忍业主违约的情况，怠于行使其到期债权。在此情况下，承包方又以尚未收到工程款为由主张货款支付条件尚未成就拒不支付供应商货款，意味着如承包方对发包人的债权不能实现将导致供应商的债权永远无法实现，“背靠背”支付条款对供应商显失公平。故如承包方怠于主张到期债权应视为货款支付条件已经成就，供应商可突破“背靠背”支付条款要求承包方立即支付货款。本案中双方虽约定某建设公司以收到工程尾款为付款条件，但案涉项目已经竣工并出具审计报告，已经具备结算条件，而某建设公司未积极与项目发包方进行结算，也未在合理期限内以诉讼或仲裁的方式主张工程款，可推定某建设公司怠于行使其向发包方请求支付项目尾款的权利，理应承担不利后果。如认定某建设公司付款条件不成就的抗辩理由成立将导致某建筑材料公司收款周期无限拖延，有违公平与诚信原则。故某建筑材料公司突破案涉“背靠背”支付条款诉请某建设公司立即支付剩余货款应予支持。

四、业主无财产可供执行

在承包方积极主张债权但由于业主经济状况导致债权无法执行到位或业主破产清算的情况下，虽然买卖合同约定的“背靠背”支付条款应属有效，但根据业主方无财产可供执行的现状，买卖合同如继续适用“背靠背”支付条款将导致因承包方长期难以实现工程款债权进而迟迟无法履行货款支付义务，造成承包方与供应商利益明显失衡，与诚实信用原则、等价有偿原则、公平正义原则不符。此时，应支持供应商突破“背靠背”支付条款向承包方主张立即支付货款。

综上，买卖合同中的“背靠背”支付条款有效，可视为附期限的约定。但在实践中应综合考量“背靠背”支付条款约定是否清晰具体，承包方是否积极主张其权利等因素决定是否存在可突破“背靠背”支付条款的情形。综合考量上述因素，本案某建设公司关于货款支付条件尚未成就的抗辩理由不成立，法院确认支持某建筑材料公司要求某建设公司立即支付剩余货款的诉请。

编写人：广西壮族自治区河池市中级人民法院　夏云

17

二手车交易中，出卖车管所审核登记的篡改车架号车辆的一方是否违约

——某车行、周某诉刘某、段某买卖合同案

【案件基本信息】

1. 裁判书字号

湖南省益阳市中级人民法院（2023）湘 09 民终 836 号民事判决书

2. 案由：买卖合同纠纷

3. 当事人

原告（上诉人）：某车行、周某

被告（被上诉人）：刘某

被告（上诉人）：段某

【基本案情】

某车行系个体工商户，其登记的经营者为周某，周某与宋某某系合伙关系。2020 年 12 月 16 日，宋某某与刘某签订了一份《车辆转让协议》，合同约定：买方以 29.4 万元的价格向卖方购买一辆汽车，卖方保证手续正规能落档，如不能落档，买方有权退车退款。合同签订后，周某分四次转账，共计 29.4 万元。某车行购买案涉车辆后，周某将该车辆转售给了莫某。2020 年 12 月 18 日，案涉车辆转移登记在莫某名下。2022 年 8 月 18 日，桂林市车管所将案涉车辆扣押。2022 年 8 月 22 日，桂林市公安局交通警察支队因案涉车辆合格证系伪造作出撤销案涉车辆机动车登记的决定书。之后，莫某将某车行、周某诉至湖南省长沙市天心区人民法院要求解除合同退还购车款，因合同目的无法实现，该

案判决后，某车行、周某于2022年11月11日与莫某达成和解协议，由周某向莫某退还了购车款和案件受理费。现某车行、周某以案涉车辆合格证系伪造，致使双方的车辆买卖合同目的不能实现为由，要求刘某、段某赔偿损失。

【案件焦点】

二手车交易中，在车架号被篡改的情况下，经过车管所的审核登记后，是否能够证明出卖方已经履行了保证标的物符合质量要求的合同义务，即免除出卖方的瑕疵担保责任。

【法院裁判要旨】

湖南省沅江市人民法院经审理认为：二手车交易中，在车架号被篡改的情况下，即使车辆已经过车管所的审核登记，且无证据表明车架号的篡改系出卖方所为或出卖方知情，亦不能免除出卖方的瑕疵担保责任，出卖方仍应当承担违约责任。本案中，案涉《车辆转让协议》中约定“卖方保证手续正规能落档，如不能落档，买方有权退车退款”，且二被告向原告某车行出售的案涉车辆因车辆合格证系伪造被车辆管理部门锁定、扣押并撤销机动车登记，原告某车行已无法对案涉车辆进行占有、使用和转让，合同目的已经无法实现，二被告作为案涉车辆的出卖人，违反了法定的标的瑕疵担保义务，构成违约，故对二原告要求解除案涉《车辆转让协议》的诉讼请求，本院依法予以支持。关于二原告要求退还购车款29.4万元的问题，因二被告已于2020年12月18日将案涉车辆交付原告某车行，原告某车行于同日对案涉车辆进行了销售转让，并由案外人莫某使用，故应适当计算折旧费或使用费。

湖南省沅江市人民法院依照《最高人民法院关于适用〈中华人民共和国民法典〉时间效力的若干规定》第二条，《中华人民共和国民法典》第五百六十三条、第五百六十六条、第五百九十五条及《最高人民法院关于适用〈中华人民共和国民事诉讼法〉的解释》第九十条之规定，判决如下：

一、确认原告某车行与被告刘某、段某于2020年12月16日签订的《车辆转让协议》依法解除；

二、由被告刘某、段某于本判决生效之日起十日内向原告某车行、周某返还购车款25.8万元；

三、驳回原告某车行、周某的其他诉讼请求。

某车行、周某、段某不服一审判决，提起上诉。

湖南省益阳市中级人民法院经审理认为：本案的争议焦点有三个：（1）本案原告主体资格是否适格；（2）一审判决扣除车辆使用费3.6万元是否正确；（3）本案是否应当移交公安机关立案侦查。

关于争议焦点一，买卖合同是出卖人转移标的物的所有权于买受人，买受人支付价款的合同。买卖合同关系的主体是出卖人和买受人两方当事人，出卖人应是按照约定交付标的物并转移所有权的人，买受人应是支付价款并接受标的物所有权的人。本案中，案涉车辆的购车款系周某向刘某、段某转账支付，随后案涉车辆又以某车行的名义出卖给了案外人莫某，应认定某车行为案涉买卖合同的实际买受人。本案中某车行作为个体工商户可作为民事诉讼当事人，周某作为某车行的经营者对本案涉及的民事权益享有管理权，其作为原告向法院起诉亦不违反法律的规定。综上，本案原告主体适格，段某关于某车行、周某并非本案适格原告的上诉理由不能成立，不予采纳。

关于争议焦点二，合同解除后，尚未履行的，终止履行；已经履行的，根据履行情况和合同性质，当事人可以请求恢复原状或者采取其他补救措施，并有权请求赔偿损失。案涉买卖合同解除后，刘某、段某应向某车行、周某返还购车款。转让协议签订后，某车行、周某虽未实际使用案涉车辆，但其将案涉车辆销售给案外人莫某获取利润，莫某实际使用了案涉车辆造成车辆折损，且湖南省长沙市天心区人民法院在另案中酌情认定由莫某承担车辆使用费3.6万元，一审根据生效判决及本案实际情况扣除车辆使用费3.6万元并无不当，予以维持。段某关于以每日500元的标准计算车辆损失费的上诉请求，没有事实和法律依据，不予支持。

关于争议焦点三，段某未提供充分的证据证明公安机关就案涉车辆合格证系伪造的相关经济犯罪进行了立案。即便公安机关确已立案，段某仅系报案人而非公安机关立案侦查涉嫌诈骗罪的主体。本案系买卖合同纠纷，案涉车辆合格证系伪造是否构成诈骗罪不影响本案实体审理及本案民事责任的承担，本案不适用《最高人民法院关于在审理经济纠纷案件中涉及经济犯罪嫌疑若干问题的规定》的相关规定，故段某提出本案应裁定驳回起诉，将案件移交公安机关立案侦查的上诉理由不能成立，不予采纳。

湖南省益阳市中级人民法院依照《中华人民共和国民事诉讼法》第一百七十七条第一款第一项之规定，判决如下：

驳回上诉，维持原判。

【法官后语】

本案的重点在于在二手车买卖合同中，车辆管理部门的审核登记能否免除出卖人的瑕疵担保责任。瑕疵担保责任，是指出卖人因交付标的物存在瑕疵而应当承担的法定无过失责任，包括权利瑕疵责任与物的瑕疵责任。由于二手车交易中，信息不对等，消费者或者购买方对于车辆是否存在权属纠纷、车辆车况是否有瑕疵、车辆手续是否符合国家法律规定等情况难以全面把握。若车辆存在此等问题，车辆很可能会被司法机关查封、扣留或者强制执行，从而导致车辆无法被占有和使用。

虽然一般情况下，二手车交易的双方会在车辆管理部门办理车辆变更登记手续，但是车辆管理部门对于车辆的登记并非法律上的车辆确权依据，只限于对登记行为、非安全技术性事项的形式审查，以法定登记申请材料、证明文件齐备为原则，对其真实性与合法性予以审查，通常以登记机关工作人员的个人经验判断和识别能力为标准，仅能对于明显、重大违法事项进行排除，所以不能免除出卖方对于标的物的瑕疵担保义务。因此在二手车交易中，车辆出现质量或者权利瑕疵，即使无证据表明车架号的篡改系出卖方所为或出卖方知情，除非已经明确告知购买方，否则都应当承担瑕疵担保责任。

《中华人民共和国民法典》中已规定有各种类型的登记，大致分为三种：第一种为经过登记产生民法上的权利，如不动产物权登记；第二种为经过登记具有对抗效力，如机动车、船舶登记；第三种为管理类型登记，如租赁合同备案登记。在实践中一般具有两种审查模式，形式审查和实质审查。从《中华人民共和国民法典》的相关规定来看，登记机关的审查一般有查验、询问，必要时可实地查看等方式，可以看出，《中华人民共和国民法典》中的大多数登记行为系形式审查，即行政机关对审查与其专业职能存在密切关联性的申请材料，有一定的鉴别能力即可，故法院在审理民事案件的过程中，如出现登记行为，应当考虑该登记行为的相关因素，如登记条例、登记审查要件等，来判断当事人对于行政机关登记行为是否产生了足够的信赖利益，从而谨慎认定是否可以免除合同出卖方的瑕疵担保义务。当然即使产生了足够的信赖利益，对于要求行政机关承担责任的请求，亦不应当在民事案件中审查，因为该责任非民事责任，一般为国家赔偿。

编写人：湖南省沅江市人民法院　杜首进

18

善意取得的认定

——陈某诉唐某、肖某买卖合同案

【案件基本信息】

1. 裁判书字号

山东省高级人民法院（2023）鲁民终 1057 号民事判决书

2. 案由：买卖合同纠纷

3. 当事人

原告（上诉人）：陈某

被告（被上诉人）：唐某、肖某

【基本案情】

2021年5月8日，唐某和陈某签订《渔船买卖协议》，约定唐某向陈某转让渔船，船价21.68万元，已付定金13.18万元，剩余船款过完户一次性付清。限期5月23日过户，过期不过户唐某从原船价扣除2.8万元，剩余船款过户完付清，过户期限不能超过2021年，在此期间2021年1月以后国家所有政策补助归陈某所有。船舶的维修保养费用过户之前由唐某承担，过户之后由陈某承担。陈某驾用船只，造成的损失由唐某100%承担。过期不过户，每年唐某给陈某船舶总价违约金20%。到期不过户，无条件将船钱退回给陈某，并且付船款总额的20%违约金，船物归原主。陈某在庭审中主张此处的“到期”是指2021年5月23日。

山东省青岛市黄岛区人民法院于2020年8月19日受理了肖某诉唐某离婚后财产纠纷，并判决肖某和唐某对渔船各享有1/2份额。此后，因双方未分割渔船，肖某再次起诉请求唐某向肖某交付渔船，山东省青岛市黄岛区人民法院于2022年1月18日立案受理。该院于2022年5月16日作出民事判决书，判决渔船归肖某所有，唐某于判决生效之日起十日内将船舶交付肖某。2022年9月15日作出执行裁定书及协助执行通知书，将渔船解除查封并过户到肖某名下。2023年1月9日，该船变更所有权登记，登记权利人为肖某。在该案执行过程中，陈某提出执行异议，请求中止执行，该院作出执行裁定书，驳回了陈某的异议请求。山东省青岛市黄岛区人民法院于2023年2月14日作出执行裁定书，载明“因案外人陈某对该渔船的交付提出异议，异议程序正在审理中，为防止涉案渔船权属转移，现对该渔船予以查封”，裁定“查封登记在肖某名下的渔船。查封期间自2023年2月14日起至2025年2月13日止。查封期间被查封财产由异议人陈某保管，未经本院允许不得买卖、转移、损坏被查封财产”。

【案件焦点】

1. 案涉《渔船买卖协议》的效力；2. 案涉《渔船买卖协议》能否继续履行；3. 陈某主张善意取得船舶所有权能否成立。

【法院裁判要旨】

青岛海事法院经审理认为：本案应重点把握以下关键问题。

第 ，2021 年 5 月 8 日，陈某与唐某签订了一份《渔船买卖协议》。对 5 月 8 日的合同是否系双方的真实意思表示，陈某予以确认，唐某不予认可，主张是被逼签署，但是其未能提交证据证明其签署该份协议受胁迫，本院认为该书面协议是双方当事人的真实意思表示，合法有效。

第二，对于《渔船买卖协议》的约定，法院认为，应当从以下几个层面分析：第一层面，先约定限期 5 月 23 日过户，过期不过户船价降低 2.8 万元。第二层面，过期不过户，每年唐某给陈某船舶总价违约金 20%。第三层面，到期不过户，无条件将船钱退回给陈某并且付船款总额 20%违约金，船物归原主。由此可见，无论在哪个层面下，都以“到期不过户”的事实能够发生作为成就条件。

本案的事实为，涉案船舶已经被青岛市黄岛区人民法院判决属于肖某所有，并且已经进行了船舶所有权变更登记手续，故案涉合同的过户已经不可能完成，第三层面下的适用条件已经符合，应当适用该内容，陈某有权向唐某要求返还已经支付的船款并承担违约金。因此，法院认为，案涉《渔船买卖协议》已经不能继续履行渔船过户，按照约定双方互相退钱退船，唐某承担违约金。

第三，本案中，唐某擅自出卖其与肖某的夫妻共有财产，构成无权处分，虽肖某作为实际共有人没有登记，其共有所有权不得对抗善意买受人，但陈某主张其善意取得船舶所有权仍不能成立，理由如下：主张善意取得须同时具备两个条件，本案并不满足。首先，根据上文所述，案涉《渔船买卖协议》签订时，船舶处于查封状态，并在有关机关登记公示，作为价款较高的特殊动产，陈某买受前未进行查询，未尽审慎义务，不能认定其为善意。其次，涉案渔船虽交付陈某使用，但根据双方的约定无法得出系以转移船舶所有权的意思而为的交付，应理解为双方约定所有权能否转移以船舶能否过户为条件，且唐某在另案中陈述涉案船舶系出借，因此自己不直接占有。故根据已查明的事实，涉案船舶不符合善意取得的条件，本院不予支持。

青岛海事法院依照《中华人民共和国民法典》第三百一十一条以及《中华人民共和国民事诉讼法》第六十七条、第一百四十七条之规定，判决如下：

一、驳回原告陈某对被告唐某的诉讼请求；

二、驳回原告陈某对被告肖某的诉讼请求。

陈某不服一审判决，提起上诉。

山东省高级人民法院经审理认为：同意一审法院裁判意见，依照《中华人民共和国民事诉讼法》第一百七十七条第一款第一项之规定，判决如下：

驳回上诉，维持原判。

【法官后语】

一、善意取得制度中“善意”的认定标准

对于善意的认定，我国学理上与司法实践中基本采取了要求第三人对处分人无处分权“不知且不应知”的标准，善意指不知登记错误且对不知无重大过失。①

船舶属于特定化程度高、价值巨大且交易烦琐的特殊动产。对于特殊动产（船舶）基于法律行为的物权变动，《中华人民共和国海商法》第九条、《中华人民共和国民法典》第二百二十五条规定登记为对抗要件，民法典虽然未将船舶规定为登记生效，但我国的船舶登记是有公信力的，也存在赋予船舶登记公信力的立法取向，且船舶本身作为价值较高的特殊动产，这都对买受人善意的认定提出了较高的要求。

本案即为例证，案涉渔船原登记在唐某名下，但属于唐某与肖某原婚姻关系存续期间的夫妻共同财产，唐某未经肖某同意擅自出卖案涉渔船的行为构成无权处分。陈某与唐某于2021年5月8日签订《渔船买卖协议》时，案涉渔船已于当年3月被黄岛区法院裁定查封是客观事实，且相关协助执行通知已送达至相关单位，陈某作为案涉渔船买受人，未尽审慎查询义务，不能认定为善意。

---

① 孟勤国、蒋光辉：《论不动产善意取得的善意标准及善意认定》，载《河南财经政法大学学报》2013年第3期。

同时，案涉渔船总价216800元，陈某只是支付船款定金131800元，且依据《渔船买卖协议》，双方明确约定在一定期限内未能过户则船钱各归原主，即案涉渔船的“交付”并不产生船舶所有权转移的法律效果。陈某“善意取得”的主张不能成立。因此，当买卖标的物为船舶类特殊动产时，“善意”的认定标准应当从严把握，不能仅凭“交付”认定船舶所有权已经发生转移，应当结合交易时间、交易价格、交易习惯、标的物登记公示情形等因素综合判断是否构成“不知且不应知”。交易时间发生在船舶已被其他法院查封之后，买方支付的价款远低于合同约定的交易总价，买卖合同明确约定在一定期限内未能过户则船钱各归原主，综合这些因素可以认定不构成“不知且不应知”的“善意”。

二、合同是否能继续履行

根据《中华人民共和国民法典》第五百七十七条的规定，当事人一方不履行合同义务或者履行合同义务不符合约定的，应当承担继续履行、采取补救措施或者赔偿损失等违约责任。可以看出“继续履行”在违约责任承担方式上居基础地位，法律之所以要作出这种位序选择的规定，是由于继续履行更有利于促进实现当事人的合同目的，更有利于维护当事人的信赖利益和交易安全。继续履行在学理上又被称为强制实际履行，是指债务人不履行合同或者履行合同不符合约定时，债权人请求法律强制其按合同约定，继续履行合同义务。

但继续履行合同需满足一定的法律和事实条件，如果诉争合同在法律上或者事实上不能履行，债务的标的不适于强制履行或者履行费用过高，债权人在合理期限内未要求债务人履行非金钱债务，则守约方不能要求继续履行。一般而言，“法律上或者事实上不能履行”是指完全不能履行，法律上的不能是指由于法律禁止的原因，因而合同不能履行；而事实上不能，是指合同在事实上已经丧失了履行的实际可能性，譬如，标的物已经发生毁损灭失。这些不能履行的情形，既可能是由于不可归责于当事人的不可抗力所致，也可能是由于一方的违约所致。

本案中，出卖人到期未完成过户，构成违约，且案涉船舶已经被青岛市黄岛区人民法院判决属于肖某所有，也已经完成船舶所有权变更登记手续，出卖人事实上已经无法再履行协助过户义务。肖某作为案涉船舶所有人也不具有协助过户义务，其并非案涉《渔船买卖协议》的一方当事人，且买受人也未构成善意取得，无权要求肖某承担任何协助义务。

因此，合同能否继续履行应当严格依据法定情形，并结合实际履行可能性、经济合理性和公平原则综合判断。当买卖合同标的物的权属已被其他法院生效判决所认定，且履行完毕登记机关的所有权过户手续，买卖合同的履行在事实上已经丧失了实际可能性时，应当认定合同不再继续履行，由违约方承担违约责任。

编写人：青岛海事法院　王爱玲

19

合同仅约定质保期时，质保期与检验期的联系与区别

——某畜牧公司诉某工程材料公司买卖合同案

【案件基本信息】

1. 裁判书字号

湖南省张家界市中级人民法院（2023）湘08民终684号民事判决书

2. 案由：买卖合同纠纷

3. 当事人

原告（反诉被告、上诉人）：某畜牧公司

被告（反诉原告、被上诉人）：某工程材料公司

【基本案情】

2020年11月20日、11月29日、11月30日、12月7日，某畜牧公司（甲方，买方）与某工程材料公司（乙方，卖方）分四次签订了采购合同，合

同约定：（1）某畜牧公司向某工程材料公司购买各种规格和型号的土工布，合同第二条为质量标准。（2）货到现场后，由甲方相关部门进行产品验收和外观质量查验。（3）货到现场后，甲方对每批次土工布不定时、随机抽检两次，双方现场见证取样，送到国家级产品质量检测中心进行检测，抽检相关费用由乙方承担。检测单位由甲方指定且无须告知乙方。每次检测结果均为终局结论，不复检。第三条质保期和售后服务：乙方对产品免费保修一年，并免费提供维修所需材料，免费保修期自产品质量调试验收合格之日起算……第四条第二款规定剩余当批次货款总金额的 5%作为质保金，即乙方履行质保义务的履约保证金。质保金为期一年，质保期内若不存在任何质量问题，且乙方无其他任何违约行为的，质保期届满后甲方予以无息给付。

2020 年 12 月 3 日、12 月 13 日、12 月 24 日，2021 年 1 月 14 日，某工程材料公司分别向某畜牧公司所有的甲项目、乙项目、丙项目、丁项目所在地供应共计 100800 平方米土工布（19800 平方米+18000 平方米+18000 平方米+45000 平方米），均由收货单位某畜牧公司在发货单上签收并注明了收货日期，除丁项目外，其他三处项目收货地另行在《材料到货通知验收单》上确定了土工布数量、检验项目为质量和数量、验收结果为合格，某畜牧公司的工程师、仓管员、招采员均签字确认并加盖了公司公章。在某工程材料公司向某畜牧公司出具增值税普通发票后，某畜牧公司向某工程材料公司支付了土工布货款。

某畜牧公司在自行抽检土工布后，于 2022 年 1 月 14 日通过邮箱向某工程材料公司送达《关于土工布质量不达标的告知函》，载明：某工程材料公司供货的土工布抽检规格均不合格，其中甲项目、丙项目、丁项目的规格为 200 克每平方米，乙项目的规格为 235 克每平方米，某畜牧公司要求某工程材料公司支付违约金 78477 元，要求两日内予以书面回函并派人处理解决上述质量问题。次日，某工程材料公司针对某畜牧公司的告知函发出《说明函》一份。

2023 年 3 月，某畜牧公司以土工布质量问题向法院提起诉讼，后于 2023 年 4 月 20 日申请对案涉 4 份买卖合同项下的土工布产品质量进行鉴定。法院依法委托某检测公司进行土工布产品质量鉴定，鉴定报告认定某畜牧公司指认的

4 份买卖合同项下的案涉土工布产品存在质量问题。

另查明，某畜牧公司在庭审中陈述堆放在某地的 93 卷土工布系从别的项目地运送至该地。堆放的其他厂家的土工布同样无产品标识及其他产品信息。

某畜牧公司称，为不延工期，于 2022 年 10 月 12 日与某工程材料公司签订了《土工布采购合同》，向其购买了 12600 平方米的 400 克每平方米土工布，于 2022 年 11 月 25 日支付货款，交易摘要为付甲项目土工膜土工布到货款。另于 2022 年 12 月 5 日向某工程材料公司共支付 1.98 万元，交易摘要为付丙项目土工膜到货款。某畜牧公司认可使用了案涉土工布，对使用的土工布也认为存在质量问题，但未向法院说明具体使用数量。

【案件焦点】

1. 案涉 4 份《土工布采购合同》中的土工布质量是否符合合同约定；2.《产品质量鉴定报告》的鉴定结论是否能够证明案涉土工布质量问题。

【法院裁判要旨】

湖南省慈利县人民法院经审理认为：本案需要重点把握以下几个问题。

一、案涉 4 份《土工布采购合同》中的土工布质量是否符合合同约定

某畜牧公司在收货后初检合格，是对产品到货验收和外观质量验收，后约一年时间才自行抽检，认为土工布的规格型号不符合合同约定的 400 克每平方米，而土工布规格型号 400 克每平方米的检验不必凭借特殊的工具、仪器等设备或者有赖于有关专家的专业分析和判断，只需通过称重等简单方式就能发现标的物规格型号不符合合同约定，检验难度低，故本院依据本案的实际情况确定案涉土工布的合理检验期限为收货后一个月内。某畜牧公司在收货后自行抽检，收货一年后才函告某工程材料公司，再时隔一年多申请对土工布质量进行鉴定，已明显超过合理检验期限，严重违背诚信原则，某畜牧公司在合理检验期限怠于通知某工程材料公司，视为标的物的质量符合约定。

二、《产品质量鉴定报告》的鉴定结论是否能够证明案涉土工布质量问题

第一，因某畜牧公司已对案涉土工布的外观质量进行验收，就有责任举证

检验样品系某工程材料公司供货的土工布，但某畜牧公司举证不充分，故鉴定报告的检验样品不能证明是某工程材料公司供货的土工布。第二，在庭审过程中，某畜牧公司自认于 2022 年 10 月向某工程材料公司等供应商另行购买了土工布，同时陈述堆放在某地的 93 卷土工布系从别的项目地运送至该地，堆放的其他厂家的土工布同样在产品外观上无产品标识及其他产品信息，不能排除现场抽检的土工布系其他公司供货的土工布。故《产品质量鉴定报告》的鉴定结论不能证明案涉土工布存在质量问题。

综上，某畜牧公司提出案涉土工布存在质量问题的证据不足，某畜牧公司的诉请本院不予支持。某工程材料公司诉请支付剩余货款及逾期付款利息，符合法律规定，予以支持。

湖南省慈利县人民法院依照《中华人民共和国民法典》第四百六十五条、第五百零九条、第五百七十九条、第六百二十条、第六百二十一条，《最高人民法院关于适用〈中华人民共和国民法典〉时间效力的若干规定》第一条第三款，《最高人民法院关于审理买卖合同纠纷案件适用法律问题的解释》第十二条、第十四条、第十八条第四款，《中华人民共和国民事诉讼法》第六十七条第一款、第二百六十条之规定，判决如下：

一、驳回本诉原告某畜牧公司的全部诉讼请求；

二、反诉被告某畜牧公司于本判决生效之日起七日内支付反诉原告某工程材料公司剩余货款 13053. 6 元并支付利息（利息以 13053. 6 元为基数，按年利率 3. 65%的 1. 3 倍自 2023 年 4 月 17 日起至付清之日止）；

三、驳回反诉原告某工程材料公司的其他反诉请求。

某畜牧公司持原审起诉意见提起上诉。

湖南省张家界市中级人民法院经审理认为：一审判决认定事实清楚，适用法律正确，应予维持。依照《中华人民共和国民事诉讼法》第一百七十七条第一款第一项之规定，判决如下：

驳回上诉，维持原判。

【法官后语】

本案处理的重点主要在于买卖合同中的检验期间和质量保证期间之间的联系与区别，如果当事人在合同中仅约定了质量保证期间但未约定检验期间的，该质量保证期间究竟是应作为确定最长合理期限的补充，还是作为确定检验期间的补充，审判实践中的认识不一。

根据《中华人民共和国民法典》第六百二十一条第二款的规定，在买卖合同没有约定检验期间的情形下，将约定的质量保证期间理解为最长合理期限应更为合适，也更符合立法本意，即在当事人对检验期间没有约定但约定有质量保证期间时，不能直接将质量保证期间认定为检验期间，而是仍要确定合理期间作为检验期间，只是该合理期间最长不得超过质量保证期间。故某畜牧公司主张检验期限即为质保期限的理由不成立，不予支持。

还应注意的是合理期限的确定，合理期限是一个原则性的规定，在司法实践中，属于法官行使自由裁量权的范畴。判断买受人通知是否超过合理期限应当充分考虑到合同的目的、标的物的性质、标的物检验的难度、买受人检验能力等综合因素，以合理推定检验所需要的时间。而这些因素的考量，必须根据诚信原则来检验是否合理。

本案中，土工布规格型号400克每平方米的检验不必凭借特殊的工具、仪器等设备或者有赖于有关专家的专业分析和判断，只需通过称重等简单方式就能发现标的物规格型号不符合合同约定，检验难度低，故本院依据本案的实际情况确定案涉土工布的合理检验期限为收货后一个月内。某畜牧公司未在收货后一个月内进行检验，视为标的物的质量符合约定。

编写人：湖南省慈利县人民法院　唐柳

20

合同履行发生争议时合同解释规则的运用及默示变更的认定

——某航空公司诉某航空技术公司买卖合同案

【案件基本信息】

1. 裁判书字号

福建省厦门市中级人民法院（2023）闽 02 民终 7014 号民事判决书

2. 案由：买卖合同纠纷

3. 当事人

原告（上诉人）：某航空公司

被告（上诉人）：某航空技术公司

【基本案情】

2018 年 4 月至 5 月，某航空公司就客机客舱模拟器购置采购项目组织了招投标程序，某航空技术公司参与竞标并提交《谈判报价文件》。2018 年 8 月 20 日，某航空公司与某航空技术公司签订《采购合同》，约定：产品内容为客舱模拟训练器设备及数据包使用许可；自合同生效之日起两个月内，某航空技术公司应向某航空公司提交数据包使用许可相关文件，经某航空公司同意后最晚交付期不得晚于客舱模拟训练器工厂验收前。合同生效后两个月内，如某航空技术公司无法提供数据包使用许可文件，某航空公司有权解除相关订单，并且某航空技术公司应按不能履行部分货款金额的 20%偿付违约金，逾期交货的应按逾期交货部分金额的 0.5%/天向某航空公司支付违约金。

合同订立后，某航空技术公司生产并交付了案涉客舱模拟训练器。2019 年

4 月 10 日至 11 日，某航空公司组织对某航空技术公司交付的客舱模拟训练器进行了厂验，认定该客机客舱模拟器（静态）基本符合要求，并列明了部分整改事项。2019 年 8 月 23 日，某航空公司验收评审组出具了一份《客机客舱模拟训练器验收报告》，确认通过验收。某航空公司向某航空技术公司转账支付了全部合同费用。

就案涉模拟器相关数据包，某航空技术公司与某航空公司于 2019 年 5 月 8 日签订了《客舱和舱门飞行模拟训练器的补充协议》（SUPPLEMENTAL LICENSE AGREEMENT，以下简称 SLA 协议）以及《客舱与舱门训练器技术咨询协议》（TECHNICAL CONSULTING AGREEMENT，以下简称 TCA 协议），后于 2019 年 12 月 23 日修订了 TCA 协议，修订后的 TCA 协议内容包括标准客舱和标准舱门相关材料，费用为 15.2 万美元。某航空公司最终向某航空技术公司汇款 15.2 万美元。

2021 年 1 月 29 日，某航空技术公司向某航空公司出具了一份《问题说明》，主要内容为：某航空技术公司与舱门模块生产厂家决定把舱门模块拆成散装件，并先运到境外 A 国，再从境外 A 国运到中国由某航空技术公司进行组装。

基于前述事实，某航空公司主张某航空技术公司未根据合同约定向某知识产权许可公司采购完整的数据包使用许可、未按照该数据包设计生产案涉模拟器，向某航空公司交付的模拟器的 L4 舱门并非合同约定的舱门生产厂家原厂设备，不符合合同约定，构成重大瑕疵履行，系严重违约行为。

【案件焦点】

1. 双方对于合同约定的“数据包使用许可”的内容发生争议时，应如何判断某航空技术公司是否构成违约；2. 某航空技术公司主张合同已通过默示方式发生变更能否成立，其交付的 L4 舱门不是合同约定的依据指定数模生产的舱门生产厂家原厂设备是否构成违约；3. 如构成违约，违约责任应如何承担。

【法院裁判要旨】

福建省厦门市湖里区人民法院经审理认为：本案系买卖合同纠纷，因引起纠纷的法律事实发生在民法典施行前，根据《最高人民法院关于适用〈中华人民共和国民法典〉时间效力的若干规定》第一条第二款的规定，人民法院应依法适用当时法律、司法解释的相关规定进行审理。

一、关于某航空技术公司是否依约交付数据包使用许可的问题

双方当事人对《采购合同》中“整套客舱模拟器的数据包使用许可”的理解存在争议时，根据《中华人民共和国合同法》（现已失效）第一百二十五条第一款的规定，应当按照合同所使用的词句、合同的有关条款、合同的目的、交易习惯以及诚实信用原则，确定条款的真实意思。本案中，关于数据包使用许可，根据《谈判报价文件》，所有涉及有关飞机数据，都需要取得某知识产权许可公司的同意，并向某知识产权许可公司缴纳数据费用。在分项报价表中，约定“数据包的获取”价格为人民币 360 万元一套，规格型号、品牌，备注为签署协议。结合某知识产权许可公司官网上公布的该型号飞机整套标准客舱紧急疏散训练器为 53.7 万美元的价格来看，某航空公司与某航空技术公司在《采购合同》中所约定的飞机舱门数据包（L1/L4 舱门）以及飞机客舱数据包应指某知识产权许可公司对应的全套的完整的数据包使用许可文件。而根据查明事实可知，某航空技术公司就案涉客舱模拟训练器最终向某知识产权许可公司采购的数据包及使用许可为 2019 年 12 月 23 日生效的修订版 TCA 协议中列明的数据，价格为 15.2 万美元。最终付款获得数据包及数据包使用许可的时间为 2020 年 1 月 21 日。由此可知，某航空技术公司并未采购完整的飞机客舱数据包和 L4 功能舱门数据包并取得数据包许可文件，且交付取得的部分数据包使用许可文件的时间亦晚于《采购合同》约定的“最晚交付期不得晚于客舱模拟训练器工厂验收前”，其行为已构成违约。

同时，在某航空技术公司提交的《谈判报价文件》中，自述其“在 2011 年与某知识产权许可公司签署了 HMSGTA 协议，并于 2013 年取得了直接下载数据包的授权”。但根据某航空技术公司与某知识产权许可公司最终签署的协

议可知，对于每个涉及飞机的特许产品，如要使用相关数据，不仅需要与某知识产权许可公司签署 HMSGTA 协议，还必须签署 SLA 协议，获得每个特许产品的制造参考号和终端用户，同时要进一步签署 TCA 协议，明确最终获得的特许产品和数据许可。对于这一事实，某航空技术公司作为长期与某知识产权许可公司合作的制造商应当是明知的，但其仍主张签署了 HMSGTA 协议就获得了直接下载相关数据包的授权，显然与事实不符。综上，某航空技术公司辩称其已依约将所需的全部数据包使用许可提交给某航空公司不能成立。

二、关于交付的 L4 舱门不是合同约定的依据某知识产权许可公司指定数模生产的舱门生产厂家原厂设备是否构成违约的问题

依照双方《采购合同》约定，本项目中涉及的舱门模块，由舱门生产厂家提供。模拟器上的 L1 和 L4 舱门为全功能仿真舱门，并由舱门生产厂家根据授权和数据包进行设计和生产。而某航空技术公司在提交给某航空公司的《问题说明》中自认，L4 舱门并非舱门生产厂家的原厂设备，而系由某航空技术公司自行组装完成后交付的，交付的 L4 舱门并非合同约定由舱门生产厂家根据授权和数据包设计和生产的全功能仿真舱门，某航空技术公司的该行为亦构成违约。某航空技术公司辩称，L4 舱门的制造、组装过程某航空公司完全知悉，某航空技术公司在履约过程中已取得某航空公司的同意。本院认为，当事人对自己提出的主张，有责任提供证据。某航空技术公司并未提交任何书面证据证明某航空公司同意 L4 舱门无须按照相关数据由指定舱门生产厂家原装生产，而事实上，L4 舱门的合同单价报价达人民币 210 万元，该重大的合同变更未以书面形式确认亦不符合交易常理，故法院对某航空技术公司该项抗辩主张不予采信。

因某航空技术公司构成违约，法院依法支持了某航空公司减少价款的诉讼主张，并对其主张的违约责任的合理部分予以支持。

福建省厦门市湖里区人民法院依照《中华人民共和国合同法》第六十条第一款、第一百零七条、第一百一十一条、第一百一十四条，《最高人民法院关于适用〈中华人民共和国民法典〉时间效力的若干规定》第一条第二款，《中华人民共和国民事诉讼法》第六十七条之规定，判决如下：

一、某航空技术公司于判决生效之日起十日内向某航空公司返还因未完整提供数据包使用许可的费用人民币2575368元；

二、某航空技术公司于判决生效之日起十日内向某航空公司支付逾期违约金（逾期付款违约金以15.2万美元为基数，按照年利率24%标准自2019年4月11日计至2019年8月19日；自2019年8月20日起按照一年期贷款市场利率报价的4倍的标准计至2020年1月21日止）；

三、某航空技术公司于判决生效之日起十日内向某航空公司支付未完整交付数据包使用许可的违约金人民币515073.6元；

四、某航空技术公司于判决生效之日起十日内向某航空公司支付未按约交付L4舱门的违约金人民币42万元；

五、驳回某航空公司的其他诉讼请求。

一审判决后，双方当事人均提起上诉。

福建省厦门市中级人民法院经审理认为：同意一审法院的裁判意见，依照《中华人民共和国民事诉讼法》第一百七十七条第一款第一项之规定，判决如下：

驳回上诉，维持原判。

【法官后语】

一、关于合同争议条款的解释规则

本案系采购飞机客舱模拟训练器设备及数据包使用许可而引发的买卖合同纠纷，由于飞机客舱模拟训练器的生产和“数据包使用许可”所涉专业，仅从合同条款语句的通常含义并不足以界定其具体内涵和外延，也由此容易引发当事人对合同条款含义产生争议。合同争议条款的解释有其独特的解释立场、解释方法和解释程序，人民法院在进行合同条款解释时，必须符合客观规律、交易常理和法学伦理。对此，《中华人民共和国民法典》第一百四十二条、第四百六十六条对此作了原则性规定。《最高人民法院关于适用〈中华人民共和国民法典〉合同编通则若干问题的解释》中作了细化规定。具体包括以下方面：

（一）关于合同解释的立场

合同解释的基本立场有客观主义与主观主义之分，前者侧重于当事人表示出来的意思，因而有利于相对人；后者侧重于当事人内心的真实意思，因而有利于表意人。基于上述考虑，《最高人民法院关于适用〈中华人民共和国民法典〉合同编通则若干问题的解释》第一条第一款、第二款鲜明地体现了以客观主义为主、以主观主义为辅的思路。其中，第一款规定合同解释应当以“词句的通常含义为基础”，既是对《中华人民共和国民法典》第一百四十二条第一款“应当按照所使用的词句”的重申，同时也进一步细化了文义解释的标准。第二款的规定则体现了以主观主义为辅的思路，在第二款中规定，当事人之间在订立合同时对合同条款有不同于词句通常含义的其他共同理解的，应当按照该共同理解，即按照表意人和受领人的共同意思确定条款含义。

（二）关于合同解释的方法

合同的解释方法有多种，《中华人民共和国民法典》第一百四十二条采取封闭列举的方式，确定了文义解释、体系解释、目的解释、习惯解释、诚信原则解释的方法。但事实上，除上述方法外，其他解释方法如历史解释方法，对于确定意思表示的意义也能发挥重要作用。①《最高人民法院关于适用〈中华人民共和国民法典〉合同编通则若干问题的解释》第一条第一款在不突破立法的前提下，采取列举参考因素的方式进一步对解释方法予以补充，即增加了缔约背景、磋商过程、履行行为等因素作为合同解释的参考因素，事实上，这些当事人内心真实意思表示的外化表现也更符合客观主义的解释立场。

具体到本案中，首先，双方订立的《采购合同》中虽然仅有简单的“数据包使用许可”的表述，但在此前招投标阶段的《谈判报价文件》对所谓数据包的用途及分项报价则有着更明确的阐述，该种谈判过程中形成的条款对于确定争议条款的含义便有着重大的参考价值。其次，本案中争议的焦点“数据包使用许可”系某航空技术公司应向案外人某知识产权许可公司采购，由此，人民法院重点查明案外人某知识产权许可公司对外许可的正常程序、价格，以及某

① ［德］维尔纳·弗卢梅：《法律行为论》，迟颖译，法律出版社2013年版，第367页。

航空技术公司的具体履行行为，亦有助于探寻对争议条款的准确认识。

二、关于合同变更

合同双方对合同默示变更发生争议时，认定默示变更是否实际发生，需考量接受履行的状况、变更内容是否明确、合同约定等因素综合判断，以保障合同意思自治，平衡双方利益。对于合同实质性条款变更，不提出异议的行为至少存在“保留异议权利”和“予以默认”两种可能性解释，对合同的履行不提出异议并不能当然地推导出合同履行过程中的变更已取得对方同意，构成默示变更。

就本案而言，某航空技术公司辩称L4舱门的制造、组装过程某航空公司完全知悉，某航空技术公司在履约过程中已取得某航空公司的同意。但某航空技术公司并未提交任何书面证据证明某航空公司同意L4舱门无须按照相关数据由指定舱门生产厂家原装生产，而事实上，L4舱门的合同单价报价达人民币210万元，已构成合同实质性条款变更，如此重大的合同变更未以书面形式确认亦不符合交易常理，某航空技术公司应承担举证不能的法律后果。

编写人：福建省厦门市湖里区人民法院　薛潇　林旸燕

21

以“领养”为名出售宠物，商家应承担经营者责任

——符某诉刘某等买卖合同案

【案件基本信息】

1. 裁判书字号

四川省成都市中级人民法院（2023）川01民终17294号民事判决书

2. 案由：买卖合同纠纷

3. 当事人

原告（被上诉人）：符某

被告（上诉人）：刘某

被告：章某、某宠物销售中心

【基本案情】

2022 年 7 月 17 日，符某从某宠物销售中心处购买宠物猫一只，签署了统一格式的《宠物领养协议单》，载明："宠物领养超过 24 小时不退不换。"某宠物销售中心以"领养费"的名义收取符某 1700 元并高价搭售相关宠物用品。2022 年 7 月 20 日，宠物猫出现了呕吐腹泻、精神萎靡、食欲不振等现象，次日确诊为猫泛白细胞减少症（又称猫瘟热）。2022 年 7 月 22 日，符某向某宠物销售中心工作人员章某提出质量问题。2022 年 7 月 25 日，宠物猫经医治无效死亡。其间，符某支出检查费、医药费共计 1930.52 元。

符某认为，某宠物销售中心涉嫌销售"星期猫"，遂诉至法院，请求判令：（1）某宠物销售中心、章某返还 1700 元购猫款；（2）某宠物销售中心、章某赔偿 1930.52 元医疗费；（3）某宠物销售中心、章某支付精神抚慰金 5000 元。诉讼中，某宠物销售中心注销，法院追加经营者刘某为被告。

刘某辩称：领养宠物是一种喜好，宠物不是商品。符某超过协议约定的 24 小时质保期检查，且宠物猫换环境本身就有应激反应，抵抗力下降，故可能是符某自身饲养不当造成其死亡。

【案件焦点】

1.《宠物领养协议单》所涉权利义务关系；2. 某宠物销售中心交付的宠物猫是否存在质量瑕疵，即猫被购买时是否已经染疫；3. 符某是否有权主张退还货款及赔偿损失。

【法院裁判要旨】

四川省成都高新技术产业开发区人民法院经审理认为：《宠物领养协议单》虽名为领养，但实际表现为动物商品所有权有偿转让，符合买卖合同的特征构成要件。经营者负有向消费者交付未感染猫瘟等疾病的健康宠物猫的义务。

某宠物销售中心从事宠物猫销售，但并未提供案涉宠物猫的动物检疫合格证明及免疫证明，未尽反证之举证责任。事实上，猫瘟热的感染及发病是一个连续性、阶段性的过程，存在2天至9天的潜伏期，综观全案，符某2022年7月17日购买宠物猫，2022年7月22日确诊猫泛白细胞减少症，其间，符某多次与某宠物销售中心沟通协商反馈病情，并及时采取措施救治，尽到了审慎的注意义务，在无其他反证的情况下，某宠物销售中心提供的宠物猫本身即感染猫泛白细胞减少症的事实具有高度盖然性。

《宠物领养协议单》是某宠物销售中心提供的格式条款，《宠物领养协议单》约定“超过24小时后，不包犬瘟、细小冠状、猫瘟”，考虑猫瘟热存在潜伏期，法院认为24小时检验期限过短，属格式条款限制对方主要权利的约定，不作为合同内容且不具有法律效力。符某已在合理时间通知某宠物销售中心商品质量问题，已尽到及时检验及通知义务，某宠物销售中心不能以逾期检验视为合格条款免责。因某宠物销售中心注销，由经营者刘某承担相应民事责任。

四川省成都高新技术产业开发区人民法院依照《中华人民共和国民法典》第五百一十一条第一项、第五百八十二条、第五百八十三条、第五百八十四条、第六百一十五条、第六百一十六条、第六百一十七条、第六百二十条、第六百二十一条、第六百二十二条，《中华人民共和国动物防疫法》第四十九条第一款、第二款，《中华人民共和国民事诉讼法》第六十七条第一款，《最高人民法院关于适用〈中华人民共和国民事诉讼法〉的解释》第九十条之规定，判决如下：

一、刘某于判决生效之日起十日内，向符某返还价款1700元；

二、刘某于判决生效之日起十日内，向符某赔偿医药费1820.52元；

三、驳回符某的其他诉讼请求。

刘某不服一审判决，提起上诉。

四川省成都市中级人民法院经审理认为：同意一审法院裁判意见，依据《中华人民共和国民事诉讼法》第一百七十七条第一款第一项之规定，判决如下：

驳回上诉，维持原判。

【法官后语】

随着社会的发展和人们生活水平的提高，宠物行业日益兴旺，但宠物作为活体带来的纠纷也日益增多。本案系宠物在出售给消费者后因感染“猫瘟”短时间内死亡，而商家以领养为名与消费者签订格式合同，并在合同中约定“宠物领养超过24小时不退不换”，试图逃避法律责任，造成消费者维权困难。

一、判断法律关系需结合权利义务的实质内容

“领养代替购买”的初衷在于科学救助流浪与被遗弃动物。动物的领养一般由动物收容所、相关行业协会、动物保护组织等社会团体开展，领养是无偿的，其本质是施惠的赠与行为，当合同设定考察押金、触发性违约等约束性条款时则构成附义务赠与，受赠人也需要履行合同的附随义务。但相较于正常的约束条款，当受赠人被要求捆绑消费时，其承担的义务或已构成对待给付，合同性质可能被认定为属于混合性合同或实质已转化为买卖。本案中，某宠物销售中心作为个体工商户，对外从事经营活动，《宠物领养协议单》虽名为领养，但通过收取领养费和高价搭售相关宠物用品的方式，实际表现为某宠物销售中心将其拥有所有权的宠物猫转让于符某，符某支付相应价款，符合买卖合同的特征构成要件，故双方系买卖合同关系。

二、活体动物染疫时间节点的认定与举证责任分配

买方提供宠物在购买时已经染疫的初步证据，卖方应承担宠物符合健康标准的举证责任。一方面，商业法的价值理念体现在动物的贸易方面，在于保障动物质量，保护动物贸易的商业利益，维护正常的商业秩序。根据《中华人民共和国民法典》第六百一十五条的规定，出卖人应当按照约定的质量要求交付标的物。出卖人提供有关标的物质量说明的，交付的标的物应当符合该说明的质量要求。某宠物销售中心作为商家应承担与出卖人同等要求的标的物瑕疵担保责任。另一方面，基于伴侣动物（宠物）的福利保护理念，商家从事宠物销售经营活动，虽不同于开设养殖场所或从事诊疗活动需取得动物防疫条件合格证、动物诊疗许可证，但仍应为动物提供符合其安全、健康生存标准的住宿、饮食环境，依法向市场监管局申报销售业务并经核准，同时宠物（犬、猫）销

售时，应取得动物检疫合格证明。

三、活体动物买卖中合理检验期限的认定

《中华人民共和国民法典》第六百二十二条第一款规定，当事人约定的检验期限过短，根据标的物的性质和交易习惯，买受人在检验期限内难以完成全面检验的，该期限仅视为买受人对标的物的外观瑕疵提出异议的期限。因此法院就猫瘟热等病毒病的发病机理、病理特征、潜伏期的问题函询专业机构，将其专家意见作为酌定检验期限的交易习惯的参考。再结合微信聊天记录、就诊记录等其他证据，判定消费者已经在合理时间通知销售者商品质量问题，尽到了及时检验及通知义务，某宠物销售中心不能以逾期检验视为合格条款免责。

编写人：四川省成都高新技术产业开发区人民法院　曾洁　欧成绮

22

出卖人未按合同约定开具发票的，应承担继续履行责任

——某投资公司诉某贸易公司买卖合同案

【案件基本信息】

1. 裁判书字号

广东省广州市中级人民法院（2023）粤01民终11284号民事判决书

2. 案由：买卖合同纠纷

3. 当事人

原告（上诉人）：某投资公司

被告（被上诉人）：某贸易公司

【基本案情】

某投资公司与某贸易公司于2022年3月先后签订了5份《购销合同》，约

定由某贸易公司向某投资公司供应铝锭产品，某贸易公司应在当月开具合规合法可正常抵扣的增值税专用发票（税率13%）。某投资公司已依约支付全部货款。因某贸易公司未按照合同约定向某投资公司开具发票，某投资公司遂诉至法院，请求判令某贸易公司开具增值税专用发票，若不能则承担所造成的原告损失，支付违约金、律师费等。诉讼中，某贸易公司辩称，开具发票不属于人民法院受理案件范围，其不存在拒不履行开票义务的恶意，某投资公司未举证证明存在实际损失，开具发票不是合同的主要义务、不影响合同履行，故无须承担违约责任。

【案件焦点】

1. 开具发票是否属于人民法院民事案件的受案范围；2. 某贸易公司是否应当向某投资公司开具增值税专用发票；3. 未及时开具发票应承担何种违约责任。

【法院裁判要旨】

广东省广州市白云区人民法院经审理认为：本案的争议焦点为，一是诉请开具增值税专用发票是否属于人民法院民事案件的受案范围；二是被告是否应当向原告开具增值税专用发票；三是原告关于被告若不能开具发票则承担损失的诉请能否得到支持；四是原告有关违约金、律师费、诉讼保全保险费、差旅费的诉请能否得到支持。

关于受案范围。《中华人民共和国民法典》第五百九十九条规定："出卖人应当按照约定或者交易习惯向买受人交付提取标的物单证以外的有关单证和资料。"《最高人民法院关于审理买卖合同纠纷案件适用法律问题的解释》第四条规定："民法典第五百九十九条规定的'提取标的物单证以外的有关单证和资料'，主要应当包括保险单、保修单、普通发票、增值税专用发票、产品合格证、质量保证书、质量鉴定书、品质检验证书、产品进出口检疫书、原产地证明书、使用说明书、装箱单等。"因此，出卖人依据买卖合同的约定向买受人交付增值税专用发票，不仅是税法上的义务，也是买卖合同约定的义务，原告的诉请属于人民法院民事案件的受案范围。

关于增值税专用发票。原告与被告签订的5份《购销合同》系双方的真实意思表示，且未违反法律和行政法规的强制性规定，合法有效。双方均应严格履行各自的合同义务。涉案《购销合同》均约定“卖方应在当月给买方开具合规合法可正常抵扣的增值税专用发票（税率13%）”，被告应履行向原告开具增值税专用发票的义务。被告虽称其上游公司无法开具发票、上游公司已与原告就暂缓开具发票达成一致，但并未提供充分的证据证实，且该理由亦无法免除被告开具增值税专用发票的义务。本案中，原、被告双方均确认《购销合同》货款总金额为112853813.48元，被告仅于2022年3月17日向原告开具价税合计为1007384.03元的增值税专用发票，尚有111846429.45元（112853813.48元-1007384.03元）货款未开具发票。因此，被告应当向原告开具价税合计111846429.45元（税率13%）的增值税专用发票。

关于要求被告承担损失的诉讼请求。原告确认尚未缴纳增值税、城市维护建设税、教育费附加、地方教育附加和印花税，即相应损失尚未实际发生。因此对原告关于被告若不能开具发票则承担损失14575020.07元的诉讼请求不予支持，原告可待实际损失发生后，另行主张权利。

关于违约金及各项费用。《购销合同》第八条约定“卖方应在当月给买方开具合规合法可正常抵扣的增值税专用发票（税率13%），如卖方开出的发票不是合规合法的，则视为违约，应向买方从开出增值税专用发票时开始计算，支付按发票总金额每日万分之五的违约金，直至卖方重新开具合规合法可正常抵扣的增值税专用发票为止，否则须赔偿买方的损失（包括但不限于直接损失、间接损失、诉讼费、保全费、差旅费、律师费等费用）”。虽然第八条约定的是“如卖方开出的发票不是合规合法的，则视为违约”，但因该条约定的目的是确保被告开出的发票合法合规，可用于抵扣进项税额。按照合同目的、诚信原则来解释合同中的含义，被告未开具发票的行为当然可以适用开出发票不合规合法的违约条款。关于违约金。因原告无证据证实存在实际损失，本院不予支持。关于律师费。原告因本案委托律师参加诉讼并支付了律师费3万元，原告要求被告承担律师费 3 万元的诉请符合约定，本院予以支持。关于诉讼保全保险费。由于原告未证实双方存在被告承担诉讼保全保险费的约定，故不予支持。关于差旅费。因原告提供的证据不足以证实该支出是为处理本案产生的，故不予支持。

广东省广州市白云区人民法院依照《中华人民共和国民法典》第一百四十二条、第四百六十六条、第五百七十七条、第五百九十五条、第五百九十九条，《最高人民法院关于审理买卖合同纠纷案件适用法律问题的解释》第四条，《中华人民共和国民事诉讼法》第六十七条之规定，判决如下：

一、本判决生效之日起十五日内，某贸易公司向某投资公司开具价税合计金额为 111846429. 45 元（税率 13%）的增值税专用发票；

二、本判决生效之日起十五日内，某贸易公司向某投资公司支付律师费 3 万元；

三、驳回某投资公司的其他诉讼请求。

一审宣判后，某投资公司提起上诉。

广东省广州市中级人民法院经审理认为：同意一审法院裁判意见，判决如下：

驳回上诉，维持原判。

【法官后语】

近年来，因出卖方不开具发票引起的诉讼频繁发生。此前因法律法规未明确规定，司法实务中处理结果不一，主要表现为以下两个方面：一方面，认为开具发票为税务机关管理范围，属行政法律关系，不应由司法机关“越俎代庖”；另一方面，认为开具发票属于合同的从给付义务抑或附随义务，为民事法律关系，属于民事案件受理范围，合同当事人可通过司法救济方式维权。《最高人民法院关于适用〈中华人民共和国民法典〉合同编通则若干问题的解释》第二十六条规定，为上述问题提供了明确的法律规范指引，为开具发票行为之法律定性提供准确参考，也可避免今后“同案不同处理结果”现象的发生。本案针对某投资公司诉请某贸易公司开具发票的处理结果与《最高人民法院关于适用〈中华人民共和国民法典〉合同编通则若干问题的解释》第二十六条的精神相契合，该案具有典型示范意义。

一、请求开具发票可否作为独立诉讼请求向人民法院起诉，取决于开具发票行为之法律定性

1. 开具发票为法定义务，属行政法律关系

税法等行政法规对开具发票作出了明确规定，拒绝履行开票义务的企业将受到税务部门的督促和处罚，因此开具发票是税法上的法定义务。

2. 开具发票为合同义务，属民事法律关系

根据《中华人民共和国民法典》第五百九十九条、《最高人民法院关于审理买卖合同纠纷案件适用法律问题的解释》第四条、《最高人民法院关于适用〈中华人民共和国民法典〉合同编通则若干问题的解释》第二十六条之规定，开具发票也是合同义务，该诉请属于人民法院民事案件的受理范围。

综上分析，开具发票具有行政法律关系和民事法律关系的双重属性。发票是购销商品、提供或接受服务及其他经营活动有效记录收付款的凭证。增值税专用发票可用于抵扣进项税额，关乎合同一方当事人重大经济利益，收款人不及时开具发票或开具发票不合法合规，都可能给付款人带来重大损失。如若仅依靠税务机关的督促和责令改正，合同一方当事人因此遭受的损失将可能无法挽回，合同履行的公平公正、交易关系的安全稳定也将受到影响。此时司法救济将是强有力的后盾。

本案某投资公司与某贸易公司之间为买卖合同关系，供应铝锭产品和支付货款为合同主给付义务，而双方关于“开具合规合法可正常抵扣的增值税专用发票（税率13%）”的约定属于《最高人民法院关于适用〈中华人民共和国民法典〉合同编通则若干问题的解释》第二十六条所称的非主要债务，该约定是双方的真实意思表示，未违反法律和行政法规的强制性规定且与税法关于开具发票相关规定的精神意旨相符，某贸易公司应严格按照合同约定履行开票义务。

二、未及时开具发票之违约责任认定问题

《最高人民法院关于适用〈中华人民共和国民法典〉合同编通则若干问题的解释》第二十六条明确了两点：第一，对方请求继续履行该债务并赔偿因怠于履行该债务造成损失的，人民法院依法予以支持。第二，对方请求解除合同的，人民法院不予支持，但是不履行该债务致使不能实现合同目的或者当事人另有约定的除外。

其一，开具发票非合同主给付义务，通常未履行开票义务并不会影响合同目的的实现，也不会导致合同履行不能，在无证据证实开票义务人被注销、吊销或其他不具备开票能力的情况下，应继续履行开票义务。

其二，在合同权利方主张对方承担未及时开票带来损失时，通常未及时开票会影响对方抵扣进项税额，同期本可以减少的税额没有减少，此时如果开票义务人开具合法合规可抵扣的发票，经权利方向税务机关申报，税额可以予以抵扣；再有，权利方如若因此多缴税产生的损失，理应由开票义务人承担；另外，未及时开票本身也是开票义务人的一种违约行为，当双方关于未及时开票违约责任有明确约定时，在符合公平合理原则的前提下，权利方主张的其他损失可予以支持。

关于某投资公司要求某贸易公司承担损失的诉讼请求。由于某投资公司确认尚未缴纳增值税、城市维护建设税、教育费附加、地方教育附加和印花税，即相应损失尚未实际发生。因此对某投资公司关于某贸易公司若不能开具发票则承担损失 14575020.07 元的诉讼请求不予支持，某投资公司可待实际损失发生后，另行主张权利。

双方约定的其他损失如律师费等费用，在某投资公司举证证明其实际支出后，费用合理，人民法院支持该项主张。

《最高人民法院关于适用〈中华人民共和国民法典〉合同编通则若干问题的解释》第二十六条为开具发票诉讼请求的裁判提供了更为明确的法律规范指引，司法救济或将成为付款人更有效的维权方式。

编写人：广东省广州市白云区人民法院　刘明丽　彭洁芳

23

付款期限附条件条款的司法认定路径

——某建材销售部诉某建筑工程公司买卖合同案

【案件基本信息】

1. 裁判书字号

重庆市第一中级人民法院（2023）渝01民终2720号民事判决书

2. 案由：买卖合同纠纷

3. 当事人

原告（上诉人）：某建材销售部

被告（被上诉人）：某建筑工程公司

【基本案情】

2021年5月17日，某建材销售部（乙方）与某建筑工程公司（甲方）签订《砖购销合同》，约定：甲方因工程需要向乙方采购配砖、多孔砖。甲方于挂账次月30日前支付上月挂账金额70%，以此类推，余款在砌体完工后3个月内付清。甲方应按合同约定时间支付货款，否则乙方有权按同期银行存款利息收取资金占用利息。

合同签订后，某建材销售部按约向某建筑工程公司供应相应货物。某建材销售部最后一次供货时间为2021年12月8日。2022年1月26日，某建筑工程公司支付货款3万元，尚欠105941.6元至今未付。某建材销售部已向某建筑工程公司足额开具所供货物对应价款的增值税专用发票。

案涉工程因资金流转问题于2021年12月至2022年5月停工，砌体尚未完工。

【案件焦点】

案涉剩余30%货款是否应予支付。

【法院裁判要旨】

重庆市渝北区人民法院经审理认为：案涉合同约定，剩余30%的货款付款条件为砌体完工后3个月内付清。案涉工程已经停工，砌体尚未完工，故剩余30%货款的付款条件尚未成就，对某建材销售部要求某建筑工程公司支付剩余30%货款的请求不予支持。对于某建材销售部的其余诉讼请求，某建筑工程公司承认某建材销售部主张的其余欠款金额65159.12元，本院予以确认。

重庆市渝北区人民法院判决如下：

一、某建筑工程公司于判决生效之日起十日内支付某建材销售部货款65159.12元；

二、某建筑工程公司于判决生效之日起十日内支付某建材销售部资金占用费（以65159.12元为基数，从2022年2月1日起按照年利率3.7%计算至付清之日止）；

三、驳回某建材销售部的其他诉讼请求。

某建材销售部不服一审判决，提起上诉。

重庆市第一中级人民法院经审理认为：本案系买卖合同，买受人负有确定的给付义务，则"余款在砌体完工后3个月内付清"的约定，属于履行期限的约定，而非付款义务的履行条件。该余款的支付时间并非明确或固定的时间，而是以砌体完工作为款项支付期限的起算点，如果将砌体完工解释为完全由买受人自由决定，显然不符合双方签订合同时的合理预期。解释该期限，应以通常商业人士的合理预期作为标准。案涉合同订立时双方所预期的余款支付期限，应为案涉工程项目正常建设状态下的砌体完工时限。案涉项目自2021年12月起因资金问题导致停工，致使砌体无法在双方预期的期限内完工，该特殊情况显然不符合双方在签订合同时的合理预期，故酌情推定案涉砌体完工的合理期限为卖方最后一次供货后6个月，则某建筑工程公司应于2022年9月8日前向某建材销售部支付剩余30%货款。据此，某建筑工程公司应向某建材销售部支付全部尚欠货款 105941.6 元。

重庆市第一中级人民法院判决如下：

一、维持重庆市渝北区人民法院（2022）渝 0112 民初 21708 号民事判决第二项；

二、撤销重庆市渝北区人民法院（2022）渝 0112 民初 21708 号民事判决第一项、第三项；

三、某建筑工程公司于判决生效之日起十日内支付某建材销售部货款 105941.6 元；

四、驳回某建材销售部的其他诉讼请求。

【法官后语】

在买卖交易活动中，市场主体基于自身运营发展、促成交易及获取预期利益的需要，往往就履行期限附加一定的条件，从而赋予买受人相应的期限利益，以达到双方利益的衡平。付款期限附条件，本质上是对付款时间的约定，而非对付款条件的约定，实质应系延期付款条款。

付款期限附条件条款的司法认定规则可以从以下方面进行构建：

一、考量合同双方订立付款期限附条件条款的真意

对双方的真意作一定的考量，主要是为判定该条款的效力。合同双方在订立合同时的动机虽然是主观的，但是根据合同条款的内容，可以对双方的动机进行一定的窥测。付款期限附条件条款从本质上来说系延期付款条款，如果债务人的真实意思是为了逃避债务，则该条款应以欺诈、重大误解或违背诚信原则为由，赋予债权人撤销权或者求偿权。

二、付款期限附条件条款的司法认定规则

鉴于付款期限附条件条款与附条件条款、附期限条款及履行期限约定不明既有区别又有相似，笔者认为可以根据所附条件的类型，按照以下规则处理：

1. 付款期限附条件条款所附条件与附条件条款类似的司法认定

（1）所附条件是将来可能发生且不以双方意志为转移的事实。对于该类条款，存在三种不同情形。其一，通常情形。即合同约定的条件能够正常实现，

则双方当事人按照约定履行义务即可。其二，所附条件将来不会发生或因特殊情况无法在预期的合理期间发生。首先应当考量双方的真意，推定双方就哪一部分内容达成了一致，对超出双方真实意思表示的部分认定无效。对于卖方而言，其让渡的期限利益应为正常、合理的期限利益，而非无限期或因特殊情况造成的超长期的期限利益。因此，判断付款期限是否届至，应按照双方的交易习惯、行业惯例，以通常商业人士的合理预期为标准，确定合理的付款期限。其三，将来可能发生，但债务人刻意阻却事件发生，应参照第二种情形处理。

（2）所附条件是将来可能发生的，合同当事人对条件的成就具有控制力。该类条款，存在四种不同情形，前三种情形与上述第（1）项所列情形及处理方式一致。对于第四种情形，即合同当事人对该条件的成就具有控制力，但合同当事人虽未刻意阻却条件成就，却也未积极促成条件成就。笔者认为，对条件成就具有控制力的当事人有积极促成条件成就的义务，如其未履行该义务，致使该条件成就的时间不适当延期，则应按照双方的交易习惯、行业惯例，以通常商业人士的合理预期为标准，确定条件成就的合理时间，据此判断期限是否届至。

2. 付款期限附条件条款所附条件与附期限条款类似及其司法认定

这类条款仅为所附条件指向的事件将来必然会发生的情形。该类条款也存在两种情形：一是通常情形；二是特殊情形造成所附条件指向的事件延期发生。对于通常情形的处理，可以参照附期限条款的处理模式。对于特殊情形的处理，则应按照双方的交易习惯、行业惯例，以通常商业人士的合理预期为标准，确定约定事件发生的合理时间，再据此判断该合理期限是否届至。

3. 付款期限附条件条款所附条件不明确或无法明确情形的司法认定规则

（1）合同双方对付款期限所附条件指向为双方认为可能会发生的，但实际上必然不会发生的事件，该种情况必然导致所附条件无法明确，应视为没有约定，债权人有权随时要求债务人履行债务。（2）将已发生的事件作为条件，视为合同双方没有约定，债权人有权随时要求债务人履行债务。（3）将偶然性事件作为条件。对于债权人而言，其自然认为该事件必然会发生，而对于债务人而言，其可能认为该事件不必然发生，如此即形成了双方对所附条件约定不明的情形，债权人有权随时要求债务人履行债务。(4) 其他所附条件不明确或无法明确的，债权人均有权随时要求债务人履行债务。

编写人：重庆市第一中级人民法院　曾维丽

24

附条件的民事法律行为，当事人为自己的利益不正当地阻止条件成就的，视为条件已经成就

——某建材公司诉某装饰设计公司买卖合同案

【案件基本信息】

1. 裁判书字号

福建省厦门市中级人民法院（2023）闽02民终4313号民事判决书

2. 案由：买卖合同纠纷

3. 当事人

原告（被上诉人）：某建材公司

被告（上诉人）：某装饰设计公司

【基本案情】

2021年6月，某装饰设计公司作为需方（甲方）、某建材公司作为供方（乙方），双方签订一份《石材定制合同》。自2021年6月4日起至2021年10月25日止，某建材公司陆续向某装饰设计公司供应的货物金额为1487102元，某装饰设计公司指定收货人左某或张某或某装饰设计公司案涉项目采购黄某在该部分《出货单》上签字确认。双方每月对账，某装饰设计公司指定收货人员左某、张某以及某装饰设计公司案涉项目采购黄某均在每月《石材结算对账清

单汇总》上签字，其中2021年6月、8月的对账单上还加盖“某装饰设计公司项目公区装修工程（一标段）项目专用章”，具体对账情况如下：2021年6月供货金额279680.35元、2021年7月供货金额154478.04元、2021年8月供货金额304273.05元、2021年9月供货金额222255.6元、2021年10月供货金额526416.41元，2021年10月对账时间为2021年11月6日（对账单落款时间为2021年10月6日，某建材公司自认系笔录，实际签署时间为2021年11月6日），以上合计1487103.45元。本案起诉后，某建材公司向某装饰设计公司案涉项目采购黄某邮寄2021年的《石材结算对账清单汇总》，黄某在该对账单上签字。2021年的《石材结算对账清单汇总》载明：6月供货款实际金额279680元，7月3日已开票195776元；7月供货款实际金额154478元，8月2日已开票188032元、8月10日已开票108135元；8月供货款实际金额304273元，9月6日已开票212991元；9月供货款实际金额222255元，10月已开票155579元；10月供货款实际金额526416元，12月16日已开票368491元；11月供货款实际金额107063元；以上总供货实际金额合计1594165元；2021年8月6日到账195776元、2021年9月14日到账108135元和188032元、2022年5月25日到账10万元，已收到货款金额合计591943元；应付余款金额1002222元。自2021年7月3日起至2021年12月16日止，某建材公司陆续向某装饰设计公司开具金额为1229004元的增值税专用发票，该部分发票某装饰设计公司已完成认证抵扣。诉讼过程中，双方一致确认，某建材公司已向某装饰设计公司供货金额1487102元，某装饰设计公司已付款金额591943元，某建材公司已开票金额1229004元。案涉项目工程目前处于停工状态，尚未竣工验收。诉讼过程中，某装饰设计公司陈述称案涉货物已实际使用到工地现场并上墙，但未经过验收。

【案件焦点】

案涉合同的付款条件是否已成就。

【法院裁判要旨】

福建省厦门市湖里区人民法院经审理认为：第一，从在案证据角度分析。

虽然《出货单》未按照《石材定制合同》约定同时由某装饰设计公司指定收货人左某、张某二人签字，但是左某、张某二人及某装饰设计公司案涉项目采购黄某在每月《石材结算对账清单汇总》上均共同签字，对账单与某建材公司提交的《出货单》二者可相互印证。退一步讲，若双方未实际进行结算，某装饰设计公司陆续向某建材公司支付货款 591943 元，并对某建材公司开具的金额为 1229004 元的增值税专用发票进行认证抵扣，明显不符合常理。综上所述，本院采信某建材公司的主张，认定某建材公司与某装饰设计公司在合同实际履行过程中已对结算方式进行了变更，双方针对案涉买卖合同项下货款已完成结算，故某装饰设计公司尚欠某建材公司货款 895159 元。某装饰设计公司主张某建材公司供应的货物不符合合同约定标准，但又自认案涉货物已全部实际投入使用，且其主张存在质量问题的货物亦已完成付款，该行为明显不符合常理，故其抗辩证据不足，本院不予采纳，并据此认定案涉货物已验收合格。第二，从日常经验法则角度分析。《石材定制合同》约定，在工程竣工后，某建材公司不再供料，某装饰设计公司须在 30 日之内支付合同总金额的 80%；某装饰设计公司验收合格结算后支付合同总金额的 97%，预留结算总金额的 3%作为质保金，待质保期（12 个月）满后 7 日内付清（无息）。验收结算需要双方当事人共同配合进行，从常理来看，某建材公司并无延迟或拒绝结算的动机，在案亦无证据证明某建材公司对案涉工地停工且未竣工验收结算存在过错。某装饰设计公司至今未与某建材公司进行验收结算，系故意阻挠案涉货款支付条件的成就，应视为付款条件已成就。综上所述，案涉合同项下货款的付款条件已成就，某装饰设计公司未按合同约定履行付款义务，已构成违约，应承担相应的违约责任。

福建省厦门市湖里区人民法院依照《中华人民共和国民法典》第五百零九条、第五百七十七条、第五百七十九条、第五百九十五条、第六百二十八条，《最高人民法院关于审理买卖合同纠纷案件适用法律问题的解释》第十八条第四款，以及《中华人民共和国民事诉讼法》第六十七条之规定，判决如下：

一、某装饰设计公司于本判决生效之日起十日内向某建材公司支付货款

895159 元，并赔偿资金占用利息损失（以 850546 元为基数，自 2021 年 11 月 15 日起算。以 44613 元为基数，自 2022 年 11 月 13 日起算；以上利息均按照同期全国银行间同业拆借中心公布的一年期贷款市场报价利率计算至实际清偿之日止）。

二、某装饰设计公司于本判决生效之日起十日内向某建材公司支付保全费 5000 元。

三、驳回某建材公司的其他诉讼请求。

某装饰设计公司不服一审判决，提起上诉。

福建省厦门市中级人民法院经审理认为：同意一审法院裁判意见，依照《中华人民共和国民事诉讼法》第一百七十七条第一款第一项之规定，判决如下：

驳回上诉，维持原判。

【法官后语】

《中华人民共和国民法典》第一百五十八条、第一百五十九条规定，附生效条件的民事法律行为，自条件成就时生效；附条件的民事法律行为，当事人为自己的利益不正当地阻止条件成就的，视为条件已经成就。《中华人民共和国民法典》第一百五十八条是意思自治原则的具体体现，特别是有利于当事人将实施民事法律行为的动机通过条件表达出来。但是，这一规定本身可能造成溢出效应，即一方当事人有可能仅仅从自己的利益出发，违背诚信原则，恶意地促成条件成就或者阻止条件成就，进而损害另一方当事人的利益，因而有必要加以限制，故规定了第一百五十九条。根据《中华人民共和国民法典》第一百五十九条的规定，附条件的民事法律行为，当事人为自己的利益不正当地阻止条件成就的，视为条件已经成就；不正当地促成条件成就的，视为条件不成就。这里的“视为”，是一种法律拟制，不允许当事人举证推翻。也就是说，民事法律行为附条件时，只要当事人为自己的利益不正当地阻止条件成就，法律后果就是确定的，不容推翻的，即条件已经成就。只要当事人为自己的利益不正当地促成条件成就，法律后果也是确定的，不容推翻的，即条件不成就。“视为”的法律效果还在于，附条件民事法律行为中，当事人一方为自己的利益不正当地促成条件成就或阻止条件成就，侵害另一方的期待权，另一方不能就其期待权遭受损害单独提起诉讼，而只能通过“视为条件未成就或者已成就”来获得救济。

在买卖合同涉及大型建设工程材料采购时，采购方常将“待业主方验收合格后”“待其与业主方结算后”等“背靠背”条款的成就作为支付条件，而这些条件的具体信息及主动权掌握在采购方手中，销售方往往难以得知。依照《中华人民共和国民法典》第一百五十九条“附条件的民事法律行为，当事人为自己的利益不正当地阻止条件成就的，视为条件已经成就；不正当地促成条件成就的，视为条件不成就”之规定，因双方存在信息不对称，可将相应的举证责任分配给采购方，由其证明付款条件非因其原因而不成就以代替由销售方举证付款条件已成就，以避免销售方陷入证据不足催讨困难的窘境，通过举证责任的重新分配以调整合同条款的利益平衡，并对付款条件成就进行法律拟制，如采购方无法合理说明情况并举证该付款阻却条款具有充分的非其因素所致确未至付款节点的，则推定为付款条件已成就，而若因采购方在庭审过程中一味推诿而拒不提供必要信息导致无法具体计算合同履行的对价，销售方所主张的权利及核算方式无明显不当的情况下，由采购方承担或有误差的风险。作为销售方，在签订该类合同时应当充分注意，并在合同履行中积极保存履约证据，在遇到此类情形时，积极寻找合理的替代性方案，以避免陷入合同履行僵局的窘境而扩大自身损失。

编写人：福建省厦门市湖里区人民法院　洪华娇

25

买受人无正当理由迟延验货导致质保期满，应视为标的物验收合格

——某五金制品公司诉某科技公司买卖合同案

【案件基本信息】

1. 裁判书字号

广东省深圳市中级人民法院（2023）粤 03 民终 26797 号民事判决书

2. 案由：买卖合同纠纷

3. 当事人

原告（上诉人）：某五金制品公司

被告（被上诉人）：某科技公司

【基本案情】

2020 年 4 月 16 日，某五金制品公司与某科技公司签订了一份《设备销售合同》，约定某科技公司购买某五金制品公司生产的 6 台设备，总货款为 210 万元，某五金制品公司在收到合同 70% 定金货款后 10 个工作日内交货。交货之前，某科技公司到某五金制品公司检验设备合格后，某五金制品公司再发货给某科技公司，某科技公司收货后付完余款。双方约定保修期自交货后起 12 个月，模具、超声波系统的耗材属于易损件，不在保修范围内。合同签订后，某科技公司向某五金制品公司支付了定金 70 万元。某科技公司在某五金制品公司通知验收后，未前往某五金制品公司进行验收。

2020 年 8 月 14 日，某科技公司以某五金制品公司违约为由提起诉讼，诉请除解除双方签订的案涉合同外，某五金制品公司还应返还某科技公司定金 70

万元并支付违约金 28 万元。该案经审理判令：驳回某科技公司的全部诉讼请求。某科技公司不服该判决并提起上诉，深圳市中级人民法院作出维持原判的终审判决。

2020 年 9 月 24 日，某五金制品公司也提起了诉讼，诉请某科技公司继续履行合同、验收交付设备，某科技公司支付全额合同价款 210 万元等。该案经审理判令：（1）某科技公司继续履行与某五金制品公司于 2020 年 4 月 16 日签订的《设备销售合同》，于判决生效之日起十日内向某五金制品公司支付货款 77 万元并验收涉案设备；（2）驳回某五金制品公司的其他诉讼请求。某科技公司不服该判决并提起上诉，广东省深圳市中级人民法院作出维持原判的终审判决。

2022 年 1 月 22 日，某五金制品公司申请强制执行，执行过程中，某科技公司于 2022 年 5 月 20 日才进行验货，并支付了执行款。后某五金制品公司提起本案诉讼，认为某科技公司在履行合同过程中，存在严重违约行为，其支付剩余货款的条件已成就，应向某五金制品公司支付剩余货款 63 万元。

【案件焦点】

某科技公司是否应当支付剩余货款 63 万元。

【法院裁判要旨】

广东省深圳市龙岗区人民法院经审理认为：某五金制品公司与某科技公司于 2020 年 4 月 16 日签订的《设备销售合同》系双方当事人的真实意思表示，不违反法律、行政法规的强制性规定，合法有效，双方应依法全面履行约定的义务。第一，双方订立案涉合同之初对于案涉机器设备的验收标准并未有明确的书面约定，但交付合格的设备是买卖合同中作为出卖方应承担的最主要的义务，设备是否合格的举证责任也在于某五金制品公司，当然案涉机器设备验收是否合格也含有某科技公司主观意愿的判定，这必然导致双方对于验收合格标准的异议；而验收合格又是双方合同中约定支付尾款的前提条件，但案涉机器在双方近 3 年的诉讼纠纷过程中，长期封存在某五金制品公司处，其零部件等必然会有所损伤，存在验收不合格的可能性，而这又非某五金制品公司单方原因所导致，此时某科技公司申请鉴定，对于某五金制品公司而言也有失公平。第二，在双方就案涉合同近 3 年之久的诉讼过程中，结合已生效的民事判决查明的事实及执行案件的情况可以看出，某科技公司始终未主动前往某五金制品公司处验收机器设备，足以表明某科技公司不愿继续履行案涉合同，且某科技公司已支付了案涉合同总金额 70%的货款，此时再强行要求某科技公司继续履行支付尾款，取回可能不合格的设备，对其也有失公允。因此，案涉合同履行至今实际已经陷入了僵局，考虑到继续履行合同将导致当事人利益明显失衡，也会导致司法资源浪费以及影响案涉设备后续流通，法院认为双方案涉合同的权利义务应予以终止，而某科技公司为其违约行为已支付了合同总价 70%的货款，在某五金制品公司未交付案涉设备及未举证证明其因某科技公司的上述行为导致有更大实际损失的情形下，对某五金制品公司诉请的支付尾款不予支持。

广东省深圳市龙岗区人民法院依照《中华人民共和国合同法》第八条、第九十一条，《最高人民法院关于适用〈中华人民共和国民法典〉时间效力的若干规定》第一条及《中华人民共和国民事诉讼法》第六十七条之规定，判决如下：

驳回原告某五金制品公司的全部诉讼请求。

某五金制品公司不服一审判决，提起上诉。

广东省深圳市中级人民法院经审理认为：首先，某科技公司与某五金制品公司于 2020 年 4 月 16 日签订的《设备销售合同》是双方当事人的真实意思表示，不违反法律、行政法规的强制性规定，合法有效，双方应依法全面履行约定的义务。根据合同约定，某五金制品公司于 2020 年 4 月 25 日、4 月 30 日共交付 6 台设备，某五金制品公司在收到合同 70%定金货款后 10 个工作日内交货，某科技公司到某五金制品公司检验设备合格后付完余款。可见，验收案涉设备是合同赋予某科技公司的验货权利，从某五金制品公司韦某与某科技公司吴某微信对话内容来看，韦某已告知“机器是好机器”。某科技公司员工未否认也未要求验收货物。某科技公司在合同正常履行过程中拒绝验收，应视为其对该权利的放弃，系其权利的自行处分，其放弃验收的行为并不免除合同义务的继续履行。

其次，本案属于金钱债务的履行，某科技公司未举证证明案涉合同具备法律上或事实上不能履行等情形，某科技公司亦未主张终止合同权利义务关系，本案不符合认定合同权利义务终止的条件，原审法院对此认定有误，本院应予以纠正。某科技公司未按合同约定支付 70%合同款并在 2020 年 8 月 14 日提起诉讼主张解除合同，该案件经广东省深圳市龙岗区人民法院审理，判令驳回某科技公司的全部诉讼请求。上诉后，经广东省深圳市中级人民法院审理后作出维持原判的终审判决。某五金制品公司在 2020 年 9 月 24 日向广东省深圳市龙岗区人民法院起诉某科技公司主张继续履行合同，上诉后，广东省深圳市中级人民法院作出判令某科技公司应支付货款 77 万元并验收涉案设备的终审判决。某科技公司在生效法律文书作出后，仍未履行合同义务直至案涉判决进入强制执行阶段才支付货款，于 2022 年 5 月 20 日进行验货。上述事实可证实某科技公司未依约付款，某五金制品公司依法享有先履行抗辩权以阻却某科技公司的履行交货义务的请求。某科技公司既未依约履行付款义务，又单方要求解除合同，某科技公司属于违约方。在生效法律文书作出支付货款及验收货物的判决内容后某科技公司仍拒绝履行，存在拖延履行期限的故意。

最后，根据合同约定，案涉设备的模具、超声波系统的耗材属于易损件，不在保修范围内，且案涉合同近 3 年的诉讼纠纷过程致使合同正常履行的合理保修期已届满，案涉设备长期封存，其零部件等必然会有所损伤，存在验收不合格的可能性，亦丧失了具备鉴定条件的时间，造成上述期限拖延的原因系某科技公司的迟延履行的行为。根据《中华人民共和国民法典》第六百零五条的规定，因买受人的原因致使标的物未按照约定的期限交付的，买受人应当自违反约定时起承担标的物毁损、灭失的风险。本案中，因某科技公司的原因致使案涉设备未按约定的期限交付，某科技公司应承担案涉设备毁损风险。

当事人应当遵循诚信原则履行合同的义务。某科技公司未依约履行付款义务且拒绝验货，通过诉讼及拒不履行生效法律文书的方式拖延合同的履行，实属不诚信的行为，其应承担因不诚信行为所造成的验收权利的丧失及合同履行期限延长后所产生的不利后果，故某科技公司支付剩余货款63万元条件已成就，某五金制品公司主张某科技公司支付剩余货款有依据，本院予以支持。一审法院认定有误，本院予以纠正。

广东省深圳市中级人民法院依照《中华人民共和国民法典》第五百零九条、第五百八十条，《中华人民共和国民事诉讼法》第一百七十七条第一款第二项之规定，判决如下：

一、撤销广东省深圳市龙岗区人民法院民事判决；

二、被上诉人某科技公司应在本判决生效之日起十个工作日内向上诉人某五金制品公司支付货款63万元；

三、驳回上诉人某五金制品公司的其他诉讼请求。

【法官后语】

在市场交易活动中，维护交易稳定系通过让交易主体遵守一系列基本原则来保证交易的秩序和规则，促进市场的健康发展。如何通过裁判规则平衡维持市场交易稳定与打破“合同僵局”提高交易效率是司法实践中值得探讨的问题。本案的核心在于哪些情况下，应认定合同具备履行条件，未交付的标的物可视为符合合同要求“验收合格”。

一、严守“合同僵局”的适用边界

《中华人民共和国民法典》第五百八十条第二款涉及的“履行不能情形下的合同终止条款”，赋予了违约方可向法院或仲裁机构请求确认解除行为的效力的权利，但该权利并非违约者的“尚方宝剑”，不代表违约方可以滥用该权利，其行使有严格的边界范围。本案中的买卖合同并非具有较强人身属性的、需长期履行的继续性合同，作为买受人，其负有及时验货并支付货款的义务，但其在合同正常履行过程中，无正当理由拒绝验收标的物，应视为买受人对该权利的放弃，系其权利的自行处分，其放弃验收的行为并不免除支付货款义务的继续履行，且其未足额支付定金，已构成违约，其支付货款的义务系金钱债务的履行，不存在不能履行或履约成本过高的情况，案涉合同仍具备继续履行的条件，不能仅因买受人向法院提起“解除合同”的诉讼进而判定合同目的无法实现，应分析合同无法履行是否符合《中华人民共和国民法典》第五百八十条规定的三种情形，法院不应擅自延伸扩大适用违约解除的范围，对具备履行条件的合同认定为“合同僵局”。

二、买受人故意迟延履行，应承担验收权利的丧失及延期履行后的不利后果

当事人应当按照约定全面履行自己的义务。当事人应当遵循诚实信用原则，根据合同的性质、目的和交易习惯履行通知、协助、保密等义务。通过对买受人的合同履行过程中是否有依据合同约定及时支付定金、验货、提货等进行审查，可得知买受人是否存在延迟的故意。正如本案中，买受人在生效法律文书作出支付货款及验收货物的判决内容后仍拒绝履行，其存在延迟履行的明显故意。买受人的延迟履行导致其将近 3 年时间仍未履行验货及支付货款义务，其应承担因不诚信行为所造成的验收权利的丧失及合同履行期限延长后所产生的不利后果。根据《中华人民共和国民法典》第六百零五条的规定，因买受人的原因致使标的物未按照约定的期限交付的，买受人应当自违反约定时起承担标的物毁损、灭失的风险。因买受人的故意延迟导致标的物的质保期已届满，且本案标的物属于易损件、长期封存，存在验收不合格的可能性，亦丧失了具备鉴定条件的时间，造成上述期限拖延的原因系买受人迟延履行，该责任不可归咎于出卖人，故应视为出卖人交付的标的物已符合合同约定的验收条件，视为“验收合格”，支付尾款的条件已经成就。诚信履行合同义务，不仅系社会主义核心价值观所倡导的价值理念，也是《中华人民共和国民法典》为弘扬契约精神、促进公平交易所设立的原则，在审判中正确理解和运用司法裁判规则，才能真正实现以公正司法引领诚信的社会风尚。

编写人：广东省深圳市中级人民法院　杨晓玲

26

双方约定滞销产品任意退货权应在合理期限内行使

——甲科技公司诉某智能公司、乙科技公司买卖合同案

【案件基本信息】

1. 裁判书字号

北京市第三中级人民法院（2023）京03民终7761号民事判决书

2. 案由：买卖合同纠纷

3. 当事人

原告（反诉被告、被上诉人）：甲科技公司

被告（反诉原告、上诉人）：某智能公司

被告：乙科技公司

【基本案情】

甲科技公司系某品牌智能设备制造商，某智能公司系某全国大型连锁家电零售企业。

2019年，甲科技公司与某智能公司签订《经营采购合同书》。约定：（1）甲科技公司向某智能公司供应某品牌的家用智能设备。双方采取经销模式：以商品在某智能公司入库金额结算货款。（2）对于某智能公司尚未销售的产品或在库时间达到30天至90天（根据产品类型不同时间不同）仍未销售的，甲科技公司同意按某智能公司的供货价办理退货。

2020年，甲科技公司、某智能公司签订往来余额对账函两份及余额差异调节表，确定截至2019年12月31日，某智能公司应付甲科技公司货款为563289.61元。

某智能公司主张，截至2022年7月14日甲科技公司滞销库存254422.4元，对应货物最晚入库时间2019年12月12日。甲科技公司主张其提供产品销售给消费者后的质保期为一年或两年，且2021年相关产品国标更新，某智能公司2022年才提出对于2019年已经入库商品的退货，将严重影响其二次销售。

乙科技公司系某智能公司唯一股东。

甲科技公司主张某智能公司、乙科技公司连带支付货款563289.61元。某智能公司反诉要求甲科技公司办理价值226958元的货物的退货手续，并相应扣减货款。

【案件焦点】

买受人的滞销商品退货权行使期间是否应受到限制。

【法院裁判要旨】

北京市朝阳区人民法院经审理认为：买卖合同是出卖人转移标的物的所有权于买受人，买受人支付价款的合同。出卖人应当履行向买受人交付标的物，并转移标的物所有权的义务。买受人应当按照约定的数额和支付方式支付价款。本案中，甲科技公司与某智能公司签订的《经营采购合同书》是双方当事人的真实意思表示，内容不违反法律、行政法规的强制性规定，合法有效，双方之间成立买卖合同关系。综合双方诉辩意见，本案的争议焦点是：某智能公司是否有权向甲科技公司主张滞销产品退货退款。

就此法院认为，根据双方约定，甲科技公司与某智能公司系经销关系，甲科技公司所供商品进入某智能公司库房时商品所有权即发生转移，此时双方所约定的滞销产品退货条款，其实质系赋予某智能公司在甲科技公司出卖于其的产品对外销售效率不达预期时提出异议进而退货的权利。因退货乃事关合同双方重大利益以及涉案交易稳定的重要事项，某智能公司对于该权利的行使应当遵循诚实信用原则，其应于合理期限内将产品对外销售效率不达预期的情况及时通知甲科技公司，否则应视为甲科技公司供应产品符合某智能公司对于案涉产品对外销售效率的需求。现某智能公司未举证证明其在提起本案反诉前（某智能公司主张滞销产品送交其两年半以后）已经通知甲科技公司产品滞销情况，法院参照民法典及司法解释中关于买受人通知义务之规定，综合当事人之间的交易性质、交易目的、交易方式、交易习惯、标的物的种类、数量、性质、安装和使用情况、瑕疵的性质、买受人应尽的合理注意义务、检验方法和难易程度、买受人或者检验人所处的具体环境、自身技能以及其他合理因素，依据诚实信用原则进行判断，认为某智能公司在货物供应两年半之后对产品销售存在滞销提出异议，进而要求退货明显超过了合理期限，故对于某智能公司主张滞销产品的退货法院不予支持。

北京市朝阳区人民法院依照《中华人民共和国民法典》第七条、第六百二十六条，《中华人民共和国公司法》第六十三条之规定，判决如下：

一、某智能公司于本判决生效之日起七日内向甲科技公司支付货款563289.61元；

二、某智能公司于本判决生效之日起七日内向甲科技公司支付逾期付款利息损失（以563289.61元为基数，按照年息5%标准，从2020年1月31日起计算到实际付清之日止）；

三、乙科技公司对某智能公司的前述债务承担连带偿还责任；

四、驳回甲科技公司的其他诉讼请求；

五、驳回某智能公司的全部反诉请求。

一审判决后，某智能公司不服提起上诉。

北京市第三中级人民法院经审理认为：同意一审法院裁判意见，依照《中华人民共和国民事诉讼法》第一百七十七条第一款第一项之规定，判决如下：

驳回上诉，维持原判。

【法官后语】

在市场经济条件下，商品流通各环节分工愈加细致，经销模式应运而生。该模式是指供应商与零售商签订框架经销协议，将己方商品在一定期间内持续稳定供应给零售商，由零售商根据入库产品数量先行付款，再自行对外销售赚取差价。大型零售商因掌控消费品对外销售渠道，在框架协议缔结过程中往往具有一定优势地位，为了分担风险，避免己方货物积压，零售商与供应商间常会签订滞销品无责退货条款。履行中，因库存管理、人员对接等问题，零售商发起退货往往并不及时，从而引发退货期限争议。

本案就是由于滞销品退货期过长而引发的纠纷。此类纠纷中，或因疏忽，或因零售商的优势地位，框架经销协议多未对滞销品退货权的行使期限作出明确约定。此时零售商多主张无约定即为无限制，可随时行使，就此带来以下两个方面争议。

一、对退货权行使期间是否应加以限制

笔者认为答案是肯定的，理由如下：第一，维护交易的稳定，不限制的滞销品退货权会使早已履行完毕的交易，长时间地处于不稳定的状态。妨碍商品的市场流转，影响市场经济的活跃。第二，平等保护善意供应商，随着时间的推移，产品的使用价值、交换价值均会大幅贬损，对退货权行使期限进行必要限制，是促进交易公平的应有之义。

二、在无约定时，法院确定退货权行使期限的考量因素

《中华人民共和国民法典》第六百二十一条以及《最高人民法院关于审理买卖合同纠纷案件适用法律问题的解释》“四、标的物检验”对于商品质量、数量异议期限作出了细致规定。在实践中确定个案退货期限时可参照上述规定予以从严衡量。

其一，参考《最高人民法院关于审理买卖合同纠纷案件适用法律问题的解释》第四章规定的确定合理退货期的考量因素，即综合当事人之间的交易性质、交易目的、交易方式、交易习惯、标的物的种类、数量、性质……买受人或者检验人所处的具体环境、自身技能以及其他合理因素，依据诚实信用原则进行判断。虽同为商品经销，但线上或线下渠道销售、日用品或工业用品的经销均会对滞销品退回后二次销售、零售商及供应商掌握滞销情况的及时度等造成影响。同时，时间流逝对于不同类型商品价值所带来的影响亦不相同，商品的质保期、再次流通的难度等亦是确定合理退货期间应予以考量的因素。

其二，参考上述标准从严衡量。不同于商品质量、数量与约定不符系供应

商违约所致，产品滞销并非供应商单方原因所致。在确定合理期间时应较上述规定采取更为严格的标准，以更好保护无过错方的权利，保障商品二次销售的顺利进行，避免浪费。

回归到本案中，本案存在如下要点因素：(1) 涉案商品系家用智能设备，销售给消费者后质保期在一年至两年不等。(2) 涉案零售商某智能公司系全国大型连锁企业，具有完善的库存系统。(3) 经销协议中对于滞销品的概念约定为90天内未能销售出库的产品。(4) 零售商未及时提出退货的3年中相关智能设备国标存在更新。秉着公平原则，衡量以上要点因素，某智能公司在商品供应两年半后提出要对滞销品无责退货，显然超过了合理期限，故对于某智能公司主张滞销产品的退货不应予以支持。

编写人：北京市朝阳区人民法院　吴青沛

27

以第三人的履行行为作为履行条件的约定的法律性质与效力问题

——某数字公司诉某科技公司买卖合同案

【案件基本信息】

1. 裁判书字号

北京市第一中级人民法院（2022）京01民终7581号民事判决书

2. 案由：买卖合同纠纷

3. 当事人

原告（上诉人）：某数字公司

被告（被上诉人）：某科技公司

【基本案情】

2015年12月5日，某科技公司和某数字公司签订软件产品销售合同，约定软件项目合作事宜。2018年11月9日，某科技公司和某数字公司签订和解协议，显示以下内容：鉴于双方2015年12月5日签订软件产品销售合同，双方达成本和解协议：（1）某科技公司承诺于2018年11月10日前，向某数字公司支付32万元，以足额完成合同项下第一期合同款的支付。（2）某科技公司承诺于2018年11月30日前，向某数字公司支付48万元，以足额完成合同项下第二期合同款的支付。（3）某科技公司承诺收到建设单位第三笔款后10个工作日内支付某数字公司第三期合同款合计40万元。（4）某科技公司承诺收到建设单位尾款后10个工作日内支付某数字公司尾款合计8万元。（5）某科技公司同意承担某数字公司申请仲裁所发生的实际费用以及逾期支付合同款项的违约金。如某科技公司在2018年12月31日前支付违约金按32万元计算；如某科技公司能在2018年11月30日前支付违约金则按15万元计算。就某科技公司的前述五期分期付款承诺，某科技公司未按任何一期约定进行及时和足额支付的，视为合同项下所有未付款项（据实）和仲裁所发生的实际费用及逾期违约金按32万元计算，均于某科技公司逾期支付的第二天开始，达到付款条件，某数字公司可向某科技公司主张支付。

某科技公司于2018年11月8日向某数字公司支付第一笔款项28万元，2018年12月7日支付第二笔款项48万元，2018年11月30日支付仲裁费及违约金共计169430.4元。某数字公司认可已收到某科技公司支付的第一笔及第二笔款项。

双方均认可案涉款项即第三笔、第四笔款，某科技公司未收到建设单位的回款，但某数字公司主张系某科技公司怠于履行催款义务，应视为付款条件成就。某科技公司不予认可，提交证据证明并未怠于履行催款义务。在二审中，依法补充以下查明事实：2018年11月9日，某科技公司和某数字公司签订和解协议，载明："某数字公司承建的城市管理信息系统软件项目已于2017年10月16日通过某科技公司和最终用户方的最终验收。"二审庭审询问中，某科技公司与某数字公司均认可于 2022 年 4 月 28 日向法院就案涉款项向最终用户方提起诉讼。

【案件焦点】

当事人约定以第三人的履行作为一方履行债务的条件，应如何理解该约定的性质与效力。

【法院裁判要旨】

北京市海淀区人民法院经审理认为：双方签订的和解协议约定案涉款项即第三笔、第四笔款项付款条件系案外建设单位付款后某科技公司才向某数字公司付款，现根据某科技公司提交的证据能够显示其进行沟通且就建设单位提起诉讼催款，虽然某数字公司不认可某科技公司提交的证据能够显示其未怠于履行催款等义务，但在某科技公司已经提举证据的情况下，某数字公司未提举其他反证证明某科技公司存在怠于履行催款义务的行为，故本院认为某数字公司全部诉讼请求没有事实和法律依据，应予以驳回。

北京市海淀区人民法院依照《中华人民共和国民事诉讼法》第四十条第二款、第六十七条，《最高人民法院关于适用〈中华人民共和国民事诉讼法〉的解释》第九十条之规定，判决如下：

驳回原告某数字公司全部诉讼请求。

某数字公司不服一审判决，提起上诉。

北京市第一中级人民法院经审理认为：本案的争议焦点系某科技公司是否应向某数字公司支付案涉和解协议中约定的剩余款项。

案涉和解协议中约定，某科技公司收到建设单位支付的相应款项后 10 个工作日内向某数字公司支付第三期、第四期合同款。上述约定中所涉款项系基于双方于 2015 年 12 月 5 日签订的软件产品销售合同而产生的某科技公司的应付货款，故案涉和解协议中约定的该条款应认定为双方就上述两期合同款的支付所约定的履行期限，期限到达即应履行，这与买卖合同中买受人应承担的付款主合同义务是一致的。至于本案所涉付款期限是否到来，综合考虑本案所涉买卖合同的签订时间、履行情况、案涉项目的完成及验收时间以及就买卖合同尚欠货款双方洽商的时间、某科技公司向建设单位主张权利的情况，本院认为某科技公司已超出付款的合理期限未履行付款义务，故某科技公司仅以此约定为由抗辩不予付款，依据不足，本院不予支持，某数字公司作为债权人有权要求某科技公司履行付款义务，但对某数字公司要求某科技公司支付违约金的诉讼请求不予支持。由此，一审法院驳回某数字公司全部诉讼请求不当，本院对此予以纠正。

北京市第一中级人民法院依照《中华人民共和国合同法》第八条、第一百三十条，《最高人民法院关于适用〈中华人民共和国民法典〉时间效力的若干规定》第一条第二款，《中华人民共和国民事诉讼法》第一百七十七条第一款第二项之规定，判决如下：

一、撤销北京市海淀区人民法院（2021）京0108民初67575号民事判决；

二、某科技公司于本判决生效后十日内给付某数字公司48万元；

三、驳回某数字公司的其他诉讼请求。

【法官后语】

本案核心的问题在于对“背靠背”条款的认定与适用。我国现行立法对“背靠背”条款尚无明确的法律规定，司法实践对于该条款法律效力的认定也存在争议。

一、以第三方履行作为债务人履行付款前提的条款的内涵与效力

“背靠背”条款通常表现为中间方为实现风险共担而在合同中设置的以上游方付款作为其向下游方付款的前提条件。该条款的本质，是债务人转移支付风险、减轻资金压力，从而使合同双方共担风险。关于“背靠背”条款的效力问题，笔者认为，首先，以第三方履行作为债务人履行付款前提的条款，实际上是双方当事人基于共担资金压力以及期限风险的商业考虑，对于付款事宜的一种合意安排。根据私法领域意思自治原则，法无禁止即自由，该条款属合同双方对于风险负担的真实意思表示。其次，“背靠背”条款并不违背合同相对性原则。“背靠背”条款中第三人并未作为合同主体纳入合同之中，也没有为

第三人设置权利义务，且债权人无法直接越过债务人而向第三人主张权利。最后，关于以第三方履行作为债务人履行付款前提的条款不属于格式条款。《中华人民共和国民法典》第四百九十六条①明确规定了格式条款的定义。在合同的实际履行中，“背靠背”条款实际上是双方互相磋商的结果，双方均作为平等的缔约主体，不存在一方处于附从地位，且合同内容不是单方提供的、提前拟好的、不可更改的、多次重复使用的条款。

二、以第三方履行作为债务人履行付款前提的条款属于附条件还是附期限条款

我国法律体系中并没有对“背靠背”条款的明确规定，性质界定亦属空白。对于该条款的法律性质，第一，根据《中华人民共和国民法典》的规定，民事法律行为自条件成就时，该条款生效，条件成就前，该条款不生效。举例来讲，在建设工程分包合同中，如果发包人未支付承包人工程款，“背靠背”条款所附条件未成就，则该条款始终不发生法律效力，这并非该条款设置的初衷和目的。由此，以第三方履行作为债务人履行付款前提的条款并非属于民法典意义上民事法律行为附条件的情形。第二，有观点认为，“背靠背”条款中付款前提是第三方支付款项，但是第三方是否支付、何时支付都是不确定的，因此在性质上属于履行附条件的条款。对此，笔者认为，此处的“附条件”中的条件，只是民事法律行为中的履行内容，形式上属于条件，但其内容实际是给出行为期限的约定，因此从本质上属于附期限的条款。

但在实践中，如果难以判断第三方履行的确定性和期限，债务人常以此为抗辩理由，把合同推向不确定和无限拖延的局面，对此法院先审查该条款的内容以及当事人对此的明知情况，同时结合证明责任的负担规则和约定不明的处理规

---

① 《中华人民共和国民法典》第四百九十六条规定：“格式条款是当事人为了重复使用而预先拟定，并在订立合同时未与对方协商的条款。采用格式条款订立合同的，提供格式条款的一方应当遵循公平原则确定当事人之间的权利和义务，并采取合理的方式提示对方注意免除或者减轻其责任等与对方有重大利害关系的条款，按照对方的要求，对该条款予以说明。提供格式条款的一方未履行提示或者说明义务，致使对方没有注意或者理解与其有重大利害关系的条款的，对方可以主张该条款不成为合同的内容。”

则等认定合理的、确定的履行期限。具体到个案，应结合合同签订时间、履行情况、案涉项目的完成及验收情况以及就尚欠货款洽商的时间等因素进行衡量。

三、以第三方履行作为债务人履行付款前提的条款的明知证明责任与约定不明的处理规则

审判实践中，债务人常依据“背靠背”条款，辩称第三方尚未向其履行支付义务，故其亦不应向债权人履行。根据举证规则，应由债务人作为该证明责任的承担者。而举证的最终目的在于证明合同本意或交易习惯已经体现债权人知晓第三方确定向债务人履行及履行期限。如前所述，判断第三方履行的确定性及期限，具体到个案，应结合合同签订时间、履行情况、案涉项目的完成及验收情况以及就尚欠货款洽商的时间等因素进行衡量。而上述事实的认定与否取决于在案证据，特别是债务人提供的相关证据，如债务人与第三方的合同、债权凭证、履行协议和凭证、裁判文书、执行和解协议等足以认定第三方债务存在的证据以及债权人对此知晓的相关证据。第三方履行的相对方即为债务人，只有债务人才了解第三方具体的履行情况，因此从证据的就近性、关联性以及获取的可能性上讲，债务人都更有理由作为相应证明责任的承担者。如果依据上述证据与事实，仍无法确定第三方的履行期限，应视为约定不明的情形，人民法院应当根据《中华人民共和国民法典》第五百一十条①、第五百一十一条②

① 《中华人民共和国民法典》第五百一十条规定：“合同生效后，当事人就质量、价款或者报酬、履行地点等内容没有约定或者约定不明确的，可以协议补充；不能达成补充协议的，按照合同相关条款或者交易习惯确定。”

② 《中华人民共和国民法典》第五百一十一条规定：“当事人就有关合同内容约定不明确，依据前条规定仍不能确定的，适用下列规定：（一）质量要求不明确的，按照强制性国家标准履行；没有强制性国家标准的，按照推荐性国家标准履行；没有推荐性国家标准的，按照行业标准履行；没有国家标准、行业标准的，按照通常标准或者符合合同目的的特定标准履行。（二）价款或者报酬不明确的，按照订立合同时履行地的市场价格履行；依法应当执行政府定价或者政府指导价的，依照规定履行。（三）履行地点不明确，给付货币的，在接受货币一方所在地履行；交付不动产的，在不动产所在地履行；其他标的，在履行义务一方所在地履行。（四）履行期限不明确的，债务人可以随时履行，债权人也可以随时请求履行，但是应当给对方必要的准备时间。（五）履行方式不明确的，按照有利于实现合同目的的方式履行。（六）履行费用的负担不明确的，由履行义务一方负担；因债权人原因增加的履行费用，由债权人负担。”

的规定作出处理，在无法达成补充协议的情形下，债权人在给予债务人合理必要的准备时间的前提下可以随时向对方主张履行。

编写人：北京市第一中级人民法院 习亚伟

28

债务加入与连带责任保证的区分与认定

——王某等诉于甲等买卖合同案

【案件基本信息】

1. 裁判书字号

山东省淄博市中级人民法院（2023）鲁 03 民终 1829 号民事判决书

2. 案由：买卖合同纠纷

3. 当事人

原告（上诉人）：王某、徐某、崔某

被告（上诉人）：于甲

被告（被上诉人）：于乙、某电子公司

【基本案情】

于乙系于甲之父。2018 年 3 月 26 日，三原告与于甲、于乙及魏某签订《按份共有协议书》，约定共同出资参加竞拍张店区人民法院拍卖的某化工公司资产一宗。其中，由王某出资 400 万元，占 32%的份额；徐某、崔某、于乙各出资 250 万元，各占 20%的份额；魏某出资 100 万元，占 8%的份额；于甲不出资，不占份额。于甲出面竞拍，竞拍成功后按上述约定的比例按份共有，由于甲代持；于甲应保证该款项专款专用，如挪用给各方造成损失应予赔偿，于乙承担连带保证责任。协议书签订后，三原告依约支付了款项。后来于甲未竞拍成功，于甲、于乙仅返还了部分款项。2020 年 11 月 23 日，三原告作为甲方，于甲、于乙作为乙方，某电子公司作为丙方，共同签订《还款协议》，确认三原告出资款尚余 450 万元未返还，于甲、于乙于协议签订后 30 日内向三原告支付 90 万元，余款 360 万元于 2021 年 7 月底前清偿，由某电子公司以其土地和房产提供连带担保，并约定于甲、于乙任何一项违约，应赔偿三原告经济损失 50 万元。《还款协议》签订后，于甲返还了 30 万元，剩余款项经三原告多次催要，三被告拒不支付。为此，原告诉至法院。

【案件焦点】

债务加入与连带责任保证的区分与认定。

【法院裁判要旨】

山东省淄博市临淄区人民法院经审理认为：根据原告提交的《按份共有协议书》和原告、被告签订的《还款协议》，应当能够认定于乙欠原告方出资款 450 万元的事实。于甲在协议上签名，可以认定其自愿归还 90 万元，这是其对欠原告债务的自认，于甲已经返还 30 万元，一审法院认定于甲应当承担返还出资款 60 万元的责任。于乙主张为办理竞拍事项花费部分款项，但双方签订《还款协议》系双方对债权债务的确认，故于乙的该项主张不予认定。于乙主张崔某借其 6 万元，与本案不属于同一法律关系，可另案主张。故对原告要求于乙返还出资款 420 万元的诉讼请求予以支持。协议第二条约定：丙方（某电子公司）自愿为上述乙方（于乙、于甲）的付款义务承担连带清偿责任。法律规定：保证期间是确定保证人承担保证责任的期间，不发生中止、中断和延长。连带责任保证的债权人未在保证期间请求保证人承担保证责任的，保证人不再承担保证责任。债权人与保证人可以约定保证期间……没有约定或者约定不明确的，保证期间为主债务履行期限届满之日起六个月。原告并未能提供证据证实其在保证期间内向某电子公司主张过权利，故对其要求某电子公司承担连带清偿责任的诉讼请求不予支持。据此，一审判决：

一、于乙于本判决书生效后十日内返还原告王某、徐某、崔某出资款 420

万元；

二、于甲对上述第一项承担 60 万元的连带清偿责任；

三、于乙、于甲赔偿原告王某、徐某、崔某经济损失 50 万元，与上述第一项一并付清；

四、驳回原告王某、徐某、崔某的其他诉讼请求。案件受理费 22200 元，财产保全费 5000 元，由于乙、于甲负担。

王某、徐某、崔某、于甲均不服一审判决，提起上诉。

山东省淄博市中级人民法院经审理认为：结合双方的诉辩，本案二审争议的焦点有三个。（1）于甲承担责任的范围；（2）某电子公司应否对案涉债务承担民事责任及责任形式；（3）案涉违约金是否过高。

针对焦点一。王某、徐某、崔某主张《还款协议》关于于甲承担 90 万元债务是附条件的，但是案涉《还款协议》中并无该表述，于甲对此亦予以否认。于甲主张双方另行达成合意，其仅需承担 30 万元，但是未提交有效证据予以证实，且王某、徐某、崔某对此不予认可。因此，四上诉人关于于甲承担责任相关上诉理由，均证据不足，依法应承担举证不能的不利后果。

针对焦点二。案涉《还款协议》约定了某电子公司负担两种责任：一种是对于乙、于甲的付款义务承担连带清偿责任；另一种是以自有土地和房产提供抵押担保。对于第一种责任，某电子公司作为于甲控制的公司，其表示自愿承担连带清偿责任，具有与于甲共同承担债务的意思表示。相比于保证责任，债务加入也与债权人王某、徐某、崔某签订案涉《还款协议》的目的更加吻合。依照《最高人民法院关于适用〈中华人民共和国民法典〉有关担保制度的解释》第三十六条第二款的规定，应认定某电子公司上述承诺为债务加入。一审认定为保证属于适用法律错误，予以纠正。债务加入不适用保证期间制度，而适用诉讼时效制度。案涉《还款协议》签订于 2020 年 11 月 23 日，王某、徐某、崔某于 2022 年提起本案诉讼，并不超过法律规定的诉讼时效期间。对于第二种责任。《中华人民共和国民法典》第四百零二条规定：“以本法第三百九十五条第一款第一项至第三项规定的财产或者第五项规定的正在建造的建筑物抵押的，应当办理抵押登记。抵押权自登记时设立。”案涉土地并未办理抵押登记，抵押权未设立。依照《最高人民法院关于适用〈中华人民共和国民法典〉有关担保制度的解释》第四十六条第二款的规定，王某、徐某、崔某仍有权要求某电子公司在约定的担保范围内承担责任。鉴于某电子公司已经对案涉债务因债务加入承担连带清偿责任，该第二种责任被第一种责任吸收，并无另行判决的必要。

针对焦点三，案涉《还款协议》系于乙挪用王某、徐某、崔某资金，拒不归还后达成的，经济损失条款具有明显的惩罚性。于乙、于甲系父子关系，均从事经营活动，对此条款的属性、作用和后果应当是明知的。于甲主张经济损失赔偿标准过高的上诉理由，不予支持。综上所述，王某、徐某、崔某的上诉请求部分成立；于甲的上诉请求不能成立，应予驳回。

据此，山东省淄博市中级人民法院依照《最高人民法院关于适用〈中华人民共和国民法典〉有关担保制度的解释》第三十六条第二款，《中华人民共和国民事诉讼法》第一百七十七条第一款第二项之规定，判决如下：

一、维持一审民事判决第一项、第二项、第三项；

二、撤销一审民事判决第四项；

三、某电子公司对上述第一项债务承担连带清偿责任；

四、驳回王某、徐某、崔某的其他诉讼请求。

【法官后语】

本案涉及的核心问题在于债务加入与连带责任保证的正确区分与认定。

《中华人民共和国民法典》首次明文规定债务加入，其与连带责任保证是两种常见的债务承担方式，司法实践中对于债务加入与保证的正确区分与认定仍存有争议，本案就是如此。一审法院认为，《还款协议》约定的某电子公司对于乙、于甲的付款义务承担连带清偿责任属于保证，二审法院则认为某电子公司作为于甲控制的公司，其表示自愿承担连带清偿责任，具有与于甲共同承担债务的意思表示，一审法院认定为保证，属于适用法律错误，并据此改判。因而厘清两者的区别及认定有利于司法实践中正确处理此类案件。

《中华人民共和国民法典》第五百五十二条规定，第三人与债务人约定加入债务并通知债权人，或者第三人向债权人表示愿意加入债务，债权人未在合理期限内明确拒绝的，债权人可以请求第三人在其愿意承担的债务范围内和债务人承担连带债务。本条是《中华人民共和国民法典》关于并存的债务承担的规定，并存的债务承担，学理上又称为债务加入，是指债务人并不脱离原合同关系，第三人加入债的关系后，与债务人共同向债权人履行债务。在债务加入情形下，原债务人并不能全部或者部分免除承担债务的责任，在此基础上增加一个第三人对债权人履行债务，不仅对债权人没有风险，反而增加了债权实现的安全性。并存的债务承担不仅在学理上有着重要地位，在实践中也普遍存在，属于市场经济中客观存在的重要交易类型。根据上述法律规定，债务加入的构成要件主要包括：一是债权人与债务人之间的债权债务关系有效存在。二是在债务人不免除其在上述债权债务关系中应承担债务的基础上，第三人与债务人约定第三人作为新债务人加入该债权债务关系来承担债务。三是将此债务加入的情形通知债权人，或者第三人向债权人表示愿意加入债务，债权人未在合理期限内明确拒绝。至于通知的主体和通知的形式，法律并未予以明确规定。实践中认为，债务人或者第三人都可以作为通知的主体，书面或者口头通知都可以。四是第三人在其愿意承担的债务范围内与债务人承担连带债务。在符合上述要件的情况下，就发生并存的债务承担的法律后果。债权人可以请求第三人在其愿意承担的债务范围内和债务人承担连带责任。

《中华人民共和国民法典》第六百八十八条规定："当事人在保证合同中约定保证人和债务人对债务承担连带责任的，为连带责任保证。连带责任保证的债务人不履行到期债务或者发生当事人约定的情形时，债权人可以请求债务人履行债务，也可以请求保证人在其保证范围内承担保证责任。"所谓连带责任保证，是指当事人在保证合同中约定保证人和债务人对债务承担连带责任。从责任承担上，在连带责任保证中，保证人不享有先诉抗辩权，保证人与债务人之间负共同连带责任。从设立方式上，根据《中华人民共和国民法典》第六百八十六条第二款和第六百八十八条的规定，如果当事人要设立连带责任保证，只能通过明确约定的书面方式。在当事人没有约定保证方式或者对保证方式约定不明的情形下，不能成立连带责任保证，只能认定为一般保证。从法律地位上，连带责任保证人的地位更类似于债务人，因为债权人在主合同债权到期或者发生当事人约定的情形时，可以直接向连带责任保证人主张债务的履行或者要求其承担责任，而无须先向债务人主张。

综上可以看出，债务加入与连带责任保证的主要区别在于：一是承担责任方式不同。在债务加入情形下，本质上是为保障债权人债权实现而额外提供的增信措施，债务人并不脱离原合同关系，第三人加入债的关系后，与债务人共同向债权人履行债务，具有平等的清偿地位，不享有保证期间的保护；在连带责任保证情形下，保证人承担的是连带责任，享有保证期间的保护，债权人未在保证期间请求保证人承担保证责任的，保证人不再承担保证责任。二是追偿权行使不同。在债务加入情形下，第三人加入债务并与债务人约定了追偿权的，第三人可以在履行债务后向债务人追偿，没有约定追偿权的，第三人可以依照《中华人民共和国民法典》关于不当得利等的规定，在其已经向债权人履行债务的范围内请求债务人向其履行，但是第三人知道或者应当知道加入债务会损害债务人利益的除外。而在连带责任保证情形下，保证人在承担保证责任后，可以直接向债务人追偿，享有债权人对债务人的权利。三是诉讼时效适用不同。债务加入适用诉讼时效制度，不适用保证期间制度，而连带责任保证同时适用诉讼时效制度和保证期间制度，受保证期间和诉讼时效的双重保护。实践中，一些民事主体为规避法律关于提供担保须经公司决议等限制，采取向债权人提供差额补足、流动性支持等类似承诺文件作为增信措施，这些增信措施如何定性正是厘清连带责任保证与债务加入区别最为典型的范畴。据此，应根据第三人提供的承诺文件的具体内容就其法律性质进行认定。第三人的意思难以解释为是债务加入还是保证时，从《中华人民共和国民法典》平衡保护债权人与担保人的立场出发，应当推定为是保证。①

① 最高人民法院民事审判第二庭、研究室编著：《最高人民法院民法典合同编通则司法解释理解与适用》，人民法院出版社 2023 年版，第 568~569 页。

本案中，某电子公司作为于甲控制的公司，其表示自愿承担连带清偿责任，具有与于甲共同承担债务的意思表示。相比于保证责任，债务加入也与债权人王某、徐某、崔某签订案涉《还款协议》的目的更加吻合。依照《最高人民法院关于适用〈中华人民共和国民法典〉有关担保制度的解释》第三十六条第二款“第三人向债权人提供的承诺文件，具有加入债务或者与债务人共同承担债务等意思表示的，人民法院应当认定为民法典第五百五十二条规定的债务加入”的规定，应认定某电子公司上述承诺为债务加入。

编写人：山东省淄博市中级人民法院　荣明潇

山东省淄博市张店区人民法院　刘晓辉

四、买卖合同的变更和解除

29

违反附随义务致“合同目的不能实现”能否产生法定解除权

——谢某诉滕某买卖合同案

【案件基本信息】

1. 裁判书字号

广西壮族自治区南宁市中级人民法院（2022）桂 01 民终 12966 号民事判决书

2. 案由：买卖合同纠纷

3. 当事人

原告（被上诉人）：谢某

被告（上诉人）：滕某

【基本案情】

2021 年 11 月 22 日，谢某在滕某处协商购买速生桉林木，双方商定林木款共计 3.4 万元，约定由买受人谢某到案涉林地自行砍伐和运输，且谢某应于当日付清林木款。谢某办理砍伐手续后遂派遣工人到案涉林地进行砍伐和运输。案涉林木运输时经过滕某的同胞兄弟在其承包地上开辟的道路，遭到滕某的同胞兄弟的阻拦，导致砍伐后的林木无法运走，因此谢某无法实现其买受林木的目的，遂要求滕某退还其已支付的林木款 3.4 万元，并要求赔偿砍伐林木的工人劳务费用损失，因双方协商未果，谢某将其诉至法院。

法院另查明，滕某与其同胞兄弟曾经因在该片林地砍伐运输林木发生过纠纷，纠纷的结果是双方互不允许对方的林木在己方林地上运输通行。滕某在与谢某协商订立林木买卖合同时未将该情况告知谢某，导致谢某无法将林木运走。案涉纠纷发生后，滕某的同胞兄弟表示只需滕某就以往纠纷向其赔礼道歉，就可允许案涉林木在其开辟的道路上运输通过，使谢某与滕某之间案涉林木买卖合同履行的现实障碍消除，但滕某拒绝履行，且经过当地村委会和派出所等其他部门的工作人员依法参与调解，以合法、合理、合情的形式劝解滕某，滕某一方仍拒绝赔礼道歉。在庭审中，法院亦从恪守社会主义核心价值观的角度对滕某依法予以释明，但其仍拒不配合。

在案件审理过程中，法院前往当地村委会了解案涉纠纷情况，并前往案涉林地现场实地查看，最终查明案涉林木运输必须经过滕某的同胞兄弟在其承包地上开辟的道路，除该道路之外，不存在其他可以运输案涉林木的道路。

【案件焦点】

滕某是否应向谢某退还林木款 3.4 万元。

【法院裁判要旨】

广西壮族自治区南宁市兴宁区人民法院经审理认为：根据《中华人民共和国民法典》第五百零九条第二款的规定，“当事人应当遵循诚信原则，根据合同的性质、目的和交易习惯履行通知、协助、保密等义务”。在合同缔结、履行过程中，当事人双方均应依据诚信原则履行合同附随义务。根据林木买卖合同的一般交易习惯，若林木所在地没有可以将林木运出的道路、不具备正常通行的条件或者不存在其他可供选择的道路，买受人在客观上存在无法将林木运出的事实，亦不能实现其购买林木的合同目的。本案中，买卖的林木需要由买受人到林地自行砍伐和运输，能否顺利砍伐和运走林木直接影响买受人订立和履行林木买卖合同目的的实现。滕某与其同胞兄弟曾因在该片林地砍伐运输林木发生过纠纷，案涉林木运输须经过滕某的同胞兄弟在其承包林地上开辟的道路，该既往纠纷的结果导致本案林木无法运输。因此，出卖人滕某负有告知买受人谢某有关林木道路运输情况的义务，以便谢某决定是否买受林木。在此情形下，滕某在合同缔结时基于诚信原则负有告知谢某上述情况的附随义务，但滕某未将该重要情况告知谢某，并在合同履行过程中，滕某未履行协助或者排除妨碍等义务，致使谢某无法将林木运出，无法实现其买受林木的合同目的。滕某应对谢某因此遭受的损失承担赔偿责任，谢某诉请滕某退还已支付的货款 3.4 万元，法院予以支持。谢某主张的工人砍伐林木的损失费用 1.2 万元，其未能提供充分证据予以证明实际支付共计 1.2 万元，但结合案涉林木已被砍伐的事实，参照砍伐林木面积，法院酌情认定砍伐林木的工人费用损失为 6000 元。

广西壮族自治区南宁市兴宁区人民法院依照《中华人民共和国民法典》第六条、第七条、第五百条、第五百零九条、第五百七十七条，《中华人民共和国民事诉讼法》第六十七条之规定，判决如下：

一、滕某向谢某退还货款 3.4 万元；

二、滕某向谢某赔偿砍伐林木的工人费用损失 6000 元；

三、驳回谢某的其他诉讼请求。

滕某不服一审判决，提起上诉。

广西壮族自治区南宁市中级人民法院经审理认为：同意一审法院裁判意见，依照《中华人民共和国民事诉讼法》第一百七十七条第一款第一项之规定，判决如下：

驳回上诉，维持原判。

【法官后语】

我国附随义务现规定于《中华人民共和国民法典》第五百零九条第二款，附随义务不是合同约定的义务，是基于履行合同所遵守的诚实信用原则而应自觉履行的义务，贯穿于合同缔结、履行、终止的全过程，以辅助给付义务之履行及保护债权人维持利益目的义务。一般来说，附随义务不会对整个合同的履行造成实质性的阻碍和影响，违反附随义务原则上并不会导致解除权发生的法律效果，但是在特定情形下，倘若债务人严重违反附随义务致债权人合同目的之不达，应允许债权人解除合同，其逻辑分析如下：

其一，《中华人民共和国民法典》第五百六十三条具体规定了不可抗力导致的合同解除，履行期限届满前拒绝履行、迟延履行及其他可导致合同法定解除的事由，其中第一款第四项后段的概括性规定“有其他违约行为致使不能实现合同目的”为理解“其他违约行为”提供了指引。附随义务系合同义务，违反附随义务的行为可被视为“有其他违约行为致使不能实现合同目的”该类违约行为。

本案中，能否顺利运走林木直接影响买受人订立和履行林木买卖合同目的的实现。滕某与其同胞兄弟曾因在该片林地砍伐运输林木发生过纠纷，案涉林木运输必须经过滕某的同胞兄弟在其承包林地上开辟的道路，既往纠纷的结果导致案涉林木无法运输。滕某在合同缔结时基于诚信原则负有告知谢某上述情况的附随义务，但滕某未将该重要情况告知谢某，致使谢某无法实现其买受林木的合同目的，应定性为《中华人民共和国民法典》第五百六十三条第一款第四项后段的概括性规定的“有其他违约行为致使不能实现合同目的”。

其二，合同目的是当事人在合同订立时所期望实现的目标或结果，且合同目的可分为客观目的与主观目的。在违反附随义务的情况下，基于诚信原则的特征又进一步决定了实务中双方都未对附随义务进行约定，但只要对方就主观目的明知，就应当构成“合同目的”，倘若导致该主观目的不能实现，就有可能产生法定解除权。

其三，债务人严重违反附随义务，合同的继续履行已无意义，合同的目的落空，债权人利益状态不能圆满实现，且采取补救措施不能弥补债权人损失时，此时应赋予债权人享有主张解除合同的权利。尽管在债之义务中附随义务的重要性远不如主给付义务，并且与主给付义务的直接关联性较弱，但为了使债权人利益得到维护和保障，应允许债权人享有并行使解除权。这样不仅可以弥补债权人的损失，也有利于在督促和提醒债务人履行给付义务的同时，维护债权人的固有利益。

本案中，法院并未直接言明谢某与滕某之间的合同关系是否发生解除，而是直接支持滕某应返还谢某购买林木的支出及经济损失的诉请，可视为发生了合同解除后恢复原状之法律效果。

其四，对于认可“附随义务违反下的合同解除”则会导致合同严守原则的破坏的观点，笔者认为遵守合同严守原则的前提在于应严守之合同本身继续存在具有实际意义。合同的继续履行已无意义，无法实现合同目的，倘若不允许债权人摆脱合同关系进而消灭自己的对待给付义务，也不符合公平原则和效率原则的要求。

除此之外，法官在案件审理中应结合具体案情，根据公平原则和利益平衡原则，结合合同的实际履行情况、当事人的过错程度、利益状况来确定是否解除合同。

编写人：广西壮族自治区南宁市兴宁区人民法院　张宏强

30

当事人明知第三人隐瞒重大事项仍选择继续履行的，无权请求撤销合同

——张甲诉张乙等买卖合同案

【案件基本信息】

1. 裁判书字号

重庆市垫江县人民法院（2023）渝0231民初2972号民事判决书

2. 案由：买卖合同纠纷

3. 当事人

原告：张甲

被告：张乙、胡某、祝某

【基本案情】

2023年4月8日，张乙在微信朋友圈发布出售某品牌汽车的图文信息，王某转发该朋友圈信息后祝某再次转发，胡某自祝某微信朋友圈获知后告知张甲。2023年4月29日，张甲通过微信向胡某了解车辆基本情况并沟通购车事宜。同日，祝某将王某向其发送的车辆相关信息发送给胡某，胡某随后将前述信息以及含有其与祝某协商成交价格为18万元的微信聊天截图一并转发给张甲，但胡某在转发时删除了该成交价格包含其与祝某协商“茶水费”的内容。2023年4月30日，胡某查询到车辆存在司法查封，王某收到张乙发送的车辆所有人被人民法院强制执行的相关文书后转发给祝某，胡某未将车辆存在司法查封的情况告知张甲；同日，张甲告知胡某决定以18万元的价格购买该车辆，胡某征得张甲同意后于次日向祝某转账500元定金，祝某随后将该定金转账给王某。2023年5月19日，胡某将车辆存在司法查封的情形告知张甲，但一再保证车辆不会因为车辆按揭贷款未清偿的原因被限制使用。2023年5月21日，张甲乘高铁前往约定地点提车，祝某接站后送往约定地点。张甲向张乙转账17.35万元并备注购车款，随后张甲驾驶车辆返回。张乙收到购车款后，通过侯某向胡某支付了“茶水费”。

2023年6月9日，案涉车辆被重庆市南岸区人民法院扣押。张甲因所购车辆被扣押，主张撤销与胡某、祝某、张乙之间的买卖合同并由三人返还购车款以及维修费，胡某、祝某以二人并非买卖合同相对人为由拒绝，胡某、张乙以“转质”为由拒绝。

【案件焦点】

1. 谁是与张甲订立合同的相对人；2. 当事人明知第三人隐瞒合同重大事项的情况下是否有权请求撤销合同。

【法院裁判要旨】

重庆市垫江县人民法院经审理认为：通过电子信息渠道订立涉及重大利益

的合同时，行为人应当对交易对象、交易事项等负有更为审慎的注意义务，明知存在重大交易风险仍订立合同且在知晓欺诈后仍履行合同，不得以受欺诈为由主张撤销。张甲在合同磋商和订立阶段未与张乙直接建立联系，但胡某向其转发载有祝某与王某沟通的微信截图所包含的信息已经表明胡某、祝某、王某并非合同相对人，张甲前往约定地点提车并向张乙支付购车款的行为，足以证明张甲在知晓张乙为相对人后仍选择继续履行合同，法院据此认为与张甲订立买卖合同的相对人为张乙。胡某在合同订立前隐瞒了车辆存在司法查封的事实，但并无证据证明张乙知晓胡某的隐瞒行为，且张甲知晓胡某的隐瞒行为后仍履行合同的行为也表明张甲的选择并不受胡某的隐瞒行为影响，据此法院认为张甲以胡某欺诈为由撤销合同的请求于法无据，不应支持。张甲在合同签订前明知存在重大风险仍选择签订合同，且在知晓胡某的隐瞒行为后仍继续履行合同，足以证明张甲充分预见了交易风险和后果，车辆被人民法院以张乙承诺以外的原因扣押时，张甲主张退还已经支付的价款及费用的请求亦不能得到支持。

重庆市垫江县人民法院根据《中华人民共和国民事诉讼法》第六十七条第一款以及《最高人民法院关于适用〈中华人民共和国民事诉讼法〉的解释》第九十条之规定，判决如下：

驳回张甲的诉讼请求。

判决后，双方当事人均未上诉，本判决现已生效。

【法官后语】

在互联网时代，通过信息网络技术展示商品和服务已成为吸引交易对象的主要方式，评论区留言、售后评价、客户反馈亦成为了解商品的重要渠道以及决定购买意向的重要参考因素。描述商品信息的人与销售者是否具有特定利害关系以及销售者是否知晓欺诈行为，将会导致截然不同的法律后果。《中华人民共和国民法典》第一百四十八条、第一百四十九条对受欺诈方请求撤销合同的权利进行了规定，较好地平衡了各方当事人的利益。受欺诈方撤销权的行使，应当符合以下几个构成要件：

一、因欺诈行为作出不真实的意思表示

受欺诈方所作出行为与欺诈行为之间需要同时具备双重因果关系，即受欺诈方既因欺诈行为陷入交易事项的错误认识，又同样基于该欺诈行为违背真实意愿与对方订立合同。否则欺诈行为并不能使受欺诈方陷入错误认识，受欺诈方订立合同是其真实意思表示或者尚未与对方订立合同，受欺诈方撤销的请求缺乏法律基础或者对象，因此欺诈行为与不真实的意思表示之间的双重因果关系缺一不可。此外，欺诈的事由也仅限于交易内容、标的性质、权利事项等能够影响交易行为发生的交易事项，因交易事项以外的欺诈行为所导致的不真实意思表示发生的行为则不能够被撤销。

本案中，虽然胡某在张甲订立合同前隐瞒了车辆存在司法查封的事实，且该事实属于重大交易事项足以成为一般人决定是否订立合同的重要考量因素，但是张甲在知晓胡某隐瞒的事实后仍选择履行合同，说明胡某所隐瞒的事实并未让张甲陷入错误认识，对张甲是否选择订立合同并无影响，张甲以此为由要求撤销合同的请求于法无据。

二、作出欺诈行为的第三人应与相对方没有法律上的利害关系

民事法律行为的实施需要通过意思表示向相对人展现，而法律并不要求具体的意思表示必须由其本身作出并通知对方，第三人基于委托、职务行为、代表行为等特定利害关系所实施的欺诈行为即为授权方的欺诈行为，不能认定为《中华人民共和国民法典》第一百四十九条所规定的第三人。

本案中，从合同磋商、订立、履行的各个环节来看，胡某的行为并非职务行为或者代表行为，与张乙之间也不存在直接的委托关系。虽然张乙在合同履行后向胡某支付了“茶水费”，但基于对胡某进行交易的媒介以及其根据张甲的指示协商价格、转付定金、协商合同履行时间等行为的分析，胡某系为实现自身利益而充当促成交易的中介，并非为张乙的利益实施前述行为，因此胡某在本案中的隐瞒行为构成第三人欺诈，应当适用《中华人民共和国民法典》第一百四十九条的规定。

三、对方知道或者应当知道第三人的欺诈行为

意思表示是产生法律后果的先行条件之一，由未作出意思表示且不知道该意思表示存在的人承担相应的法律后果过于苛求，出于对对方信赖利益的保护，此种情形下受欺诈方则不得请求撤销。反之，对方在知道或者应当知道第三人的欺诈行为后，仍按照第三人所欺诈的事项与受欺诈方订立合同，既有违诚实信用又构成无权代理的追认，此时其并无值得法律保护的信赖利益，因此受欺诈方能够请求撤销。此外，值得注意的是，评论区留言、客户评价等虽然有可能构成第三人欺诈，但基于留言、评价的公开性以及功能页面的管理职责和注意义务，应当首先推定销售者知道该欺诈行为。

本案即使排除胡某在合同订立后将隐瞒事项告知张甲的因素，但张甲未能举证证明张乙知道或者应当知道胡某的隐瞒行为，因此，张乙的信赖利益并未因胡某的隐瞒行为而消灭，张甲应当对其举证不力承担相应的法律后果。

综合以上三点理由，张甲要求撤销合同的诉讼请求不应得到支持。

编写人：重庆市垫江县人民法院　邱竟翔

31

车辆关键零部件多次维修是否达到解除合同条件

——张某诉某投资公司买卖合同案

【案件基本信息】

1. 裁判书字号

广东省惠州市惠城区人民法院（2023）粤 1302 民初 17707 号民事判决书

2. 案由：买卖合同纠纷

3. 当事人

原告：张某

被告：某投资公司

【基本案情】

2021 年 10 月 12 日，张某与某投资公司签订《销售合同》，约定张某向某投资公司购买纯电动多用途乘用车一辆，总价 42 万元。2021 年 10 月 20 日，该车注册登记为张某所有。

2022 年 2 月 18 日，某汽车公司发布《召回部分电动汽车的通知》，宣布召回部分电动汽车，原因是电动驱动模块可能存在冷却系统密封不足的问题，可能导致安全隐患。张某的车辆在召回范围内，某汽车公司授权服务中心召回张某的车辆。

2022 年 4 月 12 日，车辆开往某投资公司处维修，维修记录显示：里程 7472 千米，维修零件为电驱动，工时为拆卸/安装前轴的车轴驱动模块。

2022 年 8 月 25 日，车辆开往某投资公司处维修，维修记录显示：里程 12487 千米，服务类型为服务措施/召回，维修工时为检查前后轴车轴驱动模块。

2022 年 9 月 9 日，车辆开往某投资公司处维修，维修记录显示：里程 12930 千米，服务类型为服务措施/召回，维修零件为电驱动，工时操作为检查前后轴车轴驱动模块、更换后轴的车轴驱动模块。

2022 年 10 月 27 日，车辆开往某投资公司处维修，维修记录显示：里程 14744 千米，维修零件为滤尘器。

2023 年 4 月 19 日，车辆开往案外人惠州某汽车服务公司处维修，维修记录显示：里程 24671 千米，维修说明为检查前轴和后轴的车轴驱动模块。

2023 年 5 月 3 日，车辆开往某投资公司处维修，维修记录显示：里程 25452 千米，服务项目为检查前轴和后轴的车轴驱动模块。

2023 年 6 月 24 日，车辆开往惠州某汽车服务公司处维修，维修记录显示：里程 27886 千米，服务项目为检查前轴和后轴的车轴驱动模块。

2023 年 7 月 7 日，车辆开往惠州某汽车服务公司处维修，维修记录显示：里程 29192 千米，服务措施/召回，服务项目为检查前轴和后轴的车轴驱动模块。

2023年8月18日，车辆开往惠州某汽车服务公司处保修，维修记录显示：里程30892千米，服务措施/召回，服务项目为更换后轴左侧空气悬挂气囊。

另《纯电动汽车车辆结构图》显示：（1）12V主蓄电池；（2）高压蓄电池；（3）前桥驱动模块；（4）后桥驱动模块；（5）车载充电器；（6）直流充电插座；（7）交流充电插座。《三包凭证》载明：主要零件种类范围包括发动机、变速器；主要系统的主要零件种类范围包括电力传动系统（高压蓄电池、前桥电机、前电力电子控制单元、后桥电机、后电力电子控制单元）、转向系统、制动系统、悬架系统、前/后桥、车身。

张某提出如下诉讼请求：请求确认其与某投资公司于2021年10月12日订立的汽车买卖合同于2023年5月11日正式解除，某投资公司返还其购车款人民币43.9万元及利息570.7元。

【案件焦点】

1. 本案是否适用《家用汽车产品修理更换退货责任规定》（2021年）的相关规定；2. 案涉汽车是否存在质量问题符合退车条件以及案涉合同能否解除。

【法院裁判要旨】

广东省惠州市惠城区人民法院经审理认为：《家用汽车产品修理、更换、退货责任规定》（2012年）系由原国家质量监督检验检疫总局制定，原国家质量监督检验检疫总局等于2018年4月合并组建了国家市场监督管理总局，而国家市场监督管理总局于2021年3月18日会议通过《家用汽车产品修理更换退货责任规定》（2021年），该规定于2022年1月1日起施行。同时，《中华人民共和国立法法》第一百零三条规定："同一机关制定的法律、行政法规、地方性法规、自治条例和单行条例、规章，特别规定与一般规定不一致的，适用特别规定；新的规定与旧的规定不一致的，适用新的规定。"第一百零四条规定："法律、行政法规、地方性法规、自治条例和单行条例、规章不溯及既往，但为了更好地保护公民、法人和其他组织的权利和利益而作的特别规定除外。"虽案涉汽车销售合同及车辆登记均发生于2021年10月，但相应维修均发生在

2022 年，无论基于同一机关制定的新旧法律法规还是更好地保护公民的合法权益，本案均可适用《家用汽车产品修理更换退货责任规定》（2021 年）的相关规定。

关于案涉汽车是否存在质量问题符合退车条件以及案涉合同能否解除的问题。首先，关于某汽车公司召回部分电动汽车的通知，其中明确召回原因在于“召回范围内部分车辆电动驱动模块内的冷却系统可能存在密封不足，导致冷却液渗漏，车辆的电动驱动模块输出功率会降低，存在安全隐患”。因此某汽车公司召回车辆以检查电动驱动模块的生产序列编号，并免费更换改进后的电动驱动模块总成，以消除安全隐患。也即，某汽车公司此次召回并非因召回范围内的车辆均存在电驱动模块方面的质量问题，而是为消除安全隐患而对可能存在的电驱动模块问题进行检查，进而对发现存在电驱动模块问题的车辆进行相应部件的更换。其次，关于案涉车辆前后两次更换前后轴电驱动是否达到退车条件的问题，根据《家用汽车产品修理更换退货责任规定》（2021 年）第二十四条规定：“家用汽车产品在三包有效期内出现下列情形之一，消费者凭购车发票、三包凭证选择更换家用汽车产品或者退货的，销售者应当更换或者退货：……（三）发动机、变速器、动力蓄电池、行驶驱动电机、转向系统、制动系统、悬架系统、传动系统、污染控制装置、车身的同一主要零部件因其质量问题累计更换 2 次，仍不能正常使用的……”根据已查明事实，案涉车辆虽保养维修多次，但仅 2022 年 4 月 12 日及 9 月 9 日维修项目为更换电驱动模块，而 2022 年 4 月 12 日维修项目为更换前轴的车轴驱动模块，2022 年 9 月 9 日维修项目为更换后轴的车轴驱动模块。某投资公司抗辩张某于 2022 年 9 月 9 日进行的后轴电驱动更换系履行召回通知义务，但根据张某提交的微信聊天记录，案涉车辆确于 2022 年 8 月 22 日出现相应故障，而后其于 2022 年 8 月 25 日前往某投资公司处检修，因申请原厂零件于 2022 年 9 月 9 日进行后轴电驱动的更换。故该两次更换均系“三包”期范围内的维修更换，即使该两次前后轴电驱动的更换均依据“三包”规定进行，但根据“三包”规定内容案涉汽车电力传动系统零部件种类范围包括高压蓄电池、前桥电机、前电力电子控制单元、后桥电机、后电力电子控制单元，结合前述案涉汽车两次更换零件代码，前后桥电机及电力电子控制单元分属不同的零件也即案涉汽车更换的前轴电驱动与后轴电驱动属于不同的零部件，且更换次数均仅为 1 次，不得重复计算，未达到上述规定的退车条件。最后，根据《中华人民共和国民法典》第五百六十三条第一款“有下列情形之一的，当事人可以解除合同：……（四）当事人一方迟延履行债务或者有其他违约行为致使不能实现合同目的；（五）法律规定的其他情形”的规定，在前述情况下，结合在 2022 年 4 月 12 日后至庭审辩论终结前，张某仍多次将案涉车辆开往某投资公司处及案外人惠州某汽车服务公司处进行维修，其进行电驱动的检查，均未存在前后轴驱动模块更换事项。同时张某亦正常驾驶、使用案涉车辆，也即本案亦未达到上述法律规定的法定解除条件。综上，原告张某诉请解除与某投资公司签署的《销售合同》，并要求退车，缺乏事实与法律依据，不予支持。

广东省惠州市惠城区人民法院依照《中华人民共和国民法典》第五百六十三条、《家用汽车产品修理更换退货责任规定》（2021 年）第二十四条之规定，判决如下：

驳回原告张某的全部诉讼请求。

判决后，双方当事人均未上诉，本判决现已生效。

【法官后语】

近年来，我国新能源汽车产业迅速发展，随之而来的是司法实务中，涉新能源汽车案件数量有所增长，且案件类型呈现多样化，可以说这一趋势反映了新能源汽车发展过程中在生产质量、销售领域存在的问题，同时也反映出消费者对自身消费权益的保护意识和对新能源汽车消费有所需求。本案主要涉及新能源汽车产品质量，尤其聚焦动力系统故障问题，笔者试图通过本案为上述问题的具体法律适用及裁判标准的认定提供一种思路。

一、召回不等于退货

《缺陷汽车产品召回管理条例》第三条明确规定，“缺陷”是指由于设计、制造、标识等原因导致的在同一批次、型号或者类别的汽车产品中普遍存在的不符合保障人身、财产安全的国家标准、行业标准的情形或者其他危及人身、财产安全的不合理的危险。“召回”是指汽车产品生产者对其已售出的汽车产品采取措施消除缺陷的活动。实务中，常见的召回措施是生产者（包括制造商和进口商）组织销售商、修理商免费修正、修理或更换有缺陷的零部件，或者通过多种方式进行软硬件升级等，退货也是召回措施之一。但是应当明确此种召回应倾向于从行政管理角度出发对汽车产品应予召回的情形、责任主体、程序，应采取消除缺陷的措施以及政府部门对召回的监管职责和监管措施等进行规定。

具体到本案中，在张某使用案涉汽车过程中，某汽车公司确实在国家市场监督管理总局缺陷产品管理中心发布《召回部分电动汽车的通知》，但是其通知明确召回原因在于，召回范围内部分车辆电动驱动模块内的冷却系统可能存在密封不足，导致冷却液渗漏，进而可能降低高压系统的绝缘电阻值，极端情况下车辆可能无法启动而存在安全隐患。因此，某汽车公司通过召回车辆以检查电动驱动模块的生产序列编号是否在受影响的范围内，如在范围内，则免费更换改进后的电动驱动模块总成，以消除安全隐患。这也就说明，某汽车公司此次召回并非表明案涉汽车符合退货条件，而是生产商为消除安全隐患而对可能存在的电驱动模块问题进行检查，进而对发现存在电驱动模块问题的车辆进行相应部件的更换所采取的行政措施。

因此，在司法实务中，除召回通知明确将汽车产品整体召回与退货具有同一实质外，其他召回手段只能视为消除汽车产品普遍性存在的故障问题的措施，并不能直接视为案件所涉及的汽车产品存在质量问题进而不能实现合同目的，而认定为可退货，也即解除合同。

二、主要系统不等于主要零件

判定汽车产品是否存在质量问题的法律适用除上述《缺陷汽车产品召回管理条例》外，更为核心的法律依据为《家用汽车产品修理更换退货责任规定》(2021 年)。该规定第二十条、第二十二条、第二十三条、第二十四条列举了家用汽车可予以退货的情形，但对于“发动机、变速器、动力蓄电池、行驶驱动电机、转向系统、制动系统、悬架系统、传动系统、污染控制装置、车身的同一主要零部件”的情况难以认定，其原因在于汽车零部件构造数量繁多，如何判定是否属于同一主要零部件存在难点。

具体到本案中，案涉汽车主要涉及的是行驶驱动电机故障的问题，虽张某将案涉车辆开往某投资公司及相应品牌的4S店保养维修多次，但仅2022年4月12日及9月9日的维修项目为更换电驱动模块，且分别更换的前后轴驱动模块。那么对于前后驱动模块是否为同一主要零部件，张某与某投资公司存在争议。张某认为前后驱动模块均属于行驶驱动电机，系同一整体，应当视为同一主要零部件，而某投资公司则持相反意见。同时上述《家用汽车产品修理更换退货责任规定》（2021年）并未对汽车产品主要零部件进行一一罗列，也即无法提供法律适用支撑。在此情形下，笔者认为可参考“三包”规定及维修代码对是否属于同一主要零部件进行认定。本案中，张某于2022年4月12日维修项目为更换前轴的车轴驱动模块；2022年9月9日维修项目为更换后轴的车轴驱动模块；两次维修更换前后轴驱动模块代码并不一致。而“三包”规定载明案涉汽车电力传动系统零部件种类范围包括高压蓄电池、前桥电机、前电力电子控制单元、后桥电机、后电力电子控制单元，也即维修代码和“三包”规定均对行驶驱动电机进行了前后单元的划分，因此，可以认定案涉汽车更换的前轴电驱动与后轴电驱动属于不同的零部件，从而得出更换次数未达到上述《家用汽车产品修理更换退货责任规定》（2021年）规定的退货情形。

最后，在依据《缺陷汽车产品召回管理条例》以及《家用汽车产品修理更换退货责任规定》（2021年），并不当然判定汽车产品存在质量问题时，仍须依据《中华人民共和国民法典》第五百六十三条当事人解除合同的规定，也即结合合同目的是否能够实现进行综合认定。结合本案，案涉汽车在购买后一年内确存在前后轴驱动更换的情形，但至庭审辩论终结前，张某仍多次将案涉车辆开往某投资公司处及相应4S店处进行维修，均未存在前后轴驱动模块更换事项，同时张某亦正常驾驶、使用案涉车辆，也即案涉汽车仍能实现订立合同时的目的，因此不应支持张某解除合同的诉讼请求。

编写人：广东省惠州市惠城区人民法院　荣盟

32

卖方未交付发票和合格证导致合同目的无法实现的，买方享有合同解除权，解除权的时间起算点应对守约方作出有利解释

——某物流公司诉某汽车贸易公司买卖合同案

【案件基本信息】

1. 裁判书字号

福建省厦门市中级人民法院（2023）闽02民终5091号民事判决书

2. 案由：买卖合同纠纷

3. 当事人

原告（被上诉人）：某物流公司

被告（上诉人）：某汽车贸易公司

【基本案情】

2017年5月15日，某汽车贸易公司与某物流公司签订《产品购销合同》，约定某物流公司向某汽车贸易公司购买三台A品牌骨架，总价合计为17.4万元。后双方依约交付货物及款项，但某汽车贸易公司未提供合同约定的三台A品牌骨架的发票原件和合格证原件。某物流公司遂于2017年9月3日向厦门市海沧区人民法院（以下简称海沧法院）起诉要求某汽车贸易公司交付三台A品牌骨架对应的发票原件及合格证原件等。海沧法院于2018年12月3日判决某汽车贸易公司交付对应的发票原件和合格证原件，厦门市中级人民法院亦予维持。2020年11月16日，某物流公司向海沧法院申请强制执行，请求执行某汽

车贸易公司交付对应的发票原件和合格证原件。2021 年 4 月 25 日，某汽车贸易公司在海沧法院组织的询问中陈述因合格证原件已过期、之前未持有合格证原件，现已无法开具上牌发票和交付合格证并提供相关厂家名称供法院查证。2021 年 6 月 9 日，海沧法院告知双方，厂家函复经双方确认的骨架（实际交付的骨架为 B 品牌而非合同约定的 A 品牌）不可补办合格证，某汽车贸易公司再次确认骨架的合格证原件已丢失且已过期。海沧法院依法终结案件执行并于 2021 年 7 月 8 日将裁定书送达某物流公司。故某物流公司于 2022 年 6 月 23 日向本院起诉要求解除双方签订的《产品购销合同》、某汽车贸易公司返还货款 17.4 万元并赔偿利息损失（以 17.4 万元为基数，自 2017 年 5 月 15 日起按一年期贷款市场报价利率计算至款项还清之日止）。某汽车贸易公司认为某物流公司早在 2021 年 4 月 25 日、6 月 9 日已知无法提供合格证，却至 2022 年 6 月 23 日方提起本案诉讼，其解除合同请求权已过除斥期间；某物流公司恶意隐瞒骨架品牌交付有误情况，导致某汽车贸易公司无法交付本就无法执行的、错误的合格证而出现合同无法履行的结果；货物不存在质量问题，某物流公司无权要求返回货款。

本案中，双方均再次确认实际交付的骨架是 B 品牌而非合同约定的 A 品牌。某汽车贸易公司曾请求对骨架剩余价值进行鉴定，但因未在规定时间缴费而被退鉴。某物流公司陈述骨架未取得合格证和上牌发票，无法上牌故从未使用过。

【案件焦点】

1. 某物流公司是否享有合同解除权；2. 某物流公司的合同解除权是否已过除斥期间。

【法院裁判要旨】

福建省厦门市湖里区人民法院经审理认为：第一，某物流公司是否享有合同解除权。某物流公司依约支付货款，但某汽车贸易公司交付骨架品牌有误且未交付对应的合格证和发票原件，导致骨架无法上牌亦无法正常上路行驶。其行为已导致某物流公司采购案涉骨架的合同目的无法实现，构成根本违约。对于某汽车贸易公司辩称其至本案才发现实际交付的骨架与约定不符，无法交付合格证和发票原件系某物流公司错误引导行为所致。本院认为，未交付对应的合格证和发票原件本就是某汽车贸易公司违约在先，根据海沧法院的询问笔录，某汽车贸易公司在前案执行时已知骨架交付有误亦陈述合格证系因过期无法补办而致履行不能，故本院不予采信某汽车贸易公司此等辩解意见，某物流公司依法享有法定解除权。

第二，关于某物流公司的合同解除权是否已过除斥期间。根据《中华人民共和国民法典》第五百六十四条第二款的规定，法律没有规定或者当事人没有约定解除权行使期限，自解除权人知道或者应当知道解除事由之日起一年内不行使，或者经对方催告后在合理期限内不行使的，该权利消灭。某物流公司于2021年7月8日收到海沧法院关于无法强制执行交付发票原件和合格证原件的裁定，故某物流公司合同解除一年的除斥期间应自2021年7月8日起算，其于2022年6月23日提起本案诉讼未超过法定除斥期间，案涉合同应自起诉状副本第一次送达某汽车贸易公司之日即2022年10月24日解除。因某物流公司已全额支付货款，不存在违约情形，案涉合同系因某汽车贸易公司违约而解除，故本院予以支持某物流公司主张某汽车贸易公司返还货款17.4万元并赔偿利息损失之诉求。

福建省厦门市湖里区人民法院依照《中华人民共和国民法典》第五百零九条、第五百六十三条、第五百六十五条、第五百六十六条、第五百七十七条，《最高人民法院关于适用〈中华人民共和国民法典〉时间效力的若干规定》第一条第三款，《中华人民共和国民事诉讼法》第六十七条之规定，判决如下：

一、确认某物流公司与被告某汽车贸易公司签订的《产品购销合同》自2022年10月24日解除；

二、某汽车贸易公司于本判决生效之日起十日内向某物流公司返还货款17.4万元并赔偿利息损失（以17.4万元为基数，自2017年5月15日起至2019年8月19日止按中国人民银行同期同类贷款基准利率计算，从2019年8月20日起至款项还清之日止按一年期贷款市场报价利率计算）。

宣判后，某汽车贸易公司不服一审判决，提起上诉。

福建省厦门市中级人民法院经审理认为：同意一审法院裁判意见，依照《中华人民共和国民事诉讼法》第一百七十七条第一款第一项之规定，判决如下：

驳回上诉，维持原判。

【法官后语】

一、违反从给付义务导致合同目的无法实现的认定

《中华人民共和国民法典》第五百零九条第一款、第二款规定："当事人应当按照约定全面履行自己的义务。当事人应当遵循诚信原则，根据合同的性质、目的和交易习惯履行通知、协助、保密等义务。"实践中，民商事交易行为复杂多变，该规定是在尊重各方意思自治的前提下对诚信履行义务的要求及强调。在合同义务群中，给付义务是合同义务的核心，分为主给付义务和从给付义务。前者指合同关系所固有、必备的，并用以决定合同类型的基本义务。从给付义务简称从义务，不具有独立意义，对主给付义务的履行起辅助作用，它的目的不在于决定合同的类型，而在于使合同目的更好地实现。以本案为例，某汽车贸易公司按时交付骨架和某物流公司按时支付货款是买卖双方应负的主合同对价义务，决定了双方买卖交易行为性质，而某汽车贸易公司向某物流公司提供骨架发票及合格证原件是某汽车贸易公司应履行的从合同义务，该义务不具有独立性之价值，也不决定合同性质。但因本案交易对象——"车辆骨架"具有特殊性，若未提供对应的合格证和发票原件则无法上牌驾驶，即无法实现买受方某物流公司购买"车辆骨架"之目的，故本案中从给付义务的履行直接关系到合同目的之实现，由此，某汽车贸易公司未交付对应发票及合格证原件不是轻微的履行瑕疵，而是构成了《中华人民共和国民法典》第五百六十三条规定的"当事人一方迟延履行债务或者有其他违约行为致使不能实现合同目的"中导致合同目的无法实现的情形，属于合同解除的法定事由，故某物流公司享有合同解除权。

二、某物流公司合同解除请求权时间起算点的认定

合同解除权是当事人依据法律规定或合同约定享有的解除合同的权利，其

性质属于形成权，在一定期限内未行使权利的，在期限届满后，权利当然消灭。基于公平与效率的平衡及实践考量，我国民法典在各方对合同解除权的行使期限没有约定的情况下，设置了解除权行使的合理期限为一年。即解除权人应自知道或者应当知道解除事由之日起一年内行使解除权，期限届满当事人不行使的，该权利消灭。同时也考虑到合同解除权行使“合理期限”的不确定性和开放性，继续保留和尊重司法自由裁量，规定了“或者经对方催告后在合理期限内不行使的，该权利消灭”。

本案中，某汽车贸易公司认为某物流公司在2021年4月25日、6月9日已知无法提供合格证，却至2022年6月23日方提起本案诉讼，其解除合同请求权已超过一年除斥期间。笔者认为，某物流公司虽在2021年4月25日、6月9日知悉某汽车贸易公司及厂家函复无法提供及无法补办合格证，但当时正处于某物流公司申请强制执行的过程，无论是某汽车贸易公司陈述还是厂家函复皆为案件的执行过程，且某物流公司将某汽车贸易公司诉至法院，二者信赖基础早已破裂，某物流公司对于无法交付合格证及发票原件的确信应自2021年7月8日收到前案执行裁定书之日起才形成，故某物流公司的合同解除权的时间起算点应为2021年7月8日，其提起本案诉讼未超过一年除斥期间。

此外，从合同解除权的权利属性来看，其虽为形成权，但其实质仍为法律赋予人实现其利益的力量，一年合理期限的限制是为了避免权利人怠于行使权利而出现对整体交易不利的后果，并非天然的权利限制。一方面，本案的某物流公司在案涉买卖合同关系中诚信履约，其享有合同解除权的前提是某汽车贸易公司违约致使合同目的无法实现。另一方面，某物流公司在知道合同目的无法实现前，为促进合同交易，通过起诉、申请强制执行等方式积极作为，并无任何怠于行使权利的行为。故在对某物流公司的解除权时间起算点上，也应采取有利于某物流公司的解释，保护其合法行使合同解除权，以更好地平衡合同解除权人的权利与交易的稳定性及确定性之间的利益冲突，维护守约方的合法权益。

编写人：福建省厦门市湖里区人民法院　薛潇　刘淑妍

33

在买卖合同缺乏明确约定的情况下，不能以动物的天然孳息不符合期待而要求解除合同

——郭某诉郝某买卖合同案

【案件基本信息】

1. 裁判书字号

北京市第三中级人民法院（2023）京 03 民终 12699 号民事判决书

2. 案由：买卖合同纠纷

3. 当事人

原告（反诉被告、上诉人）：郭某

被告（反诉原告、被上诉人）：郝某

【基本案情】

原、被告通过网络相识，被告经营犬只销售生意。2022 年 6 月 28 日，被告在其朋友圈中发布售犬信息："出带胎母犬 1 个月，母犬不到两岁（价高）。" 2022 年 6 月 29 日，原、被告达成买卖合意，原告以 4 万元的价格购买涉案带胎杜宾母犬并于当日交付。2022 年 6 月 29 日，原告分三笔共计向被告转款 3.5 万元。双方未签订书面合同。

关于母犬生产情况，原告称 2022 年 7 月 22 日凌晨，家中生产一只，为活体，随即被母犬吃掉，早晨在动物医院产出两只，均为死胎，并提供与宠物医院医生的沟通记录予以佐证。被告称不确定母犬生产情况。

在 2022 年 6 月 28 日，购买杜宾犬前原告与被告的沟通中，被告："大母狗带胎 4 万元，小狗我估计怎么也得弄十一二个，现在还不到 1 个月，就这么大

肚子。”被告：“你看看这窝最少十个。这肚子不小，估计还行。你就是 10 个狗，才 5000 元一个，是不，还不是我自己卖呢，再卖几个？你说合多少钱，大红狗我卖 4 万元还贵？”

庭审中，原告称 2022 年 9 月，涉案犬再次配狗 4 次，均未成功。

【案件焦点】

1. 能否因为孳息不符合期待而要求解除合同并要求赔偿；2. 动物天然孳息的价值何时确定、如何确定。

【法院裁判要旨】

北京市通州区人民法院经审理认为：买卖合同是出卖人转移标的物的所有权于买受人，买受人支付价款的合同。当事人订立合同，可以采用书面形式、口头形式或者其他形式。依法成立的合同，对当事人具有法律约束力。本案中，原告从被告处购买带胎母犬，双方事实上形成了买卖合同关系，原告支付合同款后被告将标的物交付，买卖合同的主要义务双方均已完成，合同的主要目的已经实现。原告要求解除双方之间的买卖合同没有法律依据，本院不予支持，因合同未解除，故对原告要求被告退还合同款的请求，本院亦不予支持。本案中买卖标的物为动物活体，双方并无对胎数及成活率有明确约定。活体交付之后，被告对其喂养等看护方式已经脱离了控制，无法直接干涉，将出售之后的风险转移给被告缺乏事实和法律依据。关于被告要求原告支付尾款的反诉请求，结合双方缔约过程及目的，原告购买及被告出售的系带胎母犬，双方基于母犬带胎这一事实达成买卖一致，相应地，合同价款也是基于此而协商一致。且被告作为专业的售犬人士在原告购买之前对胎数和价格多次进行预测，原告对母犬能够正常生育具有合理期待及确信。结合缔约过程及母犬的实际生产情况，被告亦存在瑕疵，原告继续支付尾款显失公平，故对被告的反诉请求，本院不予支持。

北京市通州区人民法院依据《中华人民共和国民事诉讼法》第六十七条第一款之规定，判决如下：

一、驳回原告（反诉被告）郭某的全部诉讼请求；

二、驳回被告（反诉原告）郝某的全部反诉请求。

郭某不服一审判决，提起上诉。

北京市第三中级人民法院经审理认为：同意一审法院裁判意见，依照《中华人民共和国民事诉讼法》第一百七十七条第一款第一项之规定，判决如下：

驳回上诉，维持原判。

【法官后语】

一、能否因为孳息不符合期待而要求解除合同并要求赔偿

期待利益是指合同双方在适当履行后可以实现和取得的财产利益。[①] 期待利益具有可预见性、将来性、客观性与可实现性，符合期待利益意味着只要当事人双方正常实际履行合同义务，那么相应的合同利益也就能够得以先实现。本案中，原、被告就购买、出售带胎的母犬达成一致的意思表示，原告对母犬能够正常生育具有合理期待，被告实际交付的母犬也符合正常生育的条件，合同已经履行完毕。虽然被告作为专业售犬人士在原告购买之前对胎数、价格进行多次预测，但这种预测实际为被告的营销手段，而并非对生产胎数的确定性承诺，更非将其作为合同义务的内容，因此原告对生产胎数并不存在期待利益，无法因此要求解除合同。况且，活体交付之后，被告对母犬的喂养等看护方式已经脱离了控制，无法直接干涉，母犬出售后的风险实际已经转移给原告，相应的风险应当由原告自行承担。

二、动物天然孳息的价值如何确定

孳息的产生时间。从孳息的性质来说，其是由原物产生但独立于原物而存在的一类财产，是独立的权利客体。所以，孳息的产生应当理解为：孳息独立于原物、成为独立的财产时，孳息才产生。以经典的“牛黄”案为例。1986

① 王利明：《合同法新问题研究》（修订版），中国社会科学出版社2011年版，第341~342页。

年，农民张某要把自有的黄牛两头出卖。他与肉联厂口头商定：由肉联厂将牛宰杀后，按净得的牛肉每斤2元2角的价格进行结算，除牛头、牛皮、牛下水归肉联厂外，再由张某给付宰杀费7元。在宰杀过程中，肉联厂屠宰工人在一头牛的下水中发现牛黄70克。肉联厂将这些牛黄出售，每克30元，共得款2100元。张某得知此事后，认为牛黄应归他所有，向肉联厂索取卖牛黄的2100元价款，被肉联厂拒绝。双方发生纠纷。张某向人民法院起诉，要求确认牛黄为他所有，肉联厂应当返还卖牛黄款2100元。[①] 在“牛黄”案中，牛主人张某认为牛黄应当归其所有，因为牛黄在签订买卖合同之前就已经存在，其买卖黄牛的合同中并不包含将牛黄让渡给肉联厂的意思表示。不可否认，牛黄在牛转让之前就存在于牛的体内，牛黄作为孳息是否应当认为产生于交付前呢？其实，牛黄作为天然孳息，其从原物中脱离、成为独立财产时，才应当被认为孳息产生，否则应当被认为属于牛的一部分，因此，该案中牛黄在交付后才从牛的体内剥离出来，孳息产生的时间应为牛交付后，孳息应当归买受人即肉联厂所有。

因孳息依附于原物存在，有的时候甚至不为人知，孳息的价值在订立买卖合同时往往难以确定。当孳息产生后，其作为独立财产的价值才可以被客观衡量。在本案买卖合同中，原告购买、被告出售的系带胎的母犬，双方基于母犬带胎这一事实达成一致，其合同价款、合同主要权利义务也主要依据该事实予以确定，幼犬胚胎在买卖合同成立时系母犬的一部分，属于母犬的增值利益。因此，本案中孳息的产生时间应当为母犬生育后。实际上，本案中并不存在活体幼犬，孳息并未产生。

孳息价值的确定。虽本案中并不涉及动物孳息的价值认定，但动物孳息的价值问题也越来越受到关注。动物的价值受到品种、年龄、市场喜爱度、所在地区的发达程度等多种因素的影响，价格上下浮动较大，而带胎动物和动物孳息的价值认定更是标准模糊。在市场交易的过程中，买卖双方一般不会签订书

① 王利明主编：《中国民法案例与学理研究（物权篇）》，法律出版社2004年版，第218页。

面的合同，对动物孳息的数量及相应的违约责任更是缺乏约定，再加上出卖方为专业售卖人士，买受方往往欠缺相应的专业知识，因此买受方在动物买卖过程中承担了极大的风险。

编写人：北京市通州区人民法院　鞠丽雅

五、买卖合同的违约责任

34

非违约方构成替代交易的情况下，确认相应损失数额的判断规则

——某电力科技公司诉某能源技术公司买卖合同案

【案件基本信息】

1. 裁判书字号

北京市海淀区人民法院（2023）京0108民初44017号民事判决书

2. 案由：买卖合同纠纷

3. 当事人

原告：某电力科技公司

被告：某能源技术公司

【基本案情】

2022年10月8日，某电力科技公司与某能源技术公司就山西某项目签订《产品购销合同》，约定某电力科技公司向某能源技术公司采购某型号某品牌的综保装置一台，金额为8.8万元，包括装置单价8万元以及一人次现场服务（不大于2人/天）的现场服务费8000元。2022年10月13日，某电力科技公司依约向某能源技术公司支付了合同总额30%的预付款2.64万元。

2023 年 3 月，某能源技术公司告知某电力科技公司，就案涉综保装置接到某品牌公司通知，因为，某科技公司在此之前已经报备该项目，因此，某能源技术公司无法履行供货义务。经询，某能源技术公司确认该报备义务是需要某能源技术公司进行的，案涉综保装置被报备后，某能源技术公司不能继续履行合同义务。

2023 年 3 月，某电力科技公司与某科技公司签订《改造项目销售合同》，约定合同金额为 18 万元，包括案涉综保装置一台，以及改造辅材等其余 9 项技术服务范围，未明确约定案涉装置及各项技术服务的单价。某电力科技公司已向某科技公司付清 18 万元价款。

诉讼中，双方一致确认《产品购销合同》已于 2023 年 3 月 1 日解除，案涉两份合同约定的除设备外的服务内容存在较大差异。

某电力科技公司另提出如下诉讼请求：(1) 解除《产品购销合同》；(2) 某能源技术公司向某电力科技公司返还合同预付款 2.64 万元及资金占用损失（以 2.64 万元为基数，按照贷款市场报价利率自 2022 年 10 月 13 日起计算至实际支付之日止）；(3) 某能源技术公司向某电力科技公司赔偿违约金及合同损失 6.2 万元。某能源技术公司同意解除《产品购销合同》并返还预付款及资金占用损失，但认为《产品购销合同》并无约定违约金，《改造项目销售合同》与《产品购销合同》的服务范围不一致，合同性质不一致，不存在可比性，目前装置市场价在 6 万元至 9.66 万元，故某电力科技公司的损失最大为 1.66 万元。

【案件焦点】

某电力科技公司实施替代交易所产生的损失数额如何确定。

【法院裁判要旨】

北京市海淀区人民法院经审理认为：某能源技术公司违约后，某电力科技公司与某科技公司签订的《改造项目销售合同》与《产品购销合同》相比，在合同约定的买卖内容上有较大差异，前者规定的范围不仅包括主设备供货，还包括 9 项技术服务范围，已远超后者供应设备及现场设备调试的合同内容，双方亦均确认两份合同约定的除设备外的服务内容存在较大差异，故不能简单以两份合同的总价款直接相比来确定损失数额，而应在两份合同提供的相同货物和服务范围内予以确定，故某电力科技公司分别履行两份合同购买该装置所需支付的相应价款差额属于因某能源技术公司违约所产生的损失。某能源技术公司提交了某品牌官网截图证明案涉装置当前原厂标准单价为 96662 元，并认可损失应为同型号装置目前市场的最高价格即 96662 元与 8 万元的差额即 16662 元，法院对此不持异议。

一方违约后，另一方也具有采取适当措施防止损失扩大的减损义务。同时，法律也规定了可预见性规则作为对违约损害赔偿中完全赔偿原则的例外和限制。本案中，《改造项目销售合同》的服务范围远超《产品购销合同》的服务范围，因此就该部分合同价款的差额导致的某电力科技公司支出费用的大幅上升，实难为某能源技术公司在《产品购销合同》签订时所能预见，且某电力科技公司无法区分、亦未提供证据证明《产品购销合同》中约定的服务内容在《改造项目销售合同》中所对应的金额，但综合考虑本案案情，某电力科技公司与某科技公司签订《改造项目销售合同》的原因确系某能源技术公司的违约行为所致，两份合同亦均有相关服务内容的约定，结合前述确定的案涉装置价款差额，法院酌情确定某电力科技公司因某能源技术公司违约而与某科技公司签订《改造项目销售合同》所产生的损失数额为 2 万元。

北京市海淀区人民法院依照《中华人民共和国民法典》第五百六十二条、第五百六十六条、第五百七十七条、第五百八十四条、第五百九十一条第一款，《最高人民法院关于审理买卖合同纠纷案件适用法律问题的解释》第十八条、第二十二条，《中华人民共和国民事诉讼法》第六十七条第一款之规定，判决如下：

一、确认某电力科技公司与某能源技术公司于 2022 年 10 月 8 日签订的《产品购销合同》于 2023 年 3 月 1 日解除；

二、某能源技术公司于本判决生效之日起十日内向某电力科技公司返还合同款 26400 元并支付资金占用损失（以未付合同款为基数，自 2023 年 3 月 1 日起至实际付清之日止，按照年利率3.65%的标准计算）；

三、某能源技术公司于本判决生效之日起十日内向某电力科技公司赔偿损失2万元；

四、驳回某电力科技公司的其他诉讼请求。

判决后，双方当事人均未上诉，本判决现已生效。

【法官后语】

本案是涉及替代交易的典型案例。替代交易，是指在特定条件下，当合同的一方当事人违约时，另一方当事人通过另一交易取代原合同的交易。《最高人民法院关于适用〈中华人民共和国民法典〉合同编通则若干问题的解释》第六十条第二款明确了非违约方可按照替代交易价格与合同价格的差额确定合同履行后可以获得的利益，该可得利益即为非违约方实施替代交易产生的损失数额，就该数额如何计算，司法解释未作出进一步规定。本案中，初步形成了在认定非违约方构成替代交易的情况下，合理确认相应损失数额应遵循的三条基本规则。

第一，以替代交易合同完全履行为一般前提。若替代交易合同仅完成订立或仅部分履行，考虑到合同后期履行情况存在不确定性，在此情况下若直接以合同总金额为基准，可能损害违约方合法权益。因此，把已经履行完毕的替代交易合同作为判断损失数额的基础和一般前提，可以将非违约方的可得利益数额在客观上固定下来，一方面，有利于减少双方认知上的差异；另一方面，也可以有效避免非违约方为谋求更大的合同差价，与第三人串通损害违约方的情况发生。当然，这也并不意味着在替代交易合同未完全履行完毕的情况下对非违约方提出的赔偿数额一概不予支持，此时可通过适当加重非违约方的举证责任、追加第三人等方式加大对替代交易真实性和实际履行情况等事实的审查力度，以替代交易实际履行情况为基准，综合考虑案件基本情况、替代交易合同约定和履行进度进行认定。

第二，以替代交易货物的同一性为原则。替代交易的合同内容原则上应当与原合同一致，如两份合同在合同的标的、质量、数量等内容上相同或相近，即“无差异原则”。但现实中的替代交易往往会在诸如履行期限、交付方式、货物品质、合同内容等方面发生变化，考虑到现实交易的复杂性，在计算损失数额时，应考虑替代交易货物的同一性，一方面，就替代交易的货物本身而言，应与原合同货物在种类、规格、等级、质量等方面具有大致的同一性，即便无法达到基本一致，最起码也应具备用途上的“可替代性”；另一方面，就替代交易的合同标的而言，应在两份合同提供的相同标的范围、数量内进行比较，超出原合同标的范围合同内容，因不具有“替代性”和“可预见性”，应予以剔除。

第三，以货物的市场价格为计算基准，兼顾产生的额外费用。对于替代交易的价格未明显偏离替代交易发生时当地的市场价格，或不进行替代交易的损失要大于此替代交易价格与市场价格差额的情形下，应严格按照司法解释的相关规定，直接以差额部分确定损失数额；反之，若违约方能举证证明价格显著偏离市场价格，应以相应的市场价格作为计算依据。替代交易若产生了额外费用，该费用属于非违约方不违约就不会产生的支出，则应当计入赔付数额当中。在确实无法准确计算时，法院也可采取酌定的方式，从双方当事人过错和利益平衡的角度出发，公平确定赔偿损失数额。

编写人：北京市海淀区人民法院　李海龙　王林

35

未按约定付款的违约行为，是否适用定金罚则没收定金

——某发展公司诉某投资公司等买卖合同案

【案件基本信息】

1. 裁判书字号

广西壮族自治区贵港市中级人民法院（2023）桂08民终1973号民事判决书

2. 案由：买卖合同纠纷

3. 当事人

原告（上诉人）：某发展公司

被告（被上诉人）：某投资公司、王某、刘某

【基本案情】

2022年5月13日，某发展公司与某投资公司签订《活立木采伐销售合同》，某投资公司向某发展公司采购某发展公司中标范围内的林木，王某、刘某为连带责任担保人。双方约定了采伐树种、采伐地点，并约定两笔定金（每笔103.4万元）的支付时间，合同货款合计10643513.47元，分三次付款。如某投资公司未按照合同规定的期限足额向某发展公司支付合同项下采伐标的活立木价格和定金及交易服务费的、未在期限内完成林木采伐的、无证、越界采伐的，视为某投资公司违约，某发展公司有权单方面终止合同，并没收某投资公司支付给某发展公司的定金。之后某投资公司依约向某发展公司支付2笔定金：第一笔定金103.4万元，于2022年5月5日支付，其中4.136万元用于支付林权交易中心的交易服务费，剩余99.264万元充当最后一期货款；第二笔定金103.4万元，于2022年5月13日支付，其中51.7万元用于支付林场履约保证金，剩余51.7万元充当最后一期货款。

合同履行过程中，某投资公司未按约支付完第二期、未完全支付第三期货款，且未经某发展公司发放采伐证、擅自砍伐林木、超时采伐，构成违约，某发展公司认为，其有权没收某投资公司已预付的定金206.8万元，且诉至法院请求某投资公司支付尚欠的活立木货款共计5136929.34元。

【案件焦点】

因欠付货款构成违约，某发展公司能否没收某投资公司预付的定金。

【法院裁判要旨】

广西壮族自治区贵港市港北区人民法院经审理认为：双方签订的《活立木采伐销售合同》是当事人的真实意思表示，未违反法律、行政法规的强制性规

定，应确认成立并生效。《活立木采伐销售合同》对合同总价的约定表述为暂定价格，但在分期付款中却明确货款合计为10643513.47元。《连带责任保证担保合同》约定担保主合同项下的主债务为10643513.47元。诉讼中，双方对上述证据的真实性无异议，法院确认某发展公司将案涉林木转让给某投资公司的转让价款为10643513.47元。根据《中华人民共和国民法典》第五百八十七条之规定，债务人履行债务的，定金应当抵作价款或者收回。给付定金的一方不履行债务或者履行债务不符合约定，致使不能实现合同目的的，无权请求返还定金；收受定金的一方不履行债务或者履行债务不符合约定，致使不能实现合同目的的，应当双倍返还定金。本案中，某发展公司与某投资公司签订《活立木采伐销售合同》的目的是变更案涉林木的采伐销售权利，根据验收申报表以及双方的陈述，可以认定某投资公司已经砍伐案涉全部林木，案涉销售合同的合同目的已经实现。根据合同约定、某投资公司付款明细，某投资公司存在迟延支付货款的行为，但该迟延履行并未致使合同目的不能实现，故本案不适用定金罚则。从某发展公司给某投资公司的确认书中也可以看出，某发展公司计算尚欠货款时将定金作为货款进行抵扣。根据上述规定，某投资公司实际支付的两笔定金合计200余万元应当抵作价款，之后某投资公司再支付货款3219214.92元，共计5296214.92元。加上某投资公司委托的某木业公司代付的两笔货款合计2287369.21元，某投资公司已向某发展公司支付货款共计7583584.13元。扣减已付部分，尚欠货款为3059929.34元。某投资公司未能按约定付款构成违约行为，应当承担继续付款并支付违约金的违约责任。因此，对某发展公司主张的货款，法院支持3059929.34元，超出部分不予支持。

广西壮族自治区贵港市港北区人民法院依照《中华人民共和国民法典》第一百四十三条、第五百零九条第一款、第五百七十七条、第五百八十三条、第五百八十七条、第五百九十五条、第六百二十八条、第六百八十一条、第六百八十八条，《最高人民法院关于审理买卖合同纠纷案件适用法律问题的解释》第十八条第四款，《中华人民共和国民事诉讼法》第六十七条，《最高人民法院关于适用〈中华人民共和国民事诉讼法〉的解释》第九十条的规定，判决如下：

一、某投资公司向某发展公司支付货款 3059929.34 元并支付利息；

二、某投资公司向某发展公司支付律师代理费 2 万元；

三、某投资公司向某发展公司支付财产保全保险费 8020 元；

四、王某、刘某对上述债务承担连带清偿责任；

五、驳回某发展公司的其他诉讼请求。

某发展公司不服一审判决，提起上诉。

广西壮族自治区贵港市中级人民法院经审理认为：根据《中华人民共和国民法典》第五百八十七条的规定，定金罚则适用的前提是“一方不履行债务或者履行债务不符合约定，致使不能实现合同目的”，即以当事人根本违约为前提条件。本案中，某投资公司逾期支付货款构成违约，但并非根本违约，故某发展公司主张没收某投资公司的定金，于法无据，应不予支持。一审法院将某投资公司支付的定金作为货款抵扣，符合法律规定。对于某投资公司逾期支付货款给某发展公司造成的利息损失，一审法院按全国银行间同业拆借中心公布的一年期贷款市场报价利率（LPR）的 1.5 倍计算，并无不当，应予维持。

广西壮族自治区贵港市中级人民法院依照《中华人民共和国民事诉讼法》第一百七十七条第一款第一项之规定，判决如下：

驳回上诉，维持原判。

【法官后语】

定金是在合同订立或在履行之前支付的一定数额的金钱作为担保的担保方式。只要对方违约，就可以适用定金罚则吗？答案是否定的。《中华人民共和国民法典》第五百八十七条规定了定金罚则：“债务人履行债务的，定金应当抵作价款或者收回。给付定金的一方不履行债务或者履行债务不符合约定，致使不能实现合同目的的，无权请求返还定金；收受定金的一方不履行债务或者履行债务不符合约定，致使不能实现合同目的的，应当双倍返还定金。”本案中，某投资公司因一般违约行为导致未完全支付货款，造成的违约行为非根本违约，不符合“致使不能实现合同目的的”情形，故某发展公司不适用定金罚则，不能没收某投资公司的定金。审判实践中，应当注意：

其一，定金罚则的适用条件。第一，在合同中，须有当事人的违约行为。合同的双方当事人中任何一方不履行合同义务的，违约方应承担定金担保责任。如果没有违约行为发生，定金担保的目的就能够顺利实现。定金罚则适用于当事人不履行债务的情况，而不适用于当事人不适当履行债务的情形。所谓不适当履行债务是指当事人由于主客观原因，不能全面履行合同约定的义务，或者在履行标的的数量、质量，履行的时间、地点、方式上不符合合同的约定，即履行存在瑕疵。第二，当事人不履行合同债务必须主观上有过错。这是定金与其他担保方式的区别之一。定金不仅是一种担保方式，也是一种合同责任方式，它的适用需要违约方主观上有故意或过失。双方当事人都违约时，不适用定金罚则，但要依法追究双方的违约责任。

其二，根本违约的情形怎么认定。根据《中华人民共和国民法典》第五百八十七条的规定，“履行债务不符合约定”包括不完全履行合同的情形，因此无论是拒绝履行合同还是不完全履行合同的情形，定金罚则的适用条件是“一方不履行债务或者履行债务不符合约定，致使不能实现合同目的”，即以当事人根本违约为前提条件。

本案中，某发展公司与某投资公司签订《活立木采伐销售合同》的主要目的是变更案涉林木的采伐销售权利，属于林木的买卖关系。根据验收申报表及结合双方的陈述，可以认定某投资公司已经砍伐案涉全部林木，案涉销售合同的目的已经实现。根据合同约定、付款明细，某投资公司存在迟延支付货款的行为，但该迟延履行并未导致合同目的不能实现，某投资公司逾期支付货款构成违约，但并非根本违约，故某发展公司主张没收对方的定金，于法无据，应不予支持，故本案不适用定金罚则。

编写人：广西壮族自治区贵港市港北区人民法院　李锦义　陈卓贤

36

违约金清偿抵充顺序规则

——某商贸公司诉某建工公司买卖合同案

【案件基本信息】

1. 裁判书字号

福建省漳州市中级人民法院(2024)闽06民终35号民事判决书

2. 案由:买卖合同纠纷

3. 当事人

原告(被上诉人):某商贸公司

被告(上诉人):某建工公司

【基本案情】

2018年10月18日,某商贸公司(供方)与某建工公司(需方)签订《钢筋购销合同》一份,约定:供方向需方提供钢材,货款支付期限为每批次货物签收后45日内付清,若逾期付款,除按照合同约定加价外,自逾期之日起需方应按日向供方支付未付货款总额1%的违约金;且工程招标人某发展公司有权代付需方所欠供方的全部建材款,代付履行期为需方超出结算约定期限十日后;需方指定结算确认人为林某;违约方还应承担对方因本次诉讼所支付的一切费用。

合同签订后,某商贸公司依约进行供货。林某在钢材对账单上签名,确认某建工公司截至2018年10月30日尚欠货款金额为4092128.74元。某建工公司分别于2019年1月31日、2019年2月1日、2019年3月13日支付某商贸公司款项41万元、369万元、73658.32元,共计4173658.32元。2019年1月30

日，某商贸公司共计向某建工公司开具金额为 4380080.88 元的增值税专用发票，其中货款金额 4165787.06 元、违约金数额 214293.82 元。某建工公司工作人员陈某红在 2019 年 1 月 31 日《发票领取表》上签收，备注栏载有“此项发票为预开金额，预开发票结算期为 2019.01.31，实际结算金额以银行实际到款日为准”。

因某建工公司未按期付款，2021 年 6 月 9 日，某发展公司根据讼争《钢筋购销合同》将 335436.63 元款项直接支付给某商贸公司。某建工公司对该代付行为有异议，于 2022 年 8 月 8 日向一审法院起诉立案，一审法院经审理后判决某发展公司应支付某建工公司工程款 335437.87 元，后某发展公司予以支付。2022 年 12 月 29 日，某商贸公司将 335436.63 元退还给某发展公司。某建工公司在《工程款支付报审表》上的申请支付意见为：某发展公司累计支付工程款 20872204 元（含支付某商贸公司 335436.63 元建材款项）。

2023 年 8 月，某商贸公司提起诉讼，请求某建工公司立即向某商贸公司支付货款 206422.54 元及逾期付款违约金（自 2019 年 3 月 14 日起按日 1%计算至实际付款之日止，暂计至 2023 年 3 月 8 日为 1455 天共 300344.8 元）、律师费 1.2 万元。

【案件焦点】

1. 某建工公司已支付的款项清偿抵充顺序如何确定；2. 尚欠货款及违约金的数额应如何认定。

【法院裁判要旨】

福建省漳州市长泰区人民法院经审理认为：双方确认截至 2019 年 1 月 31 日的违约金金额为 214293.82 元具有高度盖然性，因双方未在合同中约定付款清偿顺序，某建工公司支付的款项应当优先抵充违约金部分，且双方约定的违约金过高，依法予以调整并扣除某发展公司代付期间的违约金，对某商贸公司主张的律师费予以支持。

福建省漳州市长泰区人民法院依照《中华人民共和国民法典》第五百六十

一条、第五百九十五条、第六百二十六条、第六百二十八条，《中华人民共和国民事诉讼法》第六十七条第一款，《最高人民法院关于适用〈中华人民共和国民事诉讼法〉的解释》第一百零八条第一款之规定，判决如下：

一、某建工公司应于判决生效之日起十日内支付某商贸公司货款 206422.54 元及违约金（违约金自 2019 年 3 月 14 日起至 2021 年 6 月 8 日止、自 2022 年 12 月 30 日起至实际还款之日止，按同期全国银行间同业拆借中心公布的一年期贷款市场报价利率四倍计算）；

二、某建工公司应于判决生效之日起支付某商贸公司律师费 1.2 万元；

三、驳回某商贸公司的其他诉讼请求。

某建工公司不服一审判决，提起上诉。

福建省漳州市中级人民法院经审理认为：某建工公司支付的款项已超过货款本金，结合《钢筋购销合同》的违约条款内容、某商贸公司开具总额为 4380080.88 元的增值税发票并在发票中载明违约金的数额，以及某建工公司在收到发票的次日就开始付款的事实，应认定某建工公司陆续支付的款项包括部分违约金，但不足以清偿全部债务。根据《中华人民共和国民法典》第五百六十一条的规定，因双方当事人未约定付款清偿顺序，应当在区分违约金产生原因的基础上确定清偿抵充的顺序，即因迟延履行产生的违约金宜视为利息确定履行顺序，因其他情形产生的违约金应于主债务之后抵充。本案是因迟延支付货款而产生的违约金，本质上是逾期付款产生的损失，可以纳入利息范畴先于主债务得到抵充。鉴于双方当事人一致同意律师费不予优先抵充，因此，某建工公司支付的款项应当优先抵充违约金部分，剩余款项用于支付货款。

某建工公司提出约定的违约金过高抗辩，因某商贸公司未举证证明其实际损失达到未付货款总额 1%，应认定双方约定的违约金过高，依法予以调整。虽然某商贸公司向某建工公司开具的福建增值税专用发票中违约金数额为 214293.82 元，但某建工公司工作人员陈某红签收《发票领取表》时，备注栏注明“此项发票为预开金额，预开发票结算期为 2019.01.31，实际结算金额以银行实际到款日为准”，故某商贸公司主张截至 2019 年 1 月 31 日的违约金应按未付货款总额1%计算，总额为214293.82元的主张于法无据，不能成立。

综上，根据双方结算日期及某建工公司的付款时间，按照先抵扣依法调整后的违约金，再抵扣货款本金的原则，分段抵充债务，截至2019年3月13日，某建工公司共欠某商贸公司货款96773.07元。逾期付款违约金应自最后一次付款次日即2019年3月14日起算，但其中部分期间因某发展公司存在代付行为，导致某商贸公司已实际取得货款，自某商贸公司取得该笔款项至其将款项退还某建工公司期间，不应计取违约金，应予扣除。一审判决认定2019年1月31日前的违约金为214293.82元不当，应予纠正。

福建省漳州市中级人民法院依照《中华人民共和国民法典》第五百六十一条，《中华人民共和国民事诉讼法》第一百七十七条第一款第一项、第二项之规定，判决如下：

一、维持福建省漳州市长泰区人民法院（2023）闽0625民初1708号民事判决第二项。

二、撤销福建省漳州市长泰区人民法院（2023）闽0625民初1708号民事判决第一项、第三项。

三、某建工公司应于本判决发生法律效力之日起十日内支付某商贸公司货款96773.07元及违约金（违约金自2019年3月14日起至2019年8月19日止，按中国人民银行同期同类贷款基准利率四倍计算；自2019年8月20日起至2021年6月8日止、自2022年12月30日起至实际还款之日止，按同期全国银行间同业拆借中心公布的一年期贷款市场报价利率四倍计算）。

四、驳回某商贸公司的其他诉讼请求。

【法官后语】

当债务人的给付不足以清偿全部债务时，已支付款项的抵充顺序对剩余债务数额的确定具有重大影响。《中华人民共和国民法典》第五百六十一条明确规定："债务人在履行主债务外还应当支付利息和实现债权的有关费用，其给付不足以清偿全部债务的，除当事人另有约定外，应当按照下列顺序履行：（一）实现债权的有关费用；（二）利息；（三）主债务。"上述规定明确了

“约定抵充+法定抵充”的模式，即以当事人的意思自治为优先，以法定抵充为补充。实现债权的费用常见为诉讼费、律师费、执行费、鉴定费、公证费等必要支出，内涵明确外延清晰。但实践中的难点在于，金钱给付纠纷中，当事人通过约定“违约金”以替代或涵盖利息的情形屡见不鲜，导致债务法定抵充时能否优先清偿“违约金”聚讼纷纭，有的观点认为“先违约金后本金”，有的观点认为“先本金后违约金”，而本案的核心观点在于应当按照违约金的具体性质确定抵充顺序，厘清《中华人民共和国民法典》第五百六十一条中“利息”的外延，明晰“违约金”法定抵充规则。

一、明晰利息的内涵及外延

利息是按利率及存续期间计算的，以金钱或其他代替物为给付的法定孳息，是债务人使用他人原本对价所应承担的成本，亦是债权人的应有收益。故应当包括约定利息、法定利息以及迟延履行利息。约定利息及法定利息不言自明，无须赘述，有争议的为约定的迟延履行利息与违约金的混同问题。

第一，对利息不宜进行目的扩张解释。我国民法体系关于法定抵充的规定遵循的是“债权人利益优先，兼顾债务人利益”的立法原则，若将“利息”与“违约金”等同视之，则可能导致因其他行为（如工期延误、瑕疵履行、侵权行为等）造成的违约金被优先抵充，加重债务人的负担，造成实质不公。因此，对于“违约金”是否属于“利息”的认定应严格按照符合利息的性质及目的进行文理解释。

第二，迟延履行利息不包括《中华人民共和国民事诉讼法》第二百六十四条规定的迟延履行期间的债务利息。该迟延履行利息属于民事强制执行措施而非一般债务利息，其目的是督促被执行人及时履行生效法律文书确定的义务，兼具补偿性和惩罚性，起算时间、计算方法和方式均为法定，具有强制性，无法由当事人约定排除，故不属于审判程序中优先抵充的范围。

第三，迟延履行利息与违约金既有区别又有联系。虽二者在弥补债权人因债务人迟延履行导致的损失方面有所重合，但又有本质区别。迟延利息债权为主给付义务，本质上是债权人应有的收益，与主债权法律地位平等，而违约金为赔偿违约行为导致的主债权损失，系从属债权发生，故对于违约金能否优先抵充的问题，不可一概而论。

二、明晰违约金抵充的权利边界

其一，应以符合利息的性质为限。如前所述，对于当事人约定的违约金，应从违约金对应的违约情形、产生原因、计算方式综合考量，若因迟延履行产生的违约金，宜纳入“利息”范畴先于主债务予以抵充，反之则不属于可优先抵充的范围。

其二，应以已发生的数额为限。债务抵充清偿的前提是债务人与债权人利益具有确定性，尚未发生的违约金因不具有确定性而不符合优先抵充的条件。

其三，应以法定利率的红线为限。虽然当事人有权约定违约金的计算标准，但因其本质属于迟延履行利息而予以优先抵充，故应符合《最高人民法院关于审理民间借贷案件适用法律若干问题的规定》第二十六条至第二十九条关于借款利率的精神，严禁通过名义上的“滞纳金”“违约金”“保证金”“延期费”等变相突破法定利率红线。

三、法定抵充的利益衡量

违约金条款的订立是一个双方博弈后互相让渡权利并互相约束的过程，虽然应以当事人意思自治为准，但为保护某种较为优越的法价值须侵及一种法益时，不得逾越此目的所必要的程度。失范的违约金应当予以纠正，因此，在确定违约金符合前述优先抵充的标准后，应综合审查违约金的合理性，确定合理的违约金后，方可进行抵充。

此外，《中华人民共和国民法典》第五百六十条第一款规定增加了债务人指定抵充模式，弥补了债务人的弱势，平衡了双方的利益。当债务人对同一债权人负有的数项种类相同的债务均约定了违约金时，如果债务人的给付均不足以清偿，在各项债务的违约金之间所分别成立的违约金之债，在无约定的情况下，仍然应当按照《中华人民共和国民法典》第五百六十条第二款关于法定抵充的顺序规定进行违约金的抵充。

编写人：福建省漳州市中级人民法院　姚若贤　陈洁平

37

“知假买假”与消费者权益保护的正确认定

——季某诉某运营管理公司买卖合同案

【案件基本信息】

1. 裁判书字号

山东省淄博市中级人民法院（2022）鲁03民终2594号民事判决书

2. 案由：买卖合同纠纷

3. 当事人

原告（上诉人）：季某

被告（被上诉人）：某运营管理公司

【基本案情】

原告到被告运营的超市购买了茶叶礼盒。后以案涉商品属于定额定量销售的食品，无生产日期、保质期、净含量、执行标准、生产许可证号等为由向市场监督管理局进行举报。该局经过调查作出行政处罚决定书并确认：（1）产品属经供货商向生产商采购散装茶叶后自行包装为礼盒的非定量散装食品，当事人未依法查验并记录该产品的生产日期、保质期，其销售行为不符合法定要求。（2）产品外包装礼盒易于开启，其内包装标签中已明示净含量为350克，应属于预先定量包装食品，但其标签未依法标明生产者的名称、地址、联系方式以及生产许可证编号事项；标示的执行标准与产品生产日期形成时间矛盾。（3）案涉茶叶有生产商和供货商，且涉及的食品生产许可证合法有效。（4）礼盒属经包装的散装食品和预包装食品，标签事项未依法标明食品的生产日期或者生产批号、保质期及生产经营者名称、地址、联系方式。上述销售违反了《中华人民共和国食品安全法》的相关规定，作出警告、没收商品、没收违法所得 721 元并罚款 7000 元处罚。后原告诉至本院要求“退一赔十”进行赔偿。

【案件焦点】

“知假买假”与消费者权益保护的正确认定。

【法院裁判要旨】

山东省淄博市张店区人民法院经审理认为：本案主要有两个争议焦点：一是关于被告所售商品是否违反相关法律规定问题。《中华人民共和国食品安全法》第六十七条第一款规定，预包装食品的包装上应当有标签。标签应当标明下列事项：（1）名称、规格、净含量、生产日期；（2）成分或者配料表；（3）生产者的名称、地址、联系方式；（4）保质期；（5）产品标准代号；（6）贮存条件；（7）所使用的食品添加剂在国家标准中的通用名称；（8）生产许可证编号；（9）法律、法规或者食品安全标准规定应当标明的其他事项。第六十八条规定，食品经营者销售散装食品，应当在散装食品的容器、外包装上标明食品的名称、生产日期或者生产批号、保质期以及生产经营者名称、地址、联系方式等内容。本案中，原告所购买的商品缺乏前述法律规定中食品标签标识要件，应认定被告上述行为违反相关法律规定，应给予否定性评价。二是十倍赔偿应否得到支持的问题。根据《中华人民共和国食品安全法》规定，食品安全，指食品无毒、无害，符合应当有的营养要求，对人体健康不造成任何急性、亚急性或者慢性危害。因此，“不符合食品安全标准的食品”应当是指食品实质上有毒、有害，不符合应当有的营养标准，对人体健康可能造成任何急性、亚急性或者慢性危害的食品。第一百四十八条第二款规定，生产不符合食品安全标准的食品或者经营明知是不符合食品安全标准的食品，消费者除要求赔偿损失外，还可以向生产者或者经营者要求支付价款十倍或者损失三倍的赔偿金；增加赔偿的金额不足 1000 元的，为 1000 元。但是，食品的标签、说明书存在不影响食品安全且不会对消费者造成误导的瑕疵的除外。从上述法律规定中可以看出，食品标识标签不符合国家规范性要求，但对食品安全没有影响的情况下，不能据此简单、机械认定或推定食品不符合安全标准。本案中，根据相关部门的调查，涉案商品有正规的进货来源渠道。原告的“打假”行为应当给予肯定，“制假售假者”应受到相应行政处罚及约束并承担相应的法律责任。但经过几十年的发展，我国目前市场机制运作越发规范，市场监督机制日臻完善，消费者维权渠道日益畅通，消费者合法权益日益得到保障，上述惩罚性措施的适用即是保护那些真正受到食品安全危害的消费者，才是食品安全法、消费者权益保护法真正的立法目的与宗旨。“知假买假”行为违背诚实信用原则，在一定程度上冲击、影响了经营者正常经营秩序，不应给予过度保护。对仅仅因为食品包装、标签标识不规范但不存在实质安全危害的行为，根据《中华人民共和国民法典》合同编违约责任方式，实行退货退款、赔偿实际损失等措施，已经能够较好地平衡双方利益，达到既规范、指引经营者的经营行为，又保护消费者权益的目的。综上，原告要求退还货款的主张于法有据，法院予以支持，原告亦应将相应货物返还给被告。原告要求被告支付十倍赔偿，法院不予支持。其余诉讼请求，亦不予支持。

据此，山东省淄博市张店区人民法院依据《中华人民共和国民法典》第五百零九条、第五百七十七条，《中华人民共和国食品安全法》第一百四十八条、第一百五十条，《中华人民共和国民事诉讼法》第六十七条之规定，判决如下：

一、被告某运营管理公司于本判决生效之日起十日内退还原告季某货款3068 元；

二、原告季某于本判决生效之日起十日内将其购买的碎银子（500 克）5 盒及老白茶蓝边 1 盒退还被告某运营管理公司，如未能退还，按相应单价在判决第一项被告应返还的货款中予以扣除；

三、驳回原告季某的其他诉讼请求。

季某不服一审判决，提起上诉。

山东省淄博市中级人民法院经审理认为：根据《中华人民共和国食品安全法》第一百四十八条规定，消费者因不符合食品安全标准的食品受到损害的，可以向经营者要求赔偿损失，也可以向生产者要求赔偿损失……生产不符合食品安全标准的食品或者经营明知是不符合食品安全标准的食品，消费者除要求赔偿损失外，还可以向生产者或者经营者要求支付价款十倍或者损失三倍的赔偿金；增加赔偿的金额不足1000元的，为1000元。但是，食品的标签、说明书存在不影响食品安全且不会对消费者造成误导的瑕疵的除外。从上述法律规定来看，主张惩罚性赔偿的权利主体应当是消费者，适用惩罚性赔偿的基础事实是权利主体受到损害，惩罚的对象行为是经营与生产不符合食品安全标准食品的行为，不符合食品安全标准的食品应为存在实质危害，而不是指食品的标签、说明书存在不影响食品安全且不会对消费者造成误导的瑕疵。根据被上诉人一审提供的上诉人购买各种商品要求赔偿的法律文书一宗，上诉人明显有别于普通消费者，结合其另案诉讼的相关情况，本院有理由认为，上诉人购买涉案产品不是以生活消费为目的。且上诉人亦未提供有效证据证明涉案产品存在实质损害。综上，上诉人的主张不符合惩罚性赔偿的法律规定。

据此，山东省淄博市中级人民法院依照《中华人民共和国民事诉讼法》第一百七十七条第一款第一项之规定，判决如下：

驳回上诉，维持原判。

【法官后语】

本案涉及的核心问题在于如何平衡“知假买假”行为与真正的消费者权益保护之间的关系。

“知假买假”类案件的处理对于规范市场行为，传导正确法治理念具有重要意义。《中华人民共和国食品安全法》第一百四十八条规定，消费者因不符合食品安全标准的食品受到损害的，可以向经营者要求赔偿损失，也可以向生产者要求赔偿损失……生产不符合食品安全标准的食品或者经营明知是不符合食品安全标准的食品，消费者除要求赔偿损失外，还可以向生产者或者经营者要求支付价款十倍或者损失三倍的赔偿金；增加赔偿的金额不足1000元的，为1000元。但是，食品的标签、说明书存在不影响食品安全且不会对消费者造成误导的瑕疵的除外。根据上述法律规定，能够引起损害赔偿的应当是不符合食品安全标准的食品而不是单纯的存在食品包装瑕疵的商品。在我国，食品安全，指食品无毒、无害，符合应当有的营养要求，对人体健康不造成任何急性、亚急性或者慢性危害。食品安全标准是国家规定的强制执行标准，目的是保证食品安全，防止食源性疾病发生，从而最终保护公众身体健康。因此，单纯的食品包装瑕疵并不是引起惩罚性赔偿的事由，在没有食品安全危害后果的情形下，退货退款甚至补偿必要的维权支出已经能够起到警示经营者的效果。另外，对于消费者身份的认定也对案件处理产生着重要影响。《中华人民共和国消费者权益保护法》第二条规定，消费者为生活消费需要购买、使用商品或者接受服务，其权益受本法保护……本法制定的初衷是为了最大限度地保护一般消费者在购买商品时的权益，而不是让人以此作为牟利的手段。“知假买假”的购买者表面看是为了保护市场交易秩序、维护食品安全，但其主观上明知，不具有善意，很大一部分是为了诉讼牟利甚至当作一种职业来经营，违背了诚实信用原则，与立法本意不相符。因此，“知假买假”的购买者不应当再作为单纯的消费者予以定义，如果不加区别地对待，一定程度上会限制一般消费者的维权，对市场交易行为也会带来消极的影响，既不利于构建健全的交易秩序，也不利于发挥法律指引社会行为的积极功能。

本案中，原告通过此类诉讼在多个法院进行惩罚性赔偿的索赔。原告的行为在本质上已经脱离了一名普通消费者的范畴，原告在购买案涉商品后没有食用，而是作为诉讼证据予以保全，以此为业，意在牟利，诉讼目的不诚信、不具有善意，不应当受到法律对于普通消费者同等保护的待遇。同时，就本案而言，市场监督管理部门已经对经营者的经营行为进行了处罚，且处罚力度较大，本案在此基础上再行退货退款，在很大程度上已经对经营者起到了警示作用，规范了其经营行为，避免了危害后果的发生，达到了权利、义务、责任的统一。综上，本案的处理在界定“知假买假”与消费者权益保护上做到了较好的平衡，实现了社会效果与法律效果的有机统一，具有重要的社会意义和法律意义。

编写人：山东省淄博市张店区人民法院　刘刚

38

对销售篡改车辆行驶里程是否构成欺诈消费者行为的认定

——吴某诉李甲买卖合同案

【案件基本信息】

1. 裁判书字号

湖北省武汉市中级人民法院（2023）鄂01民终9798号民事判决书

2. 案由：买卖合同纠纷

3. 当事人

原告（上诉人）：吴某

被告（上诉人）：李甲

第三人：李乙

【基本案情】

李甲向案外人购买轿车一辆，于2020年12月29日办理案涉车辆的转移登记手续。

吴某、李乙系夫妻关系，二人欲购买案涉宝马牌车辆。2021年9月22日，李乙委托第三方检测机构对案涉车辆进行豪车事故类检测，北京某网络科技有限公司于2021年9月23日进行车辆检测并出具车辆检测评估报告，检测结果为非事故车、非泡水车、非火烧车，检测报告第二项实车检测车辆信息中记载“表显里程46771”。2021年9月24日，吴某与李甲签订《旧机动车买卖合同》，约定案涉车辆价款为56万元。2021年9月29日，吴某办理案涉车辆的转移登记手续。

因贷款审批问题，吴某、李乙以李乙的妹妹李某丙的名义办理案涉车辆的贷款手续，案涉车辆过户至李某丙名下，李甲减少车辆价款6000元。李甲与吴某签订《武汉市旧机动车买卖合同》，交易车辆价款（人民币）55.4万元，合同尾部备注：该车乙方已找第三方检测机构检测，车况已认可。

吴某、李乙在使用案涉车辆过程中，于2021年11月10日前往4S店进行保养，其工作人员通过钥匙读取车辆信息后，发现案涉车辆行驶里程为0，告知案涉车辆存在调表。

李乙告知李甲案涉车辆被篡改车辆里程表，因协商无果，吴某以李甲构成欺诈为由诉至法院并提出下列诉讼请求：（1）判令撤销原、被告双方于2021年9月24日签订的《武汉市旧机动车买卖合同》和《旧机动车买卖合同》；（2）判令被告立即向原告退还购车款55.4万元；（3）判令被告向原告返还已支付的保险费13366.61元和分期付款手续费55999.8元；（4）判令被告向原告支付违约金11.68万元；（5）判令被告承担办理车辆退回变更登记需要的所有费用；（6）判令本案诉讼费由被告承担。

【案件焦点】

案涉车辆存在被篡改车辆里程是否构成欺诈。

【法院裁判要旨】

湖北省武汉市黄陂区人民法院经审理认为：吴某所提交的证据不足以证实李甲构成欺诈，但李甲出售的车辆存在篡改车辆里程的事实。李甲辩称该车经过多次转手，其无法确定该车的真实公里数，因此未在合同公里数一栏填写具体数字作为承诺。案涉车辆在出售时，车辆表显里程为46771公里，吴某、李乙在与李甲协商购买该车的过程中，该车辆的行驶里程，亦是其考虑是否购买及车辆价格的考量因素，李甲虽未对车辆行驶里程作出承诺，但也未明确告知吴某车辆表显里程可能不真实的情况，或者通过协商约定免除出卖人对案涉车辆表显里程瑕疵的民事责任，吴某在缔约时车辆表显里程为46771公里，现查明案涉车辆出售时表显里程存在被篡改的情况，李甲交付的车辆存在瑕疵，不符合合同约定，应对交付车辆的瑕疵承担相应的违约责任。结合双方中合同约定违约责任、案涉车辆行驶里程更改的瑕疵与车辆整体使用评价的参照度，以及吴某购车的消费心理影响，本院酌情以吴某购车款20%（55.4万元×20%=11.08万元），作为李甲对吴某的违约赔偿。

湖北省武汉市黄陂区人民法院依照《中华人民共和国民法典》第一百四十八条、第五百零二条、第五百零九条、第五百七十七条、第五百八十二条和《中华人民共和国民事诉讼法》第六十七条第一款、第一百四十五条之规定，判决如下：

一、李甲于本判决生效之日起十日内返还吴某购车款11.08万元；

二、驳回吴某的其他诉讼请求。

吴某、李甲不服一审判决，提起上诉。

湖北省武汉市中级人民法院经审理认为：同意一审法院裁判意见，依照《中华人民共和国民事诉讼法》第一百七十七条第一款第一项之规定，判决如下：

驳回上诉，维持原判。

【法官后语】

近年来，二手车交易市场逐渐扩大，因二手车表显里程数与实际里程数不一致引发的纠纷时有发生。消费者在购买二手车时，除对品牌、颜色等外观进行挑选外，更关注的是车辆里程数、是否出过事故、维修保养记录等情况。虽然消费者最终决定购车是在考虑涉及车辆性能的所有因素及交易价格后作出的综合决定，并非仅出于对表显里程数的信任，但表显里程数无疑是车辆性能的重要指标之一，在影响买方最终决策的诸多因素中具有相当的权重。

《中华人民共和国消费者权益保护法》第五十五条第一款规定了三倍惩罚性赔偿，其适用的关键在于经营者欺诈的认定。惩罚性赔偿是一种最严厉的民事责任承担方式，立法既要通过惩罚来预防和威慑不法行为，又要关注商家的生存和发展，故对欺诈的认定以及惩罚性赔偿的适用应当审慎。在《中华人民共和国消费者权益保护法》未对“欺诈”有特别规定的情况下，仍应适用民法的相关规定。

据此，欺诈的认定应同时满足以下四个要件：

第一，主观上存在欺诈的故意。二手车交易中，经营者往往以不知情为由抗辩不存在欺诈的故意，但依据《二手车交易规范》第十四条第一款“二手车经销企业将二手车销售给买方之前，应对车辆进行检测和整备”，二手车经营者有义务也应当有能力了解车辆可能存在的重大瑕疵。如果经营者未将重大瑕疵信息告知消费者，应推定其存在欺诈的故意。

第二，客观上存在告知对方虚假情况或者隐瞒真实情况的行为。

第三，欺诈行为导致相对人陷入错误认识。

第四，相对人基于错误认识作出错误意思表示。

汽车作为高价位商品，一旦认定构成欺诈消费者行为，几倍的惩罚性赔偿对于一般汽车营销企业会是毁灭性打击。在审判实践中，法官应对案件事实进行实质性审查，并根据个案具体情况综合判断是否构成《中华人民共和国消费者权益保护法》第五十五条第一款规定的欺诈行为。二手车交易欺诈认定的原则是把握好经营者隐瞒的信息是否属于可能影响车辆安全性能、主要功能、基本用途或者对车辆价值产生较大影响，进而左右消费者选择的重大瑕疵，如车辆动力系统、刹车系统、转向系统、安全结构部件等。这些瑕疵可能影响消费者的人身健康和安全、财产利益、消费心理以及缔约的根本目的的实现，如果经营者对此未如实告知，可认定欺诈。如果经营者隐瞒的信息不属于上述范畴，如隐瞒的是车辆漆面瑕疵的处理等，一般不宜认定欺诈，可能仅涉及侵害消费者知情权。

在整体把握上述原则的情况下，二手车交易中的欺诈行为具体表现为以下两类：

一是积极的作为，如经营者积极篡改里程表数据或对车辆有重大改装行为而未如实告知；二是消极的不作为，如经营者故意隐瞒车辆曾发生过重大事故导致安全结构部件受损、车辆因浸水等原因导致发动机等动力系统受损而进行过重大维修的事实。

此外，基于二手车的特性，车辆正常使用过程中的自然老化、磨损，以及不影响车辆安全性能、主要功能、基本用途或者不会导致车辆价值重大贬损的轻微事故及维修一般不属于重大质量瑕疵，经营者未披露的，一般不宜认定为欺诈。

本案中，吴某仅以涉案车辆存在篡改车辆里程的事实为由主张撤销合同并退款赔偿，其并无证据证明李甲实施了篡改案涉车辆行驶里程的行为或其他欺诈行为，且案涉车辆行驶里程被篡改的事实亦不足以导致吴某订立案涉合同的根本目的无法实现的后果，不属于可能影响车辆安全性能、主要功能、基本用途或者对车辆价值产生较大影响的重大瑕疵，不足以认定欺诈。

编写人：湖北省武汉市黄陂区人民法院　李洁

六、买卖合同的证据及诉讼时效

39

网上交易行为引发纠纷，在原告提供的被告身份信息有可能并非原告交易相对方时，法院应否调查

——王某诉温某买卖合同案

【案件基本信息】

1. 裁判书字号

湖北省汉江中级人民法院（2024）鄂 96 民再 1 号民事判决书

2. 案由：买卖合同纠纷

3. 当事人

原告（再审被申请人）：王某

被告（再审申请人）：温某

【基本案情】

王某及其妻子关某共同经营某服装店铺。2021 年 8 月 2 日至 10 月 12 日，温某多次在微信上向王某赊购服装。2021 年 10 月 31 日，温某通过微信转账方式向关某支付货款 2 万元。2022 年 1 月 11 日，关某通过微信向温某发送了对账单，货款金额为 26076 元，温某未予否认。2022 年 9 月 16 日，关某通过微信向温某发送了律师函，要求温某支付剩余货款，温某未支付。王某将之诉至湖北

省仙桃市人民法院，请求判令温某向王某支付拖欠的货款 26076 元及逾期付款损失。

【案件焦点】

王某仅提供了温某的身份证复印件等证据，并未提交确凿的证据证明温某即为交易对象，温某是否为本案适格的被告。

【法院裁判要旨】

湖北省仙桃市人民法院经审理认为：王某与温某虽未签订书面买卖合同，但该案证据能够形成完整证据链，证明双方存在买卖合同关系。王某已依约履行了交付服装的义务，温某未履行给付货款的义务，应承担相应的民事责任。关某通过微信向温某发送了对账单，温某未予否认，应按照对账单上载明的金额向王某支付货款 26076 元。温某逾期支付，应承担违约责任。

湖北省仙桃市人民法院依照《最高人民法院关于适用〈中华人民共和国民法典〉时间效力的若干规定》第一条，《中华人民共和国民法典》第四百六十九条第一款、第五百零二条第一款、第五百零九条、第五百七十七条、第五百九十五条、第六百二十六条，《最高人民法院关于审理买卖合同纠纷案件适用法律问题的解释》第一条、第十八条第四款，《中华人民共和国民事诉讼法》第六十七条、第一百四十七条之规定，判决如下：

一、温某于本判决生效之日起十日内支付王某货款 26076 元，并支付截至 2022 年 10 月 17 日的逾期付款违约金 93. 87 元，剩余违约金以 26076 元为基数，按年利率 5. 475%的标准，自 2022 年 10 月 18 日起计算至实际清偿之日止；

二、驳回王某的其他诉讼请求。

温某不服，提起申诉。

本案的交易系通过微信完成，原审中王某仅提供了温某的身份证复印件、微信号及支付转账电子凭证等证据，证明交易对象为原审被告温某证据不足。湖北省汉江中级人民法院在申诉审查中，向计算机系统公司查询了温某的相关信息，反馈结果为王某提交的温某的两个微信号所对应的身份证号开头为 210，与其所提供的原审被告温某的身份证号开头 232 不一致。湖北省汉江中级人民法院以原审认定身份证号开头为 232 的温某为被告证据不足，裁定提审本案。

湖北省汉江中级人民法院经再审认为：经查询结果显示温某的两个微信号 A 和 B 所对应的身份证号开头为 210。王某请求温某（公民身份证号开头为 232）支付货款无事实依据，原审认定事实错误，应予撤销。

湖北省汉江中级人民法院根据《中华人民共和国民事诉讼法》第二百一十八条、第一百七十七条第一款第二项之规定，判决如下：

一、撤销湖北省仙桃市人民法院（2022）鄂 9004 民初 5961 号民事判决；

二、驳回王某的诉讼请求。

【法官后语】

随着技术发展，通过互联网进行交易、支付等形式更加普遍，所产生的新型矛盾纠纷也逐渐增加。然而，互联网交易给生活带来便利的同时，也因网络身份虚拟带来维权不便。为了维护广大互联网用户的合法权益，承办案件时要注意如下几点：

一、原告提供的被告身份信息非正确被告时，法院应依职权调查

《中华人民共和国民事诉讼法》第六十七条第二款和第三款规定，当事人及其诉讼代理人因客观原因不能自行收集的证据，或者人民法院认为审理案件需要的证据，人民法院应当调查收集。人民法院应当按照法定程序，全面地、客观地审查核实证据。

本案一审原告提供了来源不明的被告身份信息复印件，被告以此抗辩，案件争议的焦点在于原告起诉的被告是否为交易相对方。为减少诉累，节约司法资源，切实维护当事人正当权益，法院应依职权对原告提供的被告身份信息进行全面审查和核实，发现此被告非正确被告，说明此时的双方当事人不存在法律关系，应对原告诉讼请求作出否定评价，予以驳回。

二、微信交易时，被告信息可通过软件运营商系统查询

与现实生活中的交易行为不同，网络微信交易行为引起的案件往往只有微信号、转账记录或者微信聊天记录等证据，无法锁定交易相对方，给当事人维

权造成不便。借助微信实名认证，结合转账记录、微信聊天记录等证据，方能相互印证，确定交易相对方。深圳市腾讯计算机系统有限公司的查询结论可作为认定被告的依据。

三、合法进行公告送达

公告送达是一种推定送达，是兜底方式，一定要按照《中华人民共和国民事诉讼法》及相关规定公告送达。最高人民法院《关于进一步加强民事送达工作的若干意见》第十五条规定，要严格适用民事诉讼法关于公告送达的规定，加强对公告送达的管理，充分保障当事人的诉讼权利。只有在受送达人下落不明，或者用民事诉讼法第一编第七章第二节规定的其他方式无法送达的，才能适用公告送达。

此外，该案意义重大，提醒广大互联网用户网络交易有代价，追债有风险。无论是通过微信还是通过各类网络购物平台交易，都要核实对方真实的身份信息，谨慎而为。

编写人：湖北省汉江中级人民法院　肖淑云　戈琴

40

刑事侦查阶段出具的鉴定意见不宜直接在民事诉讼中采信

——某电气设备公司诉杜某买卖合同案

【案件基本信息】

1. 裁判书字号

北京市高级人民法院（2023）京民再45号民事判决书

2. 案由：买卖合同纠纷

3. 当事人

原告（被上诉人、再审被申请人）：某电气设备公司

被告（上诉人、再审申请人）：杜某

【基本案情】

杜某与某电气设备公司于2017年5月签署了五份《工业产品购销合同》，约定由某电气设备公司向杜某提供电气设备，总价款为462447.54元，交货地点为出卖方送货到买受方指定地点，违约方支付合同额的千分之五违约金给对方补偿。签约后某电气设备公司按照合同约定的产品数量指令甲电气有限公司（以下简称甲公司）向杜某指定的交货地点（某医院涿州项目）供货。2017年7月涉案五份合同项下产品交付完毕后，杜某仅支付部分货款。杜某抗辩某电气设备公司法定代表人承诺按照合同总金额的4.5折进行结算，某电气设备公司对此不认可。

杜某称涉案电气元器件不合格或缺陷无法通过外观检查发现，于2019年6月得到使用方反馈涉案产品存在质量问题，故向公安机关报案。因涉案合同采购的元器件系发到扬中市，经组装后再发送到涿州，故在扬中市报警立案，于2020年9月9日出具的《立案告知单》载明，杜某于2020年9月8日报案，2016年牟某涉嫌生产、销售伪劣产品一案，已决定立案。杜某在二审判决作出后，自2021年1月25日起收到三份扬中市公安局委托鉴定的《鉴定意见通知书》，载明万能式断路器等产品质量不符合要求，故以上述《鉴定意见通知书》作为新证据申请再审。上述鉴定过程中仅杜某及甲公司人员在场，某电气设备公司人员未在场。

2022年1月13日，扬中市公安局出具《撤销案件决定书》，载明：2016年牟某涉嫌生产、销售伪劣产品案，因依法不负刑事责任，决定撤销此案。扬中市公安局城西派出所出具的《立案告知单》载明：杜某于2022年1月12日报案，2017年牟某生产、销售伪劣产品一案，已决定立案。

【案件焦点】

杜某再审提交的新证据是否足以推翻原判决，证明涉案产品存在构成抗辩的质量问题。

【法院裁判要旨】

北京市丰台区人民法院经审理认为：在合同履行中，某电气设备公司履行了供货义务，而杜某未完全履行付款义务，构成违约，应承担违约责任。某电气设备公司要求杜某支付货款及违约金的诉讼请求，符合合同约定，予以支持。

北京市丰台区人民法院依照《中华人民共和国合同法》第一百零七条、《中华人民共和国民事诉讼法》第一百四十四条之规定，判决如下：

一、杜某于本判决生效之日起十日内向某电气设备公司给付货款232020.27元；

二、杜某于本判决生效之日起十日内向某电气设备公司赔偿违约金2312.24元。

杜某不服一审判决，提起上诉。

北京市第二中级人民法院经审理认为：杜某主张某电气设备公司法定代表人承诺杜某购货价格按照合同金额的4.5折的折扣结算，但未能提供充足证据予以证明，故对此不予采信。双方在二审审理期间对于供货的合同金额以及杜某的付款金额均予以确认，杜某仅对所付款项的对象持有异议，鉴于双方对于付款指向并未进行明确约定，且杜某在一审审理中亦未到庭提出异议，故对某电气设备公司主张的付款情况予以确认。某电气设备公司在二审审理中提出应从其诉讼请求中扣除13690.45元，故对一审法院认定的未付货款金额予以调整。关于违约金同意一审法院意见。

故北京市第二中级人民法院依照《中华人民共和国合同法》第一百零七条、第一百零九条、第一百一十四条，《中华人民共和国民事诉讼法》第一百七十条第一款第二项之规定，判决如下：

一、维持一审判决第二项；

二、撤销一审判决第一项；

三、杜某于本判决生效之日起十日内向某电气设备公司给付货款218329.82元；

四、驳回某电气设备公司的其他诉讼请求。

杜某不服二审判决，申请再审。

北京市高级人民法院经审理认为：首先，杜某提交的《鉴定意见通知书》并非《中华人民共和国民事诉讼法》中经查证属实的鉴定意见，且某电气设备公司亦对其关联性、证明目的不予认可；其次，该《鉴定意见通知书》系在刑事案件侦查阶段由公安机关委托进行的鉴定，其效力需待刑事案件经法院审理后确定。即便就证据本身而言，该《鉴定意见通知书》载明的元器件型号与涉案合同约定的型号不完全一致，且杜某报案所称某电气设备公司涉嫌生产、销售伪劣产品的刑事案件已被撤销，现阶段立案调查的刑事案件系针对甲公司涉嫌生产、销售伪劣产品，不影响本案买卖合同双方的责任认定。此外，涉案产品系由杜某指定，某电气设备公司根据杜某的指示向甲公司购买产品，并由甲公司直接向杜某指定的地点进行供货，杜某亦未提交证据证明某电气设备公司在其中存在过错或明知涉案产品系伪劣产品的情形。故杜某提交的证据并不足以推翻原二审判决。另法律规定的质量异议期最长期限为2年，杜某申请本案再审时已超合理抗辩期限。

综上，北京市高级人民法院依照《中华人民共和国民事诉讼法》第二百一十四条、第一百七十七条第一款第一项之规定，判决如下：

维持北京市第二中级人民法院（2019）京02民终8235号民事判决。

【法官后语】

“有新的证据，足以推翻原判决、裁定的”是《中华人民共和国民事诉讼法》规定的民事再审程序启动的重要原因之一，新出现的鉴定意见是较为常见的新证据种类，在再审阶段，应兼顾平衡依法纠错与维护生效裁判的权威与稳定这两项功能，亦需平衡司法活动中最重要的两项价值“公正”与“效率”，故对基于新出现的鉴定意见申请再审的案件应当在严格审查其是否足以推翻原裁判的基础上决定是否提起再审及是否在再审中予以采信，既要避免程序空转增加当事人诉累，亦要保障案件的实体公正。

一般而言，新出现的鉴定意见有两种：一是当事人在民事案件审理结束后又自行委托鉴定机构作出的鉴定意见；二是公安机关、检察机关在侦办关联案件时委托鉴定机构作出的鉴定意见。对于第一种情况，《最高人民法院关于民事诉讼证据的若干规定》第四十一条规定："对于一方当事人就专门性问题自行委托有关机构或者人员出具的意见，另一方当事人有证据或者理由足以反驳并申请鉴定的，人民法院应予准许。"可见我国承认当事人具有自行委托鉴定的权利，但行使该权利进行的鉴定并非司法鉴定，属于"私文书证"，需由法院对其鉴定结果的可采信度进行认定。对于第二种情况，如果该鉴定意见已经刑事判决确认，可予以采信使用；如尚未经刑事判决确认，其证明效力尚处于待定状态，不能仅因系由公安机关、检察机关出具的鉴定意见，就当然予以采信。

具体到本案中，杜某申请再审的依据系在刑事侦查阶段由公安机关单独委托鉴定机构进行的鉴定，对方当事人并不认可相应鉴定意见。此种鉴定与民事诉讼过程中经当事人申请、双方协商或同意由法院指定并委托鉴定机构进行的鉴定并作出的鉴定报告及鉴定结果并不相同，故在该种情况下，不宜直接在民事再审案件审理中予以采信，需要谨慎、综合考量鉴定意见产生的过程、鉴定检材样本的选择、鉴定内容与民事案件的关联程度、当事人举证责任分配等情况进行认定。杜某提交的《鉴定意见通知书》的鉴定过程中，某电气设备公司未参与鉴定机构的选择、鉴定检材的选取等流程，且鉴定所涉检材内容与本案民事纠纷所涉合同标的并不完全一致，难以直接在本案中予以采信认定案涉产品是否确系伪劣产品。

此外，本案审理过程中考虑到，在推动高质量发展的过程中，人民法院应助力优化民营企业发展环境，依法保护民营企业家权益，同时妥善处理刑民交叉案件，防止通过刑事追诉插手民事纠纷。故在本案中，在现阶段刑事案件与本案民事纠纷所涉当事人、法律关系并不相同的情况下，刑事案件的侦查不应影响本案民事合同双方的责任认定，而应根据现有证据提交情况，依据证据规则由反驳对方诉讼请求的一方提供证据以证明其主张，在未能提供充分证据予以证明的情况下，法院对其主张不予采信，据此认定杜某提交的新证据不足以推翻原审裁判。

本案对作为新证据的鉴定意见的认定和采信进行了详细区分论述，提出在刑事侦查阶段出具的鉴定意见尚未通过刑事生效判决确认其效力的情况下，不宜直接在民事再审案件审理中予以采信，应谨慎、综合考量鉴定意见产生的过程、鉴定检材样本的选择等情况进行认定的观点，对于严防当事人意图以刑事手段干预民事经济纠纷的处理有着借鉴意义，为后续类似刑民交叉案件的审理以及申诉审查提供了审查思路。

编写人：北京市高级人民法院　王志鹏　戴畅

41

诉讼时效届满后借款人签收催款函是否导致诉讼时效重新起算

——王某诉温某买卖合同案

【案件基本信息】

1. 裁判书字号

广东省云浮市中级人民法院（2023）粤53民终1759号民事判决书

2. 案由：买卖合同纠纷

3. 当事人

原告（上诉人）：王某

被告（被上诉人）：温某

【基本案情】

2019年2月，王某、温某双方达成角石（建筑材料）供应合同，合作方式：王某支付预付款给被告，温某供应货物后实时结算。随后王某委托拍档徐某向被告支付90万元。其中，10万元是借款给被告安装变压器，80万元是购买角石预付款，被告向原告供应9519.65吨角石。合计总价为754609.13元，在王某和温某双方的聊天记录中核对上述供货和付款的事实，至今尚欠王某货款45390.87元。2019年6月1日开始双方不再进行业务来往，在2019年7月2日，王某明确表示双方终止合作，并要求温某退还剩余预存款45390.87元，2019年7月3日王某通过微信方式要求被告清偿剩余贷款45390.87元，直到2023年6月王某再次通过律师发《律师函》给温某催收剩余贷款，温某在2023年6月20日通过快递方式收到了该《律师函》，但没有清偿尚欠原告剩余预付款45390.87元，也没有回复王某表示同意继续清偿。王某遂起诉被告清偿。在庭上温某针对本案的诉讼时效辩称王某向其单方解除合同要求退还预付款日期为2019年7月2日，2019年7月3日之后未向温某进行任何催收，根据《中华人民共和国民法典》第一百八十八条之规定，对案涉买卖合同解除后的法律责任问题，王某应在法律规定的诉讼时效内提出，即王某应于2022年7月2日前向法院提起诉讼，现王某提出的本案诉讼超过了三年的诉讼时效期限，请求判决驳回温某的全部诉讼请求。

【案件焦点】

1. 双方在买卖合同中是否约定需要支付中介费给温某；2. 温某没有清偿尚欠王某剩余预付货款45390.87元是否超过了诉讼时效，温某是否需要清偿。

【法院裁判要旨】

广东省郁南县人民法院经审理认为：针对诉讼时效问题被告在庭上提出诉讼时效的抗辩称，在2019年7月2日，原告明确表示原、被告双方终止合作，并要求被告退还原告剩余预存货款45390.87元，2019年7月3日之后原告再没有追讨过被告欠款，原告现在起诉要求被告清偿欠款，已经超过了三年的诉讼时效，根据《中华人民共和国民法典》第一百八十八条“向人民法院请求保护民事权利的诉讼时效期间为三年。法律另有规定的，依照其规定。诉讼时效期间自权利人知道或者应当知道权利受到损害以及义务人之日起计算。法律另有规定的，依照其规定。但是，自权利受到损害之日起超过二十年的，人民法院不予保护，有特殊情况的，人民法院可以根据权利人的申请决定延长”之规定，法院应予驳回原告的诉讼请求。原告承认了原、被告双方于2019年7月2日正式解除了买卖合同，结束买卖关系，被告对此也没有异议。之后，原告在2019年7月3日对被告尚欠应退货款45390.87元在微信进行催收外，直到2023年6月再次向被告发出《律师函》进行催收，被告在2023年6月20日签收该《律师函》，自2019年7月4日起至2023年6月20日原告没有就剩余款项对被告进行催收，也没有证据证明这期间原告有对被告进行催收；原告在2019年7月3日对被告尚欠应退货款45390.87元在微信聊天进行催收，表示诉讼时效开始计算，从2019年7月4日起计，三年的诉讼时效期是到2022年7月3日止，诉讼时效届满是从2022年7月4日开始计算，原告在2023年6月再次向被告发出《律师函》进行催收，根据《最高人民法院关于审理民事案件适用诉讼时效制度若干问题的规定》（法释〔2008〕11号）第二十二条①规定：“诉讼时效期间届满，当事人一方向对方当事人作出同意履行义务的意思表示或者自愿履行义务后，又以诉讼时效期间届满为由进行抗辩的，人民法院不予支持。”根据上述规定，对诉讼时效期间届满债务的重新确认必须以债务人作出同意履行义务的意思表示或者自愿履行义务为前提，本案中，虽然被告在诉讼时效期间届满后又签收了催收债务的《律师函》，但被告签收了《律师函》仅表明其收到该催收通知书，并无证据证明债务人（被告）有同意履行诉讼时效已经届满的债务的意思表示，没有自动履行债务的行为，双方在口头或书面上也没有对债务进行重新确认，故不构成对债务的重新确认，根据上述规定的解释，本案的诉讼时效没有中断，原告于2023年7月31日起诉，已经超过了诉讼时效，故被告的此辩解理由充分，本院予以采纳。因此，原告请求被告清偿尚欠应退货款45390.87元的诉讼请求应予驳回。

广东省郁南县人民法院依照《中华人民共和国民法典》第七条、第一百八十八条、第五百零九条第一款、第五百九十五条，《最高人民法院关于审理民事案件适用诉讼时效制度若干问题的规定》第二十二条以及《中华人民共和国

① 2020年修正本司法解释时，第二十二条改为第十九条第一款，条文内容不变。

民事诉讼法》第六十七条之规定，判决如下：

驳回原告所有的诉讼请求。

后原告王某提起上诉。

广东省云浮市中级人民法院经审理认为：同意一审法院裁判意见，依照《中华人民共和国民事诉讼法》第一百七十七条第一款第一项之规定，判决如下：

驳回上诉，维持原判。

【法官后语】

诉讼时效期间届满可以导致的法律效果，在司法裁判中以抗辩权产生说为主流，它是指权利人如果未能在诉讼时效期间内以符合法律规定的形式向义务人主张权利，义务人将获得可以对抗权利人要求其履行的抗辩权，使得权利人的权利不能实现。但应当注意的是，抗辩权作为一种私法上的民事权利，是否行使权利完全取决于权利人的自主选择，即使是法院也不得在义务人未提出抗辩的情况下，主动以诉讼时效期间经过为由驳回权利人的诉请。

该抗辩权作为一种权利，可以由权利人自行放弃，《最高人民法院关于审理民事案件适用诉讼时效制度若干问题的规定》第十九条第一款规定："诉讼时效期间届满，当事人一方向对方当事人作出同意履行义务的意思表示或者自愿履行义务后，又以诉讼时效期间届满为由进行抗辩的，人民法院不予支持。"而在适用时，需要对不同情形构成"作出同意履行义务的意思表示"和"自愿履行义务"予以具体的梳理。

本案涉及诉讼时效的起算的时间节点、重新起算等问题。本案中，2019年7月3日王某向温某催讨货款后，温某一直未向王某偿还，从催讨时起王某就已知道自己的权利受到损害，诉讼时效开始起算，诉讼时效已经届满。2023年6月王某向温某发出《律师函》进行催收，温某进行签收，该签收行为是否必然导致诉讼时效的重新起算？在实务中较多当事人甚至部分律师对此抱有疑虑。在本案中，虽然行为人签收了《律师函》，后行为人既没有自动履行债务或承诺履行债务的行为，双方当事人也没有对债务进行重新确认，故不构成对债务的重新确认，王某发出《律师函》的行为不构成诉讼时效的重新起算，并不必然导致诉讼时效的变化。在庭审时温某主动提出诉讼时效抗辩，王某未提交其他证据证明其在诉讼时效届满前有向温某主张权利或本案存在诉讼时效中断、中止的其他情形，故直至起诉之日，本案已超过三年诉讼时效，两级法院对该情形都形成统一意见判决驳回原告诉讼请求。

诉讼时效届满后哪些情况下可以重新起算呢？以下是经不完全检索归纳的诉讼时效期间经过后，又可重新起算的几种情形：(1) 时效届满后，双方约定或者债务人承诺对债务进行重新结算、审计，或约定其他付款的先决条件的，可认定债务人作出了“同意履行义务的意思表示”。(2) 债务人提出付款以法院作出判决为前提的，可认定对债务进行了确认。(3) 借贷双方在承诺书中对债务数额予以结算，可视为对原债务的重新确认。(4) 时效届满后债务人自愿与债权人签订以物抵债协议，可认定债务人作出了继续履行债务的意思表示。(5) 诉讼时效届满后，债务人向债权人发出减免部分债务申请，可认定为作出了同意偿还债务的意思表示。(6) 债务人行使债务抵销权，可认定债务人作出了通过行使抵销权的方式来履行诉讼时效期间已过债务的意思表示。(7) 公司法定代表人或者其他有签约权限的主体，签章确认《催款通知》构成对公司已过诉讼时效债务的重新确认。

“时效制度的实质，在于对民事权利的限制。”因此，在一定的意义上说，诉讼时效制度实际上就是对民事主体的权利自由进行限制的法律制度。该制度的功能是维护社会秩序的稳定、督促权利人及时行使权利、作为证据的代用。

编写人：广东省郁南县人民法院　肖川

七、信息网络买卖合同纠纷

42

“赌石”交易中卖家是否构成欺诈的认定

——赖某诉何某信息网络买卖合同案

【案件基本信息】

1. 裁判书字号

广西壮族自治区柳州市中级人民法院（2023）桂 02 民终 1074 号民事判决书

2. 案由：信息网络买卖合同纠纷

3. 当事人

原告（上诉人）：赖某

被告（被上诉人）：何某

第三人：某文化创意公司

【基本案情】

何某在某文玩软件上经营珠宝店铺，并通过直播销售翡翠等珠宝。2021 年 6 月至 11 月，赖某伙同他人一起向何某购买了 31 块翡翠原石，共支付价款 417640 元。在此期间，何某共向赖某交付原石 30 块，剩余 1 块价值 9 万元的原石未交付。关于该原石的费用，何某向赖某退还了 4.5 万元。

赖某认为何某存在以下欺诈行为：（1）其中 26 块原石，何某组织赖某与某微信用户（以下简称案涉微信用户）合买，但并不存在合买情形，何某夸大原石价值诱导其购买，构成欺诈。（2）其中 1 块原石，销售时的图片与售后图片不一致，何某存在调包行为。（3）其中 5 块为赖某个人购买，价值与实物不匹配，故存在价格欺诈。赖某请求法院判令：（1）撤销赖某与何某之间的翡翠原石买卖合同。（2）何某向赖某返还支付的价款共 372640 元。

何某辩称，其在交易过程中不存在欺诈行为。

后赖某将其购买的部分案涉原石带至法院核对，并拍照备注后留存照片。赖某提供核对的原石中，有 8 块为“合买”原石，价款共计 226576 元，赖某表示愿意将原石退还何某。

另查明，因案涉微信用户参与了本案的多笔交易，二审法院根据赖某的申请，向有关公司发送《协助调查函》。复函显示：自 2022 年 8 月起至 2022 年 10 月止，何某与该微信用户发生了 20 笔交易，其中何某向该微信用户转账共计 2920850 元，该微信用户向何某转账共计 14.96 万元。另外，在案涉翡翠原石“合买”交易期间，双方未发生往来交易。

【案件焦点】

何某在向赖某销售原石的过程中是否存在欺诈行为。

【法院裁判要旨】

广西壮族自治区柳州市鱼峰区人民法院经审理认为：赖某提交的证据不能证明何某存在欺诈行为，赖某应承担举证不能的责任，其诉请撤销双方的全部买卖合同，缺乏依据，不予支持。关于尚未交付的原石，经赖某与何某协商，何某向赖某退还了 4.5 万元，因该原石至今未交付，何某应向赖某退还剩余的 4.5 万元。

综上，广西壮族自治区柳州市鱼峰区人民法院依照《中华人民共和国民法典》第五百零九条，《中华人民共和国民事诉讼法》第六十四条，《最高人民法院关于适用〈中华人民共和国民事诉讼法〉的解释》第九十条之规定，判决如下：

一、何某向赖某退还货款4.5万元；

二、驳回赖某的其他诉讼请求。

赖某不服一审判决，提起上诉。

广西壮族自治区柳州市中级人民法院经审理认为：案涉31块原石的交易情形并不相同，应根据不同情形分别认定。

一、关于赖某已收货的25块“合买”原石

首先，何某作为卖方，组织赖某与他人一同合买原石，但未能提交合买人信息、购买记录等证据证明合买情形真实存在；其次，何某与合买人的资金往来发生时间，与案涉原石交易时间明显不符，何某向合买人转账的金额大于合买人向何某转账的金额；最后，何某既主张存在其他合买人即权利人，又将全部原石寄给赖某，明显不符合常理。综上，何某虚构合买人，导致赖某对原石价值产生误认并违背真实意愿购买原石，构成欺诈。

根据《中华人民共和国民法典》第一百四十八条的规定，一方以欺诈手段，使对方在违背真实意思的情况下实施的民事法律行为，受欺诈方有权请求人民法院或者仲裁机构予以撤销。根据《中华人民共和国民法典》第一百五十七条的规定，民事法律行为无效、被撤销或者确定不发生效力后，行为人因该行为取得的财产，应当予以返还……二审中，赖某已提交案涉8块合买原石予以核对，并表示愿意将原石退还给何某，故其要求撤销该8块原石的买卖合同，法院予以支持，故何某应向赖某返还该8块原石价款共计226576元，赖某应向何某返还该8块原石。

根据《中华人民共和国民法典》第一百五十二条第一款第三项的规定，当事人知道撤销事由后明确表示或者以自己的行为表明放弃撤销权的，撤销权消灭。赖某未能提交另外17块原石予以核对，视为其已自行处理，系以自己的行为表明放弃撤销权。据此，赖某请求撤销该17块原石买卖合同，不符合法律规定，法院不予支持。

二、关于赖某未收货的 1 块原石

一审法院判决何某退还剩余 4.5 万元，何某未提起上诉，二审法院对此予以维持。

三、关于赖某个人购买的 5 块原石

根据赖某对原石品质、购买流程、价格议定的陈述，其清楚知晓该 5 块原石的交易具有“赌石”性质，即未经切割处理无法知道翡翠原石的内部质量，其事后主张存在价格欺诈而又未能提交相应证据，且与风险自负的行业交易惯例不符，法院不予支持。

综上，何某应向赖某返还价款 271576 元（226576 元+45000 元），赖某向何某返还上述已经提交核对的 8 块合买原石。

广西壮族自治区柳州市中级人民法院依照《中华人民共和国民法典》第一百四十八条、第一百五十二条、第一百五十七条，《中华人民共和国民事诉讼法》第一百七十七条第一款第二项之规定，判决如下：

一、撤销广西壮族自治区柳州市鱼峰区人民法院（2022）桂 0203 民初 3892 号民事判决；

二、撤销赖某与何某之间 8 块原石的买卖合同关系（备注为“私下 1”“私下 2”“私下 4”“私下 5”“涉及平台 1”“涉及平台 3”“涉及平台 4”“涉及平台 5”的原石）；

三、何某向赖某返还价款 271576 元，赖某向何某返还上述 8 块原石；

四、驳回赖某的其他上诉请求。

【法官后语】

近年来，随着互联网经济的发展，“赌石”交易的形式越来越多样化，直播间“赌石”逐渐兴起，“一刀穷，一刀富，一刀披麻布，一刀换别墅”已经成为“赌石”行业的行话。然而，如何认定卖家行为是否构成欺诈，已经成为行业热议话题和审判实践亟待解决的问题。

一、裁判原则：规范市场交易秩序，兼顾行业交易惯例

规范市场交易秩序，引导卖家依法诚信经营，不应当将“风险自负”的行

业交易惯例作为违法经营的“挡箭牌”；同时，应当兼顾行业交易惯例，考虑风险自负原则。在“赌石”交易中，未经切割无法判断翡翠原石品质，这与一般的买卖合同中明确约定标的物质量具有明显区别。风险自负是这个行业最重要的不成文规则。因此，法院应当兼顾行业交易惯例，在判决中引导买家充分评估、审慎交易。本案判决既依法对何某虚构合买人（“找托儿”）诱导赖某购买原石的行为作出了否定性评价，又合理认定何某在赖某个人自行自愿购买原石的交易中不存在欺诈，着眼平衡各方利益。

二、裁判依据：合同受欺诈方申请撤销合同的相关规定

《最高人民法院关于适用〈中华人民共和国民法典〉总则编若干问题的解释》第二十一条，《中华人民共和国民法典》第一百四十八条、第一百五十二条、第一百五十七条对可撤销合同的构成要件、行使条件、法律后果作出明确规定。具体为：一方故意告知虚假情况或隐瞒真实情况导致另一方基于错误认识作出意思表示，受欺诈方在法定期限内行使撤销权、未放弃撤销权的，应当撤销合同，行为人应返还财产或折价返还，有过错方应承担赔偿责任。

三、审查路径：根据不同“赌石”交易情形分别作出认定

如果卖家对原石品质如种类、成分等作出了承诺或双方进行了明确约定，但是经过鉴定，显示品质与约定不符的，应当认定卖家构成欺诈。在此前提下，买家能够提供原石予以返还，或未作出其他处分行为表明放弃撤销的，应当撤销合同，由卖家返还价款，买家返还原石。如果买家拒绝或无法返还，视为买家放弃撤销权，法院对其主张撤销合同的要求，应不予支持。

如果卖家未对原石品质如种类、成分等作出承诺，双方也未明确约定，或卖家能够提交证据证明已经对交易风险作了充分的风险提示、买家知晓案涉交易具有“赌石”性质的，则应由买家自担风险，不宜认定卖家存在欺诈。如本案中，赖某清楚知晓其个人购买的5块原石的交易具有“赌石”性质，事后又主张存在欺诈，不应认定何某在该5块原石的交易中存在欺诈。

如果原石并未交付，无法将原石实物与约定状态进行比对的，则不存在“调包”的基础事实，不宜认定卖家存在欺诈。如本案中，对于何某未交付的1

块原石，并不存在调包的基础事实，亦不应认定何某在销售该块原石时构成欺诈。

如果卖家能够提交合买人的信息、购买记录、支付记录等证据证明合买人真实存在的，不应认定卖家虚构合买人构成欺诈。反之，如果卖家未能提交证据证明合买人真实存在，且对于矛盾事实未能作出合理的解释说明的，应认定卖家虚构合买人，构成欺诈。在此前提下，买家能够提供原石予以返还，或未作出其他处分行为表明放弃撤销的，应当撤销合同，由卖家返还价款，买家返还原石。如果买家未能提交原石予以返还的，视为买家放弃撤销权，对其主张撤销合同的要求不予支持。本案中，对于已收货的 25 块合买原石，何某未能证明合买人真实存在，属于虚构合买事实，导致赖某在违背真实意思的情况下予以购买，构成欺诈，但赖某仅能提交 8 块原石予以核对并退还，故仅能撤销该 8 块原石的买卖合同；对于另外 17 块原石，视为赖某已经自行处理，放弃撤销权，无法再撤销该 17 块原石的买卖合同。

编写人：广西壮族自治区柳州市中级人民法院　黄姣姣

43

预包装食品标签瑕疵的责任承担

——罗某诉某食品店信息网络买卖合同案

【案件基本信息】

1. 裁判书字号

广东省云浮市中级人民法院（2023）粤 53 民终 722 号民事判决书

2. 案由：信息网络买卖合同纠纷

3. 当事人

原告（上诉人）：罗某

被告（被上诉人）：某食品店

【基本案情】

某食品店经营范围为食品经营、食品互联网销售等，其在网络购物平台上注册开设网店。2022 年 10 月 15 日，罗某在某食品店的案涉网店向某食品店下单购买燕窝 200 克，用于送朋友，支付货款 2245.8 元。某食品店于 10 月 16 日以快递方式向罗某发货，罗某于 10 月 18 日收到货物确认货物完好无损，但其朋友发现燕窝的包装标志中没有标注生产厂家、生产许可证编号、生产日期等信息。罗某未依照法律规定及商家的承诺要求退货退款处理而直接向一审法院提起诉讼要求退还货款及十倍赔偿。其中，罗某提交的照片显示燕窝为普通塑料盒包装，表面有“燕窝”字样，背面除“燕窝”字样，还包括“了解燕窝”“炖煮方法”“食用燕窝”“营养成分表”“储存方法”及“保质期三年”等信息；罗某提交的“商品快照”显示某食品店承诺“全场包邮 7 天无理由退货 48 小时发货”；某食品店提交的“商品快照”中的“商品详情”注明：包装方式为普通盒装，生产日期为 2021 年 8 月 20 日，保质期为 1000 天。

【案件焦点】

罗某要求十倍赔偿的主张能否获得支持。

【法院裁判要旨】

广东省罗定市人民法院经审理认为：本案系信息网络买卖合同纠纷。预包装食品是指预先定量包装或者制作在包装材料和容器中的食品，包括预先定量包装以及预先定量制作在包装材料和容器中并且在一定限量范围内具有统一质量或者标识的食品。涉案的燕窝已进行了定量包装，某食品店在商品信息中载明了每件可选的净含量，也放在特定容器中，符合预包装食品的定义，应认定为预包装食品，受预包装食品规范约束。

《中华人民共和国食品安全法》第六十七条第一款明确规定预包装食品的包装上应当有标签。标签应当标明名称、规格、净含量、生产日期；成分或者配料表；生产者的名称、地址、联系方式；保质期；产品标准代号；贮存条件；

所使用的食品添加剂在国家标准中的通用名称；生产许可证编号；等等。食品安全标准包括对相关标签、标志、说明书的要求，预包装食品包装上的标签应当标明由法律、法规或者食品安全标准规定应当标明的事项。案涉燕窝产品包装简陋，无任何标签，存在瑕疵。根据《中华人民共和国消费者权益保护法》第二十四条“经营者提供的商品或者服务不符合质量要求的，消费者可以依照国家规定、当事人约定退货，或者要求经营者履行更换、修理等义务。没有国家规定和当事人约定的，消费者可以自收到商品之日起七日内退货；七日后符合法定解除合同条件的，消费者可以及时退货，不符合法定解除合同条件的，可以要求经营者履行更换、修理等义务。依照前款规定进行退货、更换、修理的，经营者应当承担运输等必要费用”的规定，罗某在起诉前虽未向某食品店提出退货退款要求，但某食品店销售的商品确实存在瑕疵，构成违约，应承担相应的违约责任。罗某诉请某食品店退还货款2245.8元，一审法院予以支持。同时，罗某也应将所购的200克“马来西亚进口滋补天然燕窝”退还给某食品店，退货所产生的运费由某食品店承担。

对于罗某主张的十倍价款赔偿问题。根据《最高人民法院关于审理食品药品纠纷案件适用法律若干问题的规定》第十五条第一款的规定，消费者主张惩罚性赔偿的前提是案涉食品不符合食品安全标准。《中华人民共和国食品安全法》第一百五十条规定：“食品安全，指食品无毒、无害，符合应当有的营养要求，对人体健康不造成任何急性、亚急性或者慢性危害。”本案中，罗某以某食品店销售的案涉食品外包装无生产日期、生产者等标签而属于不安全食品为由要求某食品店退还货款并支付十倍价款的赔偿。案涉产品外包装虽无上述标签信息，但仅凭产品外包装上是否有该标签信息不足以判定案涉食品是否属于假冒伪劣产品。罗某未提供就案涉商品食品安全问题的行政机关处理结果，基于统一行政和司法对不安全食品的判断标准的考量，又因食品安全与否的认定属于行政机关的职责范围，故消费者主张所购买的食品不符合安全标准的，不应排除行政机关的专业认定。同时，罗某未提供鉴定报告等证据证明案涉商品存在“有毒、有害、不符合应当有的营养要求，对人体健康造成任何急性、亚急性或者慢性危害”的情形，也未能举证证明其因食用案涉商品而受到损害。罗某提交的证据不足以证实其请求惩罚性赔偿的主张，因此，对罗某主张惩罚性赔偿的诉讼请求，一审法院不予支持。

广东省罗定市人民法院依照《中华人民共和国食品安全法》第六十七条第一款，《中华人民共和国消费者权益保护法》第二十四条，《中华人民共和国民事诉讼法》第六十七条第一款，《最高人民法院关于适用〈中华人民共和国民事诉讼法〉的解释》第九十条之规定，判决如下：

一、某食品店在判决发生法律效力之日起五日内向罗某退还货款2245.8元。

二、罗某在判决发生法律效力之日起五日内向某食品店退还所购的燕窝200克；如未能退还，则按购买时的价格在上述判决第一项某食品店应退还的货款中予以扣除。

三、驳回罗某的其他诉讼请求。

罗某不服一审判决，提起上诉。

广东省云浮市中级人民法院经审理认为：《最高人民法院关于审理食品安全民事纠纷案件适用法律若干问题的解释（一）》第十一条规定：“生产经营未标明生产者名称、地址、成分或者配料表，或者未清晰标明生产日期、保质期的预包装食品，消费者主张生产者或者经营者依据食品安全法第一百四十八条第二款规定承担惩罚性赔偿责任的，人民法院应予支持，但法律、行政法规、食品安全国家标准对标签标注事项另有规定的除外。”《中华人民共和国食品安全法》第六十七条规定：“预包装食品的包装上应当有标签。标签应当标明下列事项：（一）名称、规格、净含量、生产日期；（二）成分或者配料表；（三）生产者的名称、地址、联系方式；（四）保质期；（五）产品标准代号；（六）贮存条件……”第一百四十八条第二款规定：“生产不符合食品安全标准的食品或者经营明知是不符合食品安全标准的食品，消费者除要求赔偿损失外，还可以向生产者或者经营者要求支付价款十倍或者损失三倍的赔偿金；增加赔偿的金额不足一千元的，为一千元。但是，食品的标签、说明书存在不影响食品安全且不会对消费者造成误导的瑕疵的除外。”某食品店在网上销售的燕窝属预包装食品，且未标明生产厂家、生产许可证编号、生产日期等信息，违反上述法律强制性规定，属于不符合食品安全标准的产品，应当向罗某返还价款并承担赔偿责任。因此，对于罗某上诉认为某食品店应向其支付价款十倍的赔偿金的主张，理据充分，本院予以支持。

广东省云浮市中级人民法院依照《中华人民共和国食品安全法》第六十七条、第一百四十八条第二款，《最高人民法院关于审理食品安全民事纠纷案件适用法律若干问题的解释（一）》第十一条，《中华人民共和国民事诉讼法》第一百七十七条第一款第二项之规定，判决如下：

一、维持广东省罗定市人民法院（2022）粤 5381 民初 4345 号民事判决第一项、第二项判项；

二、撤销广东省罗定市人民法院（2022）粤 5381 民初 4345 号民事判决第三项判项及受理费部分；

三、被上诉人某食品店应在本判决发生法律效力之日起五日内向上诉人罗某支付货款十倍的赔偿金 22458 元。

【法官后语】

目前，大众通过网络购买食品十分普遍，同时，于消费者而言，网络食品因交易环境的虚拟化潜藏着一定的风险。预包装食品包装标签上缺少生产厂家、生产许可证编号、生产日期等信息，消费者无法对食品安全作出判断，存在损害消费者身体健康和生命安全的重大隐患，同时也侵害了消费者对其购买、使用的商品的知情权。明确预包装食品包装标签的价值、经营者承担惩罚性赔偿责任的条件及标签瑕疵的认定规则，是本案中值得研究探讨的重点问题。

一、关于预包装食品包装标签的相关规定

食品标签是指附着在包装上的文字、图形、符号和其他说明，用于提供关于产品的详细信息，如成分、营养价值和食用方法。食品标签可被视为食品的“身份证”，其主要目的在于确保消费者能摄取到安全的食品，并同时提供详尽的食品信息。《中华人民共和国食品安全法》第六十七条规定：“预包装食品的包装上应当有标签。标签应当标明下列事项：（一）名称、规格、净含量、生产日期；（二）成分或者配料表；（三）生产者的名称、地址、联系方式；（四）保质期；（五）产品标准代号；（六）贮存条件；（七）所使用的食品添加剂在国家标准中的通用名称；（八）生产许可证编号；（九）法律、法规或者食品安全标准规定应当标明的其他事项。专供婴幼儿和其他特定人群的主辅食品，其标签还应当标明主要营养成分及其含量。食品安全国家标准对标签标注事项另有规定的，从其规定。”一般来说，对食品标签所标示的内容，应当以不特定多数人按照其朴素常识作出的通常性理解为标准，判断食品标签内容是否会引起消费者的误解。为不使消费者误解或者混淆食品的真实属性、物理状态或制作方法，可以在食品名称前或食品名称后附加相应的词或短语。预包装食品标签标识目的是要使消费者明确知晓相关食品的一些生产情况及功能。如果标签标识不能起到明示作用，反而使消费者陷入新的迷惑之中，预包装食品标签则形同虚设，由此引发消费者对预包装食品标签的误解。

二、认定预包装食品标签瑕疵的标准

预包装食品的标签需全面展示食品相关特征和性能。《中华人民共和国食品安全法》规定了食品标签瑕疵除外条款，第一百二十五条第二款规定：“生产经营的食品、食品添加剂的标签、说明书存在瑕疵但不影响食品安全且不会对消费者造成误导的，由县级以上人民政府食品安全监督管理部门责令改正；拒不改正的，处二千元以下罚款。”由此可见，《中华人民共和国食品安全法》规定的食品标签存在瑕疵的情形是指：不规范标注行为对食品安全无影响，实践中未发现因食用该产品导致的不良反应；当事人无主观故意，不会影响消费者的知情权和选择权，亦未因此引发消费者的误解。例如，标签文字使用中出现错别字或使用繁体字，但该错别字或繁体字不产生错误理解。立法者对于食品生产经营过程中，食品标签存在瑕疵，但不影响食品安全且不会对消费者造成误导的行为给予了区分解释，并在法律责任上认定为轻微违法行为，给予一定程度的容忍。

三、经营者应承担惩罚性赔偿责任的条件

经营者承担惩罚性赔偿责任的条件是经营明知是不符合食品安全标准的食品，而非已经或者确定会对消费者生命健康造成损害的食品。《中华人民共和国食品安全法》第一百四十八条第二款规定："生产不符合食品安全标准的食品或者经营明知是不符合食品安全标准的食品，消费者除要求赔偿损失外，还可以向生产者或者经营者要求支付价款十倍或者损失三倍的赔偿金；增加赔偿的金额不足一千元的，为一千元。但是，食品的标签、说明书存在不影响食品安全且不会对消费者造成误导的瑕疵的除外。"食品安全不容有万分之一的风险。有的不符合食品安全标准的食品，对人体健康的危害具有潜伏性、长期性，因此，消费者主张生产经营者依据《中华人民共和国食品安全法》第一百四十八条第二款规定承担惩罚性赔偿责任，生产者或者经营者以未造成消费者人身损害为由的抗辩不能成立。

编写人：广东省云浮市中级人民法院　黎洪靖　何慧盈

44

直播带货发生纠纷，主播是否承担责任的认定

——冯某诉刘某等信息网络买卖合同案

【案件基本信息】

1. 裁判书字号

山东省临沂市中级人民法院（2023）鲁13民终7488号民事判决书

2. 案由：信息网络买卖合同纠纷

3. 当事人

原告（上诉人）：冯某

被告（被上诉人）：刘某、孙某、葛某

第三人：张某

【基本案情】

冯某在2022年10月通过刘某直播平台得知孙某出售涉案车辆的信息，后冯某与孙某就车辆买卖情况通过微信进行了协商，双方约定：2019年的轩逸，车况原版原漆、无事故、无水淹火烧，债权清无纠纷，如出现车主、债权人拿走车辆的情况丢车包赔，车全款3万元含物流费，如需要审车，孙某配合，审车和车险费由冯某承担。后冯某根据孙某指示将购车款3万元转入葛某银行账号。后该涉案车辆原车主纪某某因未按期偿还某公司债权被第三人张某代表公司收回。另查明，2020年9月1日，案涉车辆原所有权人纪某某将该车辆抵押给某公司。经冯某申请并提供保证，平邑法院民事裁定书：冻结刘某、孙某、葛某名下银行存款、微信、支付宝3.5万元。

【案件焦点】

1. 买卖合同是否解除；2. 孙某是否应当返还购车款、利息、车辆保险、物流费及违约金。

【法院裁判要旨】

山东省平邑县人民法院经审理认为：本案的争议焦点为：一是买卖合同是否解除。冯某与孙某达成车辆买卖合同，冯某向孙某支付3万元，孙某向冯某交付车辆，双方之间形成买卖合同关系。根据《中华人民共和国民法典》第五百六十三条的规定，孙某出卖给冯某的案涉车辆因抵押权人浙江某公司将车辆开走，致使合同目的不能实现，冯某享有合同解除权。二是关于返还购车款及利息和车辆保险、物流费、违约金方面。《中华人民共和国民法典》第六百一十二条规定："出卖人就交付的标的物，负有保证第三人对该标的物不享有任何权利的义务，但是法律另有规定的除外。"本案中，孙某隐瞒车辆处于抵押期间事实，车辆被抵押权人开走，孙某没有履行权利瑕疵担保义务，故应返还冯某购车款3万元，赔偿资金占用期间利息损失。关于冯某要求刘某、葛某共同承担车辆损害赔偿责任。冯某是由刘某提供孙某信息后与孙某协商达成车辆买卖合同，此时缔结合同的双方是冯某与孙某，刘某在此过程中并未参与合同订立，葛某在本案中与车辆买卖合同不具有关联性，不应承担本案违约损害赔偿责任。关于冯某主张的车辆保险2781.75元，系其购买车辆直接投入和车辆买卖合同解除的直接损失，本院予以支付。物流费400元，因冯某未提交证据予以证实，本院不予支持。关于违约金5000元，双方在车辆买卖合同中没有约定，合同解除后冯某损失已经通过返还购车款及利息，赔偿车辆保险等费用予以实现，对违约金部分本院不予支持。

山东省平邑县人民法院依照《中华人民共和国民法典》第五百六十三条、第五百七十七条、第五百八十四条、第五百九十五条、第六百一十二条，《中华人民共和国民事诉讼法》第四十条第二款、第六十七条、第一百三十六条、第一百四十七条的规定，判决如下：

一、解除冯某与孙某涉案车辆买卖合同；

二、孙某于本判决生效之日起五日内返还冯某购车款3万元及利息（以3万元为基数，自2023年3月29日起至实际给付之日止按照2023年3月发布的LPR计算）；

三、孙某于本判决生效之日起五日内支付冯某因购买车辆保险支付的车险费用2781.75元；

四、驳回冯某的其他诉讼请求。

冯某不服判决，提起上诉。

山东省临沂市中级人民法院经审理认为：同意一审法院裁判意见，依照《中华人民共和国民事诉讼法》第一百七十七条第一款第一项之规定，判决如下：

驳回上诉，维持原判。

【法官后语】

近年来，直播带货呈现爆炸式增长，越来越多的消费者通过观看网络直播下单购物，这作为一种全新的商业形态，在带来快捷便利的同时，也引发了具有一定特殊性的民商事纠纷。在把握其特殊性时，应当着重了解主播直播带货的模式。当下主播直播带货的模式可以大体分为以下三类。

一、“销售方”类型主播带货

该类型主播与销售方建立劳动关系。通过网络直播账号进行直播带货，经营者展示和销售商品的方式发生了变化，工作方式仅是从“线下”搬到了“线上”，但责任承担与普通经营者无本质区别。

二、“代言方”类型主播带货

该类型主播自身就是知名人物，具有一定的影响力和号召力。该类型主播与品牌方之间存在“广告代言合同”关系，对内，其法律关系应当按照双方约定的合法法律关系进行调整；对外，其直播过程中的行为也可作为广告代言人的身份，适用《中华人民共和国广告法》的有关规定，如涉及关系消费者生命健康的商品或者服务的虚假广告，造成消费者损害的，代言人在民事上应承担连带赔偿责任。

三、“委托代销型”主播带货

此类主播通常不具有经营者身份，主播只负责推介，带的“货”所有权并非属于自己。本案中，刘某就属于以上所述的“委托代销型”主播，只负责直播与推介，带的“货”所有权并非属于自己。在这种情况下，实际的所有权人才是买卖合同当事人中的卖方，也就是“销售者”，卖方需对销售行为承担相应法律责任。而在没有特别承诺的情况下，主播或主播所属的公司作为“直播者”，仅需对其直播行为承担法律责任即可。但是当直播者的直播内容具有诱导性宣传并构成商业广告时，直播者需要按照《中华人民共和国广告法》的相关规定，根据直播者在商业广告产生到公开的过程中起到的具体作用，享有权利并承担相应的责任和义务。

因此，在直播间进行网购的产品出现问题时，带货主播是否需要承担责任，需要根据具体情况进行判断，综合多个因素进行考虑。一是需要分析带货主播在直播过程中的言行举止，是否存在虚假宣传、误导消费者等行为；二是需要考虑带货主播与实际卖家之间的关系，以及带货主播在带货过程中是否作出承担相应责任的承诺；三是需要考虑消费者在购买过程中是否受到带货主播的影响，以及消费者是否能够证明其购买行为与带货主播的推荐之间具有关联性及关联程度。

编写人：山东省平邑县人民法院　宋廷亮　邱天雨

45

因物联网数据证据偏在而行预备合并之诉的，应当合并审理，不宜驳回起诉

——谭某诉某体育公司信息网络买卖合同案

【案件基本信息】

1. 裁判书字号

广州互联网法院（2023）粤 0192 民初 13808 号民事判决书

2. 案由：信息网络买卖合同纠纷

3. 当事人

原告：谭某

被告：某体育公司

【基本案情】

2023 年 5 月 10 日，谭某在网购平台 A 品牌旗舰店购入了商品 A 品牌动感单车，支付货款 1399 元。

2023 年 5 月 15 日，谭某报名活动并开始打卡。2023 年 6 月 17 日、18 日，谭某称按照活动要求完成了打卡。根据谭某提供的 A 品牌 App（应用软件）数据中心的运动记录，谭某于 6 月 17 日、18 日两日均完成了活动所要求的 188 千卡的运动量；但谭某发现该两天打卡异常，遂分别与 A 品牌 App、网购平台 A 品牌旗舰店客服人员沟通，未果。某体育公司提供的后台数据截图显示，谭某

在6月17日，App卡路里为190千卡，硬件卡路里为0千卡，在6月18日，App卡路里为189千卡，硬件卡路里为0千卡。

活动页面截图显示："连续打卡88天，全额返现，活动时间：5.13-8.31，打卡规则：需在打卡时间内连续88天不可间断，使用所购买的单车进行有效骑行运动；有效骑行：需满足每次骑行，单车在网络状态下连接A品牌App，且单次骑行消耗卡路里达到188大卡。注意事项：每次完成单车打卡运动后，请在此打卡页面确认打卡记录上传成功。"

其中，页面"问题答疑"部分载明：(1) 如果因产品售后或其他不可抗力产生的特殊情况，在打卡时限内没办法完成88天打卡，按照用户反馈时间进行日期认证，顺延打卡日期。每位用户仅可申请1次顺延。(2) 打卡规则相关问题：打卡过程如遇系统问题导致的断卡，请直接联系A品牌App客服，客服核实后进行数据恢复。

《单车88天打卡活动公告》存证截图显示："近期，A品牌App检测到部分用户骑行状态异常：单车未正常联网。为维护本次活动公平性、坚决打击作弊行为，本次88天打卡活动规则要求'单车须连接到互联网状态下骑行并将固件升级到2.0.2及以上版本'。"

谭某存证的A品牌App截图显示，2023年6月21日19时23分"互动通知栏"推送系统公告，内容为："'动感单车88天打卡活动'公告：检测到部分用户骑行状态异常，为避免影响您的打卡记录，请务必根据公告内容检查您的单车互联网情况，点击了解详情。"

谭某提供运动App存证录屏显示，该两天的打卡记录与谭某往常习惯基本一致。

某体育公司为证明案涉"打卡返现"活动真实有效，依约向用户履行了返款义务，向本院提交了相关后台数据。

【案件焦点】

谭某可否被认定为合格履约"打卡返现"条款。

【法院裁判要旨】

广州互联网法院经审理认为：本案系信息网络买卖合同纠纷。第一，关于预备之诉的问题。有选择性，提出的后半部分诉讼请求是在前半部分诉讼请求不能获得法院支持情况下的预备性诉讼请求。起诉基于“打卡返现”合同履行的同一事实而起，该起诉并不违反民事诉讼法的相关规定，可在本案中一并审理。第二，关于举证责任问题。物联网数据传输场景中的证据偏在问题。首先，关于案涉打卡数据的记录问题。App 打卡记录截图显示运动时长、平均时速、运动距离等运动统计数据，点击详情页可查看每分钟的详细数据，与谭某往常习惯基本一致。其次，谭某出现断档记录属于合理范围。根据某体育公司 App 相关活动公告、消息推送，均已告知谭某可能存在断档风险，且已出现部分用户断档问题。再次，根据某体育公司的公告内容，如在打卡过程中遇到问题，某体育公司亦有断档的预案，在技术上修复打卡记录并无障碍。最后，从消费者角度而言，运动 App 记录是判断个人运动情况的最为便捷、显著的方式；相反，谭某无法便捷、清晰地得知动感单车端是否成功将数据上传至 App 服务器。

广州互联网法院依照《中华人民共和国民法典》第五百零九条，《中华人民共和国民事诉讼法》第六十七条第一款之规定，判决如下：

一、被告某体育公司于本判决发生法律效力之日起七日内将原告 2023 年 6 月 17 日、18 日的打卡结果补正为成功，并在本判决发生法律效力之日起十日内向原告谭某返还 1399 元购物款；

二、驳回原告的其他诉讼请求。

判决后，双方当事人均未上诉，本判决现已生效。

【法官后语】

在当今的物联网迅猛发展的时代，法律实践也面临前所未有的机遇和挑战。本案聚焦于物联网新场景下的“打卡断档”纠纷，探讨物联网环境下预备合并之诉。

预备合并之诉为物联网设备购买和参与活动中的消费者提供了一种灵活应对纠纷的手段，特别是在面对合同履行、数据隐私保护等问题时，它通过允许消费者在同一诉讼中提出主要诉求和预备诉求，提升了诉讼的灵活性和效率。这种诉讼形式特别适用于物联网设备购买和活动参与中的纠纷处理，因为这些情境往往涉及复杂的事实关系和技术问题，使得诉讼的不确定性增加。

我国司法实践曾长期秉持着“一案一诉”的观念，认为在具体的个案中只能处理一个法律关系，不能同时处理两个法律关系。但复杂的司法实践，往往导致当事人无法准确地判断将谁列为被告，提起何种诉讼请求。在物联网场景下，这种现象更加凸显。为了避免同案不同判，维护法院裁判结果的统一，节约双方当事人诉讼成本和国家司法资源，最高人民法院也相继作出不少相关案例，认为相互关联的诉可以合并审理，也同时突破了“一案一诉”的传统观念。本案中，谭某的第一项诉请涉及“预备合并之诉”，即为“诉的合并”中的一种类型。

“预备合并之诉”作为一种诉讼形式，近年来在我国司法实践中受到了广泛关注。它允许当事人在同一诉讼中提出相互矛盾的诉讼请求，旨在提高诉讼效率、降低诉讼成本，并在一定程度上保障当事人的合法权益。最高人民法院对“预备合并之诉”的立场和观点，对于这一诉讼形式在法律实践中的应用具有重要指导意义。最高人民法院认为，法院不应以诉请不明为由不予立案或驳回起诉。这一立场强调了对当事人诉讼权利的保护，认为只要当事人的诉讼请求具有一定的合理性和合法性，法院就应当受理并进行审理。这一观点在一定程度上体现了对诉讼效率和公正性的关注。

就本案第一项诉请所涉及的核心问题，最高人民法院、各地高院对应生效判决予以支持：

第一，就“预备合并之诉”的提出方式，既可以在起诉时由当事人直接提出，也可以在诉讼过程中以明确或变更诉请的方式提出。本案是在起诉之时提出。第二，预备合并之诉的提出基础，可以基于同一法律关系提出，也可以基于不同法律关系提出，但须基于同一事实。本案是基于信息网络买卖合同纠纷的同一法律关系提出，且均基于打卡返现（记录修复）这一事实。第三，预备合并之诉的措辞风险，应当明确体现主位之诉、备位之诉不能并存、择一实现的特别属性，否则易被误解为是相互独立、相互排斥的两个诉。而本案的主位请求和备位请求分别为：如可修复记录即可返现，无法修复则退货退款，具有择一实现的特征。第四，预备合并之诉的请求明确，备位诉讼请求往往是在主位诉讼请求不能获得支持的情况下进行裁判的，同时诉请一并提起并不违反《中华人民共和国民事诉讼法》的规定。法律仅规定诉讼请求具体，但未规定两个以上的诉讼请求不得相互排斥、对抗等。因此，上述诉请在程序上不违反法律规定。

综上，《最高人民法院关于适用〈中华人民共和国民事诉讼法〉的解释》第二百二十一条规定："基于同一事实发生的纠纷，当事人分别向同一人民法院起诉的，人民法院可以合并审理。"本案起诉基于"打卡返现"合同履行的同一事实而起，该起诉并不违反民事诉讼法的相关规定。此外，该预备合并之诉在本案中一并审理既符合诉讼便利和经济的原则，也有利于法院对当事人争议裁判的协调统一。

就本案来看，预备合并之诉为物联网设备购买和活动参与中的消费者提供了一种灵活应对纠纷的手段，特别是在面对合同履行、数据隐私保护等问题时，它通过允许消费者在同一诉讼中提出主要诉求和预备诉求，提升了诉讼的灵活性和效率。这种诉讼形式特别适用于物联网设备购买和活动参与中的纠纷处理，因为这些情境往往涉及复杂的事实关系和技术问题，使得诉讼的不确定性增加。

在面对物联网设备购买及活动参与的纠纷时，预备合并之诉主要发挥三个方面的法律救济功能：一是确保消费者权益保护的全面性，通过提出多重诉求，确保在一方诉求因法律规定或事实不清而不能满足时，其他诉求可以作为补充，增加获胜的可能性。二是提高诉讼效率，将所有相关诉求集中在同一诉讼中审理，避免了因诉求变更而可能产生的多次诉讼，节约了司法资源，同时也减少了当事人的诉讼负担。三是适应事实和法律关系的不确定性，物联网设备购买和活动参与往往涉及复杂的事实关系和法律规定，预备合并之诉允许当事人根据不同的法律适用和事实认定，提出符合自身利益的多元诉求。

编写人：广州互联网法院　林北征　胡敏

46

消费者利用电商网页错误低价恶意购买，行使合同权利是否应限制

——王甲诉王乙信息网络买卖合同案

【案件基本信息】

1. 裁判书字号

重庆市第三中级人民法院（2023）渝03民终1348号民事判决书

2. 案由：信息网络买卖合同纠纷

3. 当事人

原告（被上诉人）：王甲

被告（上诉人）：王乙

【基本案情】

2022年10月9日17时59分，王甲在王乙开设的网店下单购买某品牌手机5部，单价为每部928元，合计价款4640元。王甲在下单后6秒内支付了价款4640元。当天18时22分，王乙告诉王甲该价格系后台操作修改错误，要求王甲申请退款。其后，王甲多次要求王乙发货，王乙均以价格错误为由，要求王甲申请退款，拒绝发货。后王甲诉至法院，要求王乙继续履行网络购物合同，交付下单购买的5部某品牌手机。

经查，王甲曾作为原告以信息网络买卖合同纠纷案由在全国各地提起过数十次诉讼，案件事实理由与本案高度类似，商家均抗辩称王甲下单时价格显示错误。

【案件焦点】

1. 案涉信息网络买卖合同是否成立，是否合法有效；2. 王乙应否承担向王甲继续履行交付案涉手机的合同义务。

【法院裁判要旨】

重庆市涪陵区人民法院经审理认为：王甲与王乙订立的信息网络买卖合同依法成立并生效，对双方当事人具有约束力。王甲履行付款义务后，王乙未按约定向王甲交付货物已经违约，王乙应按照合同约定向王甲交付手机。

重庆市涪陵区人民法院依照《中华人民共和国电子商务法》第二条第一款和第二款、第四十八条、第四十九条，《中华人民共和国民法典》第五百七十七条，《中华人民共和国民事诉讼法》第六十七条、第一百四十七条之规定，判决如下：

一、王乙继续履行与王甲订立的网络购物合同；

二、王乙在判决书生效后十日内向王甲交付某品牌手机5部。

王乙不服一审判决，提起上诉。

重庆市第三中级人民法院经审理认为：在王甲提交订单成功之时，双方买卖合同关系成立。在王甲提交订单之时，案涉某品牌手机刚发布不久，虽然王乙经营的网店在案涉手机的商品页面中标注单价为928元，但该价格远低于正常市场价，王甲此前已因网购该品牌手机而在全国多地多次提起诉讼，其不可能不知晓该款手机新机的市场价格。结合王甲完成付款后，王乙数分钟内便联系王甲，告知价格标错并协商退款事宜的事实，可以认定涉案手机标价为928元并非王乙的真实意思表示，确系价格标错所致。王甲已就类似网购手机在全国多地多次提起诉讼，说明王甲有别于其他普通的自用型网购消费者，可以认定其在明知交易价格错误而迅速下单购买多部手机以牟利。鉴于王甲并未支付合理对价，若仍要求王乙履行交付5部案涉手机的义务，有悖于民法基本的诚实信用原则，会导致消费者与经营者关系严重失衡的不公平后果，王甲行使该合同权利属于权利滥用，应受到限制。

重庆市第三中级人民法院依照《中华人民共和国民法典》第六条、第七条、第一百三十二条、第四百七十二条、第四百九十一条第二款，《中华人民共和国民事诉讼法》第六十七条、第一百七十七条第一款第二项之规定，判决如下：

一、撤销重庆市涪陵区人民法院（2023）渝0102民初2339号民事判决；

二、驳回王甲的诉讼请求。

【法官后语】

近年来，随着我国电子商务的兴起，部分消费者甚至职业买家为了“薅羊毛”，利用经营者发现并修正购物页面价格显示错误的时间差，恶意以相应错误低价下单的现象频频发生。消费者利用商家失误、电商平台规则漏洞恶意下单的行为，不利于电子商务产业的健康有序发展，容易产生不良的社会影响。

一、关于涉案商品是否属于经营者价格标示错误的认定

价格标示错误是指，表意方标示的价格并非其内在真实意思，即意思表示传递中存在错误。因此，此时的“内在意思”不能直接作为表意方相关意思表示的内容，也不能当然认为“价格标示错误”影响相关意思表示的效力。在信息网络买卖合同中认定表意方是否存在价格标示错误，需要考虑经营者与消费者系通过电子商务平台的自动信息系统作出意思表示等特点，结合涉案商品展示信息整体情况等各因素进行判断，还应当排除经营者故意标示错误的可能性，如经营者实施某种特殊营销策略等情形。

本案中，案涉手机具有一定的市场知名度，且在王甲提交订单之时，案涉手机刚发布不久。虽然案涉手机商品页面中标注价格为928元，但该价格与正常市场价相差巨大，即使是普通消费者亦清楚该价格应属异常。王甲之前已因网购案涉手机在全国多地多次提起诉讼，其不可能不知晓案涉手机新机的市场价格。加之王乙在王甲完成付款后不久便联系王甲，告知价格标错并协商退款事宜，且目前并无王乙故意将涉案手机价格设置错误的证据。综上，认定案涉手机标价为928元并非王乙的真实意思表示，即本案存在价格标示错误情形，更符合客观实际。

二、关于涉案合同是否成立的认定

第一，关于信息网络买卖合同是否成立的审查。在网络购物中，经营者、消费者均通过自动信息系统的互动作出要约或承诺的意思表示，要约或承诺的到达也由自动信息系统即时反馈，判断信息网络买卖合同关系是否成立，应从以下几个方面考虑：一是经营者通过自动信息系统发布的商品外观、型号和价格等信息是否足够具体明确；二是经营者发布的商品信息是否表明接受消费者承诺的约束，是否同时设置其他条件对消费者订单另行确认；三是消费者发出订单能否视为承诺。

第二，关于价格标示错误对当事人意思表示的影响。对此，主要应考虑两个问题：一是价格标示错误是否影响经营者商品信息展示，构成有约束力的要约；二是消费者依错误价格提交的订单，是否影响订单成为新要约。在网络购物中，经营者在设置价格时，有能力以消费者能正确理解的方式表达，对于其自我决定中出现的错误表达，理应自己承担责任。结合网络购物的特点，如要求消费者放弃相信商品信息中明确展示的价格，而去探求经营者内心真实意思，这将牺牲电子商务的效率和成本优势，不符合现行法律的价值精神。因此，在网络购物中，即使经营者商品价格标示错误，也不影响该商品信息展示，构成有约束力的要约，相应地，消费者以该错误价格提交的订单也不会构成新的要约。

第三，本案信息网络买卖合同是否成立。本案中，王乙将案涉手机的名称、规格、售价等详细商品信息公布于其网店，进行了详细介绍及图片展示，内容具体明确，消费者在浏览商品信息、提交订单及付款过程中可以直观了解到案涉手机的信息，自由选择购买，且王乙并未在该商品信息中事先设置其他条件，要求对消费者的订单另行确认，故王乙在网站上公布案涉手机商品信息的行为已符合要约的特性。王甲访问王乙经营的网店的案涉手机信息，并成功提交订单和完成付款，构成对要约的承诺。因此，在王甲提交订单成功之时，双方之间就案涉手机订立的信息网络买卖合同已经成立。

三、本案消费者要求继续履行涉案合同的诉请能否支持

一般来说，依法成立的合同应当严格遵守，合同效力与合同履行应当一致，

但在例外情况下，如按照一方合同权利行使，有悖于诚实信用原则，会造成权利的滥用，则应对该权利的行使予以合理限制，即合同履行会与合同效力出现不一致的情况。以往对于意思表示错误，通常以重大误解的撤销权消解经营者所负合同履行义务，解决双方之间的利益失衡问题。但在当前个别消费者利用商家失误、电商平台规则漏洞恶意缔约现象频频发生，甚至呈产业化发展趋势的情形下，立法原规定的对消费者的倾斜保护会让经营者遭受不合理损失，有违立法初衷。如不根据案件具体情况加以规制，仍按照传统意思表示错误机制，要求经营者在发现标价错误后向法院或仲裁机构提出撤销合同，对于经营者来说往往成本巨大，也难以解决网络购物时代价格标示错误引发的法律难题。

本案中，王甲已就类似网购手机在全国多地多次提起诉讼的事实，说明王甲有别于其他普通的自用型网购消费者，可以认定其在明知交易价格错误而迅速下单购买多部手机以牟利。虽然价格标示错误并不影响本案合同成立，但由于王甲并未支付合理对价，如仍要求王乙按订单价格履行合同义务、交付5部案涉手机，将使王甲实际获得不当利益，而王乙会遭受明显不应当的重大经济损失，从而出现双方合同权利义务明显不对等、权益严重失衡等显失公平的后果，有悖于民法基本的诚实信用原则。因此，王甲行使该合同权利属于权利滥用，应受到限制，对于王甲要求王乙交付案涉5部手机的诉讼请求，不应予以支持。

本案，人民法院判决对恶意缔约的消费者行使合同的权利予以合理限制，有利于引导消费者依法行使合同权利，提升网络空间法治化水平，维护正常的市场交易秩序，营造诚实守信的良好社会风尚，践行社会主义核心价值观，对类似案件的处理具有较强的指导作用。

编写人：重庆市第三中级人民法院　张晓霞

47

带有射幸性质的交易行为不属于欺诈

——谢某诉某玉业公司信息网络买卖合同案

【案件基本信息】

1. 裁判书字号

福建省厦门市中级人民法院(2023)闽02民终3679号民事判决书

2. 案由:信息网络买卖合同纠纷

3. 当事人

原告(上诉人):谢某

被告(被上诉人):某玉业公司

【基本案情】

2022年4月3日至13日,谢某于某玉业公司的微信平台珠宝销售直播间购买翡翠毛货。其间,共计下单32件商品,退单22件,最终确认购买10件,共计花费41248元。

2022年4月3日,谢某下单购买了“缅料翡翠毛货仿古牌809”“缅料翡翠毛货人物797”“缅料翡翠毛货扣子850”。2022年4月4日,谢某下单购买了“缅料翡翠毛货仿古牌793”“缅料翡翠毛货如意722”“缅料翡翠毛货如意723”。2022年4月5日,谢某下单购买了“缅料翡翠毛货山水907”“缅料翡翠毛货山水902”。而后向某玉业公司的客服询问“缅料翡翠毛货仿古牌809”的透明度,客服回复其具体的级别,但亦强调“具体看起货效果”。

2022年4月17日至19日,谢某在收到某玉业公司对其确认下单的上述翡翠毛货进行抛光后的翡翠成品饰品,认为上述翡翠成品饰品与某玉业公司承诺的“冰种”不符，遂向客服进行反映，要求退货未果。

2022年4月25日至26日，谢某委托科技公司对上述翡翠成品饰品进行鉴定。经国家珠宝玉石质量检测中心检测并出具相关鉴定证书，认定上述10件翡翠成品饰品的透明度级别1件为《翡翠分级》（GB/T 23885—2009）分级设定的“亚透明-半透明 T2-T3”，对应商贸俗称（参考）为介于“糯化地”与“冰地”之间。其余9件透明度级别为《翡翠分级》（GB/T 23885—2009）分级设定的“半透明 T3”级别，对应商贸俗称（参考）为“糯化地”。谢某为此支付了鉴定费4250元，物流快递费226元。

另查明，根据推荐性国家标准《翡翠分级》（GB/T 23885—2009）对透明度的分级设定为：“透明 T1”，对应商贸俗称（参考）为“玻璃地”；“亚透明T2”，对应商贸俗称（参考）为“冰地”；“半透明 T3”，对应商贸俗称（参考）为“糯化地”；“微透明 T4”，对应商贸俗称（参考）为“冬瓜地”。

2022年6月23日，谢某提起本案诉讼。

【案件焦点】

某玉业公司在履行双方的信息网络买卖合同的过程中是否存在虚假宣传的行为。

【法院裁判要旨】

福建省厦门市思明区人民法院经审理认为：本案的争议焦点在于某玉业公司在履行双方的信息网络买卖合同的过程中是否存在虚假宣传的行为。虽然某玉业公司客服在回复时，对案涉翡翠毛货的描述为“糯冰往上”“冰种”“冰胶”“冰种往上”“高冰飘花”等，但上述宣传用语并不能直接对应推荐性国家标准《翡翠分级》（GB/T 23885—2009）的透明度分级，且客服回复时亦明确表示“具体看起货效果”，故不能据此作为衡量案涉翡翠毛货是否符合宣传内容的标准。且谢某所购买的翡翠毛货，系仅经过雕刻成型，但尚未进行最终抛光起货的翡翠半成品。在谢某选购之时，其透明度、质地、纯净度等存在不确定性，其购买行为本身存在一定的射幸性质，对其中可能存在的风险，谢某应有一定的认识。综上，不能认定某玉业公司就案涉翡翠毛货存在品质欺诈和虚假宣传的行为，故谢某主张撤销其与某玉业公司就网购翡翠的买卖协议并要求某玉业公司退还翡翠购买价款、支付购买价款三倍的惩罚性赔偿金、赔偿翡翠鉴定费及物流快递费等的一系列诉讼请求，没有事实和法律依据，不予支持。

福建省厦门市思明区人民法院依照《中华人民共和国民法典》第五百零九条第一款，《中华人民共和国民事诉讼法》第六十七条第一款之规定，判决如下：

驳回原告谢某的全部诉讼请求。

谢某不服一审判决，提起上诉。

福建省厦门市中级人民法院经审理认为：同意一审法院裁判意见，同时，关于谢某二审中主张“七天无理由退货”能否支持的问题，本案中，谢某于 2022 年 4 月 3 日至 13 日累计在某玉业公司的销售直播间下单购买 32 件翡翠毛货，最终确认购买 10 件。某玉业公司在与谢某的上述交易过程中，在对案涉翡翠毛货进行抛光前，已两度明确向谢某告知“由于毛货属于定制类产品，抛光属于二次加工，故毛货商品抛光后将不接受无理由退换货”。该告知内容并不存在理解争议或无效情形，故谢某无权就案涉商品要求某玉业公司“七天无理由退货”。

福建省厦门市中级人民法院依照《中华人民共和国民事诉讼法》第一百七十七条第一款第一项之规定，判决如下：

驳回上诉，维持原判。

【法官后语】

在古玩玉石圈内，有一种名为“赌石”的交易活动，是指在玉石交易的过程中，由于砾石表面有风化皮壳的遮挡，看不到内里的情况，只能根据皮壳的特征或在局部上开的“门子”，凭自身知识、经验来推断砾石内部是否存在翡翠玉石或其品质的优劣。本案中，虽然交易买卖的为翡翠半成品，但该半成品仅经过雕刻成型，尚未进行最终抛光起货。其成品的透明度、质地、纯净度等品质特征，仍然存在一定的不确定性。如此的交易行为，与“赌石”交易的特性极为近似。因此，法院在审理后判定，本案双方之间的交易行为系存在一定的射幸性质。

若我们把“赌石”看作一种不成文的交易惯例，一般情形下，如买家抛光后，其成品价值高于购买价格，则其大大受益，自然乐于交易。但若抛光后的成品价值低于购买价格，则其亦无理由拒绝继续交易。该交易行为特征符合射幸合同的特征。射幸合同也称为非确定合同，是指合同当事人的权利义务在合同成立时并非完全确定的合同，当事人一方是否履行义务有赖于偶然事件的出现，这种合同的效果在订约时带有不确定性。射幸合同在合同成立时给付的内容和范围尚不确定，其确定取决于合同成立后是否发生偶然事件作为产生的前提。因双方的给付义务本身是不对等的，故不能从实际支付的对价是否相当来衡量合同是否显失公平，交易的任何一方事后也不能以标的物实际价值明显高于或低于成交价格主张撤销合同。

本案原告系基于欺诈而诉请撤销网购翡翠的买卖协议，并要求卖家“退一赔三”。笔者认为，所谓消费欺诈，应当为经营者向消费者提供商品或服务的过程中，故意隐瞒真实情况，“以假乱真”或“以次充好”。双方之间的交易行为既然存在一定的射幸性质，且买家接受了上述交易规则，对于其中可能存在的风险，就应有一定的认识。

案涉交易的半成品对外称“翡翠毛货”，主要因其内部材质确系翡翠，仅是品质等级无法确定，但即便品质低廉，也不能认定属于“以假乱真”“以次充好”的情形。且卖家客服在回复时亦明确表示“具体看起货效果”，告知了其存在的不确定性，故即使在交易后对翡翠半成品进行抛光，未能达到预期的品质等级，亦不能认定卖家存在虚假宣传的行为。

编写人：福建省厦门市思明区人民法院　李欣

48

错误标价信息网络买卖合同的效力认定

——陈某诉某酒业公司、某网络销售平台信息网络买卖合同案

【案件基本信息】

1. 裁判书字号

北京市第四中级人民法院（2022）京 04 民终 588 号民事判决书

2. 案由：信息网络买卖合同纠纷

3. 当事人

原告（上诉人）：陈某

被告（被上诉人）：某酒业公司、某网络销售平台

【基本案情】

某酒业公司在某网络销售平台开设网店销售 A 品牌酒，A 品牌酒单价原为 699 元/瓶，但下单页面错误标注为“699 元”“整箱装”。陈某先后下单购买了 152 箱 A 品牌酒，支付 10 万余元。后经陈某多次催促沟通，商家拒绝发货。陈某认为，双方的合同关系已经建立，自己付款后商家未按时发货，经多次催促至今未向其交付商品，故诉至法院，要求某酒业公司履行合同，交付购买的 152 箱 A 品牌酒，某网络销售平台作为平台经营者，应承担连带赔偿责任。

【案件焦点】

1. 错误标价信息网络买卖合同的效力认定；2. 陈某要求继续履行合同是否应当支持。

【法院裁判要旨】

北京互联网法院经审理认为：信息网络买卖合同在消费者下单付款时即成立并生效，消费者享有合同履行请求权。但消费者的恶意缔约行为违反了诚信原则和禁止权利滥用原则，如果履行合同，消费者将获得不当得利，经营者面临不相当的损失，利益显然失衡。此时合同履行请求权的行使受到限制，消费者仅可主张解除合同、返还已支付货款，而不能主张继续履行合同。

综合考虑涉案商品的商品介绍详情、图片展示及市场价格，若涉案商品定价为699元/整箱，显著低于市场均价，明显与常理不符。同时，考虑到原告在下单后，某酒业公司的客服同原告联系，明确告知699元是一瓶的价格，商品页面系标示错误，并沟通后续处理事宜，因此，可以认定某酒业公司确实存在价格标示错误的情形。陈某于涉案店铺提交订单成功，其与某酒业公司之间成立信息网络买卖合同关系。涉案商品价格标示错误虽不影响双方之间成立合同关系，但由于原告并未支付合理或相当的对价，如果履行合同，原告实际获得了不当得利，被告也面临不相当的损失，利益显然失衡。

北京互联网法院依照《中华人民共和国民法典》第七条及《中华人民共和国民事诉讼法》第六十七条之规定，判决如下：

驳回原告陈某的全部诉讼请求。

陈某不服，提起上诉。

北京市第四中级人民法院经审理认为：同意一审法院的裁判意见，依照《中华人民共和国民事诉讼法》第一百七十七条第一款第一项之规定，判决如下：

驳回上诉，维持原判。

【法官后语】

当前，随着电子商务的广泛应用，因消费者“薅羊毛”而产生的合同纠纷大量出现。本案的争议焦点在于：买卖双方之间的合同是否成立，以及消费者能否向商家主张继续履行合同。

一、消费者向涉案店铺成功提交订单，其与经营者之间即成立信息网络买卖合同关系

根据《中华人民共和国电子商务法》第四十九条第一款的规定，电子商务经营者发布的商品或者服务信息符合要约条件的，用户选择该商品或者服务并提交订单成功，合同成立。当事人另有约定的，从其约定。本案中，涉案店铺对A品牌酒进行了详细的介绍及图片展示，陈某在提交订单及付款过程中可以直观了解到有关A品牌酒的具体信息，即使店铺对A品牌酒的价格标示错误，也不影响商品页面的信息展示构成要约。故，陈某在成功提交订单后，即与某酒业公司成立信息网络买卖合同关系。

二、商品价格标示出现错误，不影响双方之间成立合同关系

近年来，随着电子商务的发展，信息网络买卖合同缔结的全部过程无法脱离互联网，经营者一旦输入错误，以错误价格订立合同便无法避免。如果任由消费者恶意缔约，势必损害更多电子商务经营者的利益，有违公平正义的法治原则，妨碍电子商务产业的健康发展。因此，经营者的正当权益也需要进行必要的救济，有助于实现电子商务经营者与网络消费者利益的平衡。本案中，由于陈某并未支付合理或相当的对价，如果履行合同，双方利益显然失衡。消费者对品牌白酒的价格应有一定的认知，依据平台发布的信息和一般人理性的理解，699元应当是一瓶的价格，如果按照购买人主张的价格交付，合同订立时显失公平。

三、面对恶意缔约，经营者可以采取法律手段获得救济

首先，经营者可以通过否定合同效力消解合同履行请求权。根据《中华人民共和国民法典》第一百四十七条的规定，基于重大误解实施的民事法律行为，行为人有权请求人民法院或者仲裁机构予以撤销。重大误解是指行为人对行为的性质、对方当事人或者标的物的品种、质量、规格、价格、数量等产生错误认识。电子商务经营者以标价错误为由拒绝履行合同，需要证明标价错误构成重大误解，本案中，结合在案证据，可以合理推知，被告在与原告订立合同时误认为合同的标的为一瓶酒，对标的数量产生了错误认知，存在重大误解。

被告因此获得撤销权，有权请求人民法院或者仲裁机构撤销合同。但是，实践中基于网络购物特点，尤其是“秒杀”、抢购等促销中，可能因涉及订单过多、消费者身份不易查证等因素，造成经营者无法在撤销权的除斥期间内行使撤销权。

其次，经营者可以主张合同违反诚信原则等有效抗辩，阻却合同履行请求权。根据《中华人民共和国民法典》第六条、第七条的规定，民事主体从事民事活动，应当遵循公平原则和诚信原则。本案中，陈某不难判断电商平台上的低价是错误标价，在客服进行了提示和说明后，陈某仍不合常理地大量下单，可以认定其在缔约过程中存在恶意情形，应该在诚信原则的涵摄范围之内，并以此受到法律的否定性评价。陈某意图通过此行为获取额外利益、损害被告商业利益，也违反了禁止权利滥用原则。

编写人：北京互联网法院　李文超

49

电子商务平台嵌套经营模式下外层平台的性质及商品混淆时法律责任认定

——王某诉某电商公司、某信息技术公司信息网络买卖合同案

【案件基本信息】

1. 裁判书字号

北京市第四中级人民法院（2023）京 04 民终 217 号民事裁定书

2. 案由：信息网络买卖合同纠纷

3. 当事人

原告（上诉人）：王某

被告（被上诉人）：某电商公司、某信息技术公司

【基本案情】

王某于 2021 年 8 月 24 日从某电商平台经营的 App（应用软件）中下单购买了标注为“自营”的某品牌游戏机一台。王某自称收到商品后商品外包装盒破损严重，游戏手柄操作面板有污渍，怀疑该商品为退换货的二手商品，要求某电商平台提供该商品的产地、版本信息、溯源信息等商品详细信息，均被拒绝。王某起诉至一审法院，主张“退一赔三”，并由某电商平台向其提供赔偿等请求。某电商公司认为，案涉商品是王某从某国际电商平台中购买，款项也是由某国际电商平台的经营者即境外注册的某国际公司收取，二者不是同一平台，某电商平台只是为王某进入某国际电商平台提供了通道，不属于网络交易平台提供者。某信息技术公司称，该公司既非销售者，亦非平台经营者，不是适格主体。

【案件焦点】

某电商公司是否需要就内嵌的某国际电商平台中销售的自营商品向消费者承担销售者责任。

【法院裁判要旨】

北京互联网法院经审理认为：用户点击某电商平台首页的“某国际”栏目，即可跳转至某国际电商平台，某电商公司实际为用户提供了进入某国际电商平台的渠道，符合网络交易平台提供者的构成要件，因此，某电商公司属于本案适格被告。但案涉商品是属于某国际电商平台的自营商品，而非某电商平台的自营商品，王某主张某电商公司承担销售者责任缺乏依据，不予支持；某信息技术公司既非销售者，又非平台提供者，王某要求其承担责任缺乏依据。

综上，北京互联网法院依照《中华人民共和国民法典》第五百零九条，《中华人民共和国电子商务法》第三十七条，《中华人民共和国消费者权益保护法》第四十四条之规定，判决如下：

驳回王某的诉讼请求。

王某不服一审判决，提起上诉。

北京市第四中级人民法院经审理认为：用户通过某电商公司经营的某电商平台进入某国际电商平台中销售的商品链接，某电商公司事实上为用户提供了平台服务，为平台内的某国际平台中的经营者提供了发布信息等服务，最终促使电子商务交易的当事人通过自己的平台达成交易，且某电商公司负责交易秩序的维护与管理，符合网络交易平台提供者的构成要件，应被认定为网络交易平台提供者。某国际电商平台中销售的案涉商品名称前标注的“自营”字样与某平台自营的商品前标注的“自营”的字号大小、颜色、位置及背景外观完全一致。电子商务平台经营者虽非实际开展自营业务，但其所作标识等足以误导消费者使消费者相信系电子商务平台经营者自营，消费者主张电子商务平台经营者承担商品销售者或者服务提供者责任的，人民法院应予支持。某国际电商平台的经营者为某境外公司，与某平台系不同的经营主体，但在某平台的嵌套经营模式下，在某国际电商平台销售的案涉商品中使用了与某平台自营商品外观一致的“自营”字样，即便涉案商品上方标以“某国际进口超市”等字样，该等字样亦不足以向消费者表明某国际电商平台与某平台无关，不足以表明“某国际”不是某平台中的一个子项目或子类别而是完全不同的平台或经营者，不足以表明某国际电商平台经营的商品不属于某平台的自营商品。涉案商品的标识足以误导消费者，使消费者相信涉案商品系某平台经营者自营，某电商公司应就涉案商品对消费者承担商品销售者的责任。一审法院认定某电商公司不应承担销售者责任有误。王某质疑涉案商品存在来路不明、以次充好等情形，构成欺诈，并主张退一赔三等请求，其请求所依据的相关事实是否成立，一审法院未予查清。

北京市第四中级人民法院依照《中华人民共和国民事诉讼法》第一百七十七条第一款第三项之规定，裁定如下：

一、撤销北京互联网法院（2021）京 0491 民初 36722 号民事判决；

二、本案发回北京互联网法院重审。

王某与某电商公司在发回重审后的一审审理中达成调解协议，某电商公司给付王某相应金额的和解款项，双方与本案相关的争议就此一次性解决，无其他争议。

【法官后语】

本案涉及两个问题的争议：一是在电子商务平台的嵌套经营模式下，外层平台经营者是否属于网络交易平台经营者，进而决定其是否需要承担平台经营者的相应法律责任；二是内嵌平台的自营商品与外层平台的自营商品标识区别不明显、导致混淆时，外层平台的法律责任认定。

对于外层平台的性质，根据《中华人民共和国电子商务法》第九条第二款的规定可知，判断某平台经营者是否为网络交易平台经营者，可以从四个判断要件进行分析：一是提供网络经营场所，即平台依托于互联网、移动互联网等信息网络，为网络经营者和消费者之间的交易提供稳定、可持续及具备配套交易规则的交易活动场所。二是交易撮合，即平台向交易双方反馈整合后的商品或者服务的信息以实现促成交易的目的。三是提供信息发布服务，即平台为经营者提供商品或服务的信息展示服务和交易信息服务。四是供交易双方或者多方独立开展交易活动，即平台通过自己提供的服务，促使交易双方在自己的平台上达成交易。由于涉案平台提供的是内外平台嵌套经营模式，其中内嵌平台当然属于网络交易平台经营者无疑，但就外层平台的性质界定而言，其与仅提供商品或服务介绍或广告链接，点击后跳转到网络交易平台的其他类型网络服务提供者情况并不相同，后者本身不是网络交易平台，与跳转后的网络交易平台提供的网络服务分属不同类型，跳转提示明显，平台经营内容区别显著。而在嵌套经营模式下，无论是外层平台还是内嵌平台，其均符合上述网络交易平台经营者的四个要件。内嵌平台在外层平台界面中，往往与平台内设栏目等难以区分，消费者浏览商品或服务、选购下单、交付款项、查阅订单信息及申请售后服务等活动，均在嵌套平台中进行，消费者无从或是难以区分二者，因此，无论是从法律规定的内涵分析还是从保护消费者合法权益的角度，内外平台经营者均可以被认定为网络交易平台经营者。根据《中华人民共和国消费者权益保护法》第四十四条的规定，网络交易平台提供者在不能提供销售者或者服务者信息、作出更有利于消费者的承诺，以及明知或者应知销售者或者服务者利用其平台侵害消费者合法权益而未采取必要措施的三种情况下，需要对消费者承担相应的法律责任。

对于内嵌平台的自营商品使用与外层平台的自营商品相同标识造成难以区分，消费者向外层平台经营者主张承担销售者责任的，法院应予支持。网络交易平台经营者本来是电子商务交易法律关系之外的第三方，是提供网络交易平台供平台内经营者与消费者进行交易的服务者，但若其在自己的网络交易平台从事销售商品或者提供服务的经营活动，就超出了其提供网络交易平台服务的职责范围。这种其自行经营的业务，即为网络交易平台经营者自营业务。网络交易平台经营者在自己的网络交易平台中销售自营商品，其法律地位就是商品销售者，对自己销售的商品负有瑕疵担保义务；若商品存在瑕疵，造成消费者的损害的，其需要承担加害给付责任、售后责任等系列法定责任。因网络交易平台经营者在混业经营的情形下承担的责任显著不同，为了保护消费者的合法权益，《中华人民共和国电子商务法》第三十七条规定，电子商务平台经营者在其平台上开展自营业务的，应当以显著方式区分标记自营业务和平台内经营者开展的业务，不得误导消费者。电子商务平台经营者对其标记为自营的业务依法承担商品销售者或者服务提供者的民事责任。电子商务平台经营者虽非实际开展自营业务，但其所作标识等足以误导消费者使消费者相信系电子商务平台经营者自营，消费者主张电子商务平台经营者承担商品销售者或者服务提供者责任的，人民法院应予支持。因此，作为外层平台的经营者，若明知或应知内嵌平台经营者的自营商品使用与其自营商品相同或相似难以区分的标识，从而误导消费者，且有能力采取措施制止或规制但不予作为的，按照上述规定，消费者主张外层平台经营者承担商品销售者责任的，应予支持。本案一审判决确认了外层平台经营者属于网络交易平台提供者，但忽略了内嵌平台自营商品标识与外层平台自营商品有关“自营”的标识一致足以误导消费者的事实，导致得出外层平台经营者无须承担商品销售者责任的错误结论。由于王某主张涉案商品存在以次充好等欺诈情形，而一审法院对此部分内容未予审理，涉案商品销售中是否存在欺诈情形，需要进一步审理。

编写人：北京市第四中级人民法院　于颖颖

50

网购平台对消费者作出“仅退款”的处理决定对商家有无约束力

——某工贸公司诉华某信息网络买卖合同案

【案件基本信息】

1. 裁判书字号

江苏省无锡市新吴区人民法院（2023）苏0214民初7221号民事判决书

2. 案由：信息网络买卖合同纠纷

3. 当事人

原告：某工贸公司

被告：华某

【基本案情】

某工贸公司系某网络购物平台商家，出售体育用品。2023年5月13日，华某在某网络购物平台由某工贸公司开办的网店中购买滑板一副，价格为195元。5月15日17时许，华某签收该快件。收货后，华某发现滑板在没有撕膜的情况下，砂纸有损坏，遂向商家提出退款。商家回复砂纸是运输途中磨损，可以发砂纸给华某替换，也可以退货退款。后华某向某平台客服发起申请，申请仅退款80元，某平台客服介入后，退款给华某20元。华某认为该款不够其购买新的砂纸及维修的费用，故再次发起申请，要求退款60元，某平台客服介入处理，退款给华某50元。某工贸公司不服平台处理结果，起诉要求华某退还70元。

华某陈述，其之所以选择只退部分货款而不是退货退款，是因为孩子急着要使用，其系基于商家不同意其请求后，向某平台提出申请的。

诉讼中，华某提供《某平台售后服务规则》，该规则第 4.1.4 条规定“用户在订单确认收货前发起退款申请（含仅退款和退货退款），若商家已发货，但存在以下任一情形的，平台有权根据订单情况，决定是否同意极速退款……(4) 用户申请退款且投诉商品存在问题……平台根据第 4.1.4 条规定同意退款申请的，系统将自动退款给用户”。该条款以加粗加黑提示。某工贸公司提供《某平台用户服务协议》，第 6.3 条载明某平台对交易纠纷调处结果及赔付决定不承担责任。华某表示该协议是其与某平台之间的，与某工贸公司无关。

【案件焦点】

网络购物平台依据平台规则作出“仅退款”处理，对商家有无约束力。

【法院裁判要旨】

江苏省无锡市新吴区人民法院经审理认为：当事人应当为其主张提供证据予以证明。本案中，某工贸公司以华某违约为由，要求华某退还其 70 元，并赔偿相关损失，其理由是华某购买货物后向某平台申请了仅部分退款，导致其少收货款 70 元。但某工贸公司未能举证证明消费者购买商品后，不能通过某平台提出退款申请。况且，华某提出的退款申请是有商品破损事实依据的，其在与商家即某工贸公司未能达成一致意见后，根据规则，向某平台客服反映并提起申请，符合相关规则，不构成违约，相关退款金额的确定是某平台基于与商家某工贸公司的约定进行的处理，非华某可以决定，某工贸公司要求华某退款并承担赔偿责任，没有依据，本院不予支持。

综上，江苏省无锡市新吴区人民法院依照《中华人民共和国民法典》第四百六十五条，《中华人民共和国民事诉讼法》第六十七条第一款、第一百六十五条之规定，判决如下：

驳回某工贸公司的全部诉讼请求。

判决后，双方当事人均未上诉，本判决现已生效。

【法官后语】

以往发生质量和退款纠纷时，因为网络购物的特殊性，消费者与商家物理距离遥远，维权困难，往往自认倒霉。随着各类网络购物平台的激烈竞争，以及新型短视频“带货”的竞争压力，某些购物平台为吸引消费者，提出“仅退款”的售后服务规则，即在符合一定条件的情况下，消费者可以向商家发起退款不退货的申请，购物平台客服核实后向消费者部分退款。这一规则的适用，给消费者维权带来了便利，较好地保护了消费者利益，却引发了商家的不满，认为平台偏袒消费者，引发了一些诉讼。对于网络购物平台的售后规则及平台处理结果的效力，应当从以下几个维度分析：

首先，要准确界定网络购物平台、商家、消费者三方之间的法律关系。消费者向商家购买商品，双方形成买卖合同关系；消费者至网络购物平台选购商品，双方形成服务合同关系；商家在网络购物平台开设网店，网络购物平台提供管理与服务，也是服务合同关系。三方基于合同关系互相联系，既有平等，又有监督，根据合同法律规则享有权利，承担义务。在三方关系中，消费者处于最弱势一方，对消费者权益应给予更多的保护，但也不能忽视商家、网络购物平台的合法利益。

其次，要依法认定网络购物平台相关规则的法律性质和效力。作为合同法律关系，各方主体在遵守法律法规的框架内，在不违反法律禁止性规定的情况下，可以约定主体之间的权利义务，根据约定享有权利、承担义务。网络购物平台与商家、消费者订立的交易规则，属于合同条款，在不违反法律法规强制性规定的情况下，应属有效，网络购物平台、商家、消费者应当遵守。但网络购物平台在与商家的关系中，客观上占据优势地位，因此在订立相应规则时主导地位较为明显。限制商家抗辩权，由平台充当“仲裁员”的“仅退款”等规则，在法律上属于格式条款，还应当根据格式条款公平、提示、合理等审查规则，确认相关条款的效力。案涉平台“仅退款”规则在“用户申请退款且投诉商品存在问题”条款中采取合适的加粗加黑提示，旨在保护消费者的合法权益，不存在不合理限制商家权利或加重商家责任等情形，应属有效。

最后，要结合具体案情准确判定网络购物平台的相应规则的效力。当事人之间有权对权利义务进行约定，但应当不违反法律法规的禁止性规定。法院在裁判中引用当事人之间的权利义务约定，要结合具体案情，准确适用规则，合理合法保护各方当事人的利益。网络购物平台依据规则作出的“仅退款”处理，也要在合法有据的范围内，其作为一方合同主体，不具有凌驾于其他主体之上的“仲裁权”，商家或消费者对其处理结果不服时，有权提起诉讼主张合理的利益。本案中，商家因不服平台的处理结果而提起诉讼，当消费者的退款理由不属实或不恰当时，商家的权益应当得到保护。但华某申请“仅退款”的理由是商品存在瑕疵，且有相应的证据，其依据平台规则进行申诉，获得部分退款，不存在违反合同约定或者平台规则的情况，也未违反法律规定，商家要求华某返还退款，显然依据不足。

综上，对网络购物平台交易规则引发的纠纷，应当在确定法律关系、认定规则效力的前提下，根据具体案情作出合情合理的裁判，妥善平衡保护网络购物平台的监管权、商家的经营权和消费者权益。

编写人：江苏省无锡市新吴区人民法院　程加干

51

标的物毁损灭失的风险负担

——卢某诉许某、金某信息网络买卖合同案

【案件基本信息】

1. 裁判书字号

北京互联网法院（2023）京0491民初5470号民事判决书

2. 案由：信息网络买卖合同纠纷

3. 当事人

原告：卢某

被告：许某、金某

【基本案情】

许某为案涉网店的经营者。2022年11月25日，卢某在案涉店铺下单购买孔雀标本摆件1件，实付款6000元，收货地址为北京市顺义区。同日，原告添加金某微信进行标本的选择，金某向原告发送白色孔雀标本视频及若干张照片，11月26日金某发送加毛后的标本照片及一段视频，原告回复"右边还不行，左边也缺几根"并询问"你们包安装吗?"，金某回复"这是整体的，不用安装，实物很好看，您确定一下，给您打包吗?"并发送了安装好的视频，原告要求再拍一下尾部图片，金某发送尾部照片后，原告回复"可以了，打包快递吧"并提供了收货地址。12月5日13时，收货后，原告发送涉案商品摆在屋内照片一张并称"太小了，效果不好，我要退货，尾巴特稀疏"。双方沟通后一致同意由金某补发羽毛，并找人上门粘贴。12月8日，原告按金某要求撤销某网店平台退货退款申请。12月9日，原告询问金某是否快递羽毛、找工人安装，并重新发起退货退款。后双方对于补发羽毛的费用产生分歧，未达成一致意见。12月17日，原告告知金某案涉商品已发出，并发送与案涉店铺经营者沟通记录截图，经营者称"你只需要和司机沟通好，没问题会正常签收，有破损让他拉走就行"，原告回复"好的"。

某网店平台协商历史记录显示，2022年12月11日平台客服回复："针对订单反馈的做工粗糙/有瑕疵，经平台核实平台客服已处理完毕，处理方案是为买家开启退货入口，6000元在卖家确认收货后退回买家，退回运费由买家承担。"案涉店铺经营者回复了收货地址及联系人为金某，并说明：平台客服已经处理好，退货运费由买家自己承担。

卢某与涉案店铺经营者沟通记录显示，2022年12月18日，经营者称"现在破损了，这边直接拒签，不管你让不让司机签单，是你的事，报警也好，走其他程序也罢，随便你"，原告回复"行""破损是司机运输破损"。

卢某提供的证据显示2022年12月18日11时许，原告向某运输平台预支付运费1584元，2022年12月18日21时27分，原告向某运输平台货运司机微信转账高速过路费575元，起运前案涉商品完好，当晚运到退货地址，司机打开车门让收货人查验涉案商品，金某让司机站在车外几米处，其上车进行查验，查验后向司机说明案涉商品部分损坏，其拒绝签收，并让司机签字确认拒签并拍照。

金某提交拒签字条、相关身份证照片及案涉商品破损照片，字条载明“拒签北京退回的工艺品有破损，拒签（金某）”，落款处有段某签字并注明了手机号，照片显示涉案商品爪子及脖子处有断裂破损。

许某提交的某网店平台协商记录显示，原告以做工瑕疵问题（说明：尾部毛特别少）申请退货退款，2022年12月19日涉案订单“退款关闭”，平台客服判定“非卖家责任，不计入纠纷退款率”，支持理由“经核实买家举证无效，交易无法支持退款”。

诉讼中，原告主张涉案商品在被告处，被告称拒签后货运司机拉走了，涉案商品不在被告处。卢某认为被告独自上车验货损坏了商品，导致其货款及运费损失，要求被告退还货款6000元并赔偿退货运费2159元。

【案件焦点】

1. 发货人或收货人是否为买卖合同的相对方；2. 在买卖关系中，退货商品毁损风险应该由谁负担。

【法院裁判要旨】

北京互联网法院经审理认为：原告卢某在许某经营的网店下单购买了案涉商品，双方形成了信息网络买卖合同关系，该合同系双方真实意思表示，且未违反法律、法规的强制性规定，应为合法有效。本案中，买卖合同的合同签订主体系原告与被告许某，金某并非涉案买卖合同的相对方，仅是被告许某指定的发货或收货联系人，故原告要求金某退还货款并赔偿运费，无事实与法律依据，本院不予支持。

被告许某向原告提供了其选定的涉案商品，原告在收到案涉商品后以做工瑕疵为由申请退货退款，某网店平台未予支持，关闭了其退款申请，处理方案为“为买家开启退货入口，6000元在卖家确认收货后退回买家，退回运费由买家承担”，原告与被告许某均同意无理由退货退款，退货运费由原告承担，如退回商品有破损，被告拒绝签收。上述约定内容为双方真实意思表示，双方应按约定履行各自的义务。

《中华人民共和国民法典》第六百零四条规定，标的物毁损、灭失的风险，在标的物交付之前由出卖人承担，交付之后由买受人承担，但是法律另有规定或者当事人另有约定的除外。根据在案证据，原告签收涉案商品时，商品状态完好，自原告签收时案涉商品毁损、灭失的风险转移至原告。后原告依据约定自行向第三方支付运费，委托第三方承运人将涉案商品退回至被告许某指定退货地址，被告许某指定的收货人金某检验有破损拒绝签收，此时案涉商品毁损、灭失的风险尚未转移至被告。原告主张案涉商品是收货人独自在车上毁损，依据不足，本院不予支持。被告许某未收到完好的案涉商品，依据约定，其有权拒绝退款。

综上，依据《中华人民共和国民法典》第五百零九条、第六百零四条，《中华人民共和国消费者权益保护法》第二十五条之规定，判决如下：

驳回原告卢某的全部诉讼请求。

判决后，双方当事人均未上诉，本判决现已生效。

【法官后语】

网络购物已日益成为消费者购物的基本方式。该种消费方式在给消费者带来快捷而方便的良好消费体验的同时，难免因合同履行过程中的各种风险问题带来烦恼，甚至是不小的经济损失。在诸多因网络购物产生的合同纠纷中，大部分均涉及退货退款争议，商家拒绝退款的理由各有不同，如消费者已经激活使用，影响二次销售；平台支持仅退款，消费者未退货；等等。本案即为消费者在将所购商品运输至商家指定收货地址，商家经查验以商品受损为由拒收而引发的退款纠纷。

退货过程中存在商品丢失、受损等风险，该风险应该是由卖方承担，还是由买方承担，以及相应的退货运费应由哪方负担，应该依据合同约定或法律确定。首先，根据《中华人民共和国民法典》第六百零四条的规定，标的物毁损、灭失的风险，在标的物交付之前由出卖人承担，交付之后由买受人承担……《中华人民共和国消费者权益保护法》第二十五条第一款中规定，经营者采用网络、电视、电话、邮购等方式销售商品，消费者有权自收到商品之日起七日内退货，且无需说明理由。第三款规定，消费者退货的商品应当完好。经营者应当自收到退回商品之日起七日内返还消费者支付的商品价款。退回商品的运费由消费者承担；经营者和消费者另有约定的，按照约定。本案中，不论是根据法律规定还是当事人约定，在卖方完好交付商品之后，买方退还完好商品之前，商品受损风险以及退货运费都应由作为消费者的买方承担。因此，法院驳回了原告的诉讼请求。

本案探讨了在无理由退货过程中，消费者应当承担的风险。第一，消费者选择退货退款时，应当充分考虑自己承担的风险，在不能证明经营者提供的商品存在质量问题或存在欺诈行为，导致合同目的无法实现的情况下，慎重选择退货退款，特别是在可能产生较大退货运费成本的情况下。第二，对于消费者来讲，虽然基于买卖合同关系，无法得到救济，但并不妨碍其基于运输合同关系寻求其他救济。

同时，对经营者而言，根据《中华人民共和国消费者权益保护法》第二十四条规定，经营者在提供的商品不符合质量要求的情况下，也就是经营者存在根本违约的情况下，消费者有权要求更换、修理或退货，此时，消费者选择退货，经营者应当承担运输等必要费用。因此，提示经营者在线上销售过程中，一定要对自己提供的产品质量进行严格把关，依法依规诚信经营，不断提高网络消费者的满足感、幸福感，努力避免给消费者带来不好的消费体验，否则，一旦因产品质量问题产生退货退款，经营者也将面临更大的损失，如退货运费损失，甚至面临被消费者起诉的诉讼风险。

编写人：北京互联网法院　丁晓云

52

网络交易中快递未当面交付验收产生违约责任的认定

——胡某诉章某等信息网络买卖合同案

【案件基本信息】

1. 裁判书字号

北京市第四中级人民法院（2024）京04民终257号民事裁定书

2. 案由：信息网络买卖合同纠纷

3. 当事人

原告（被上诉人）：胡某

被告（上诉人）：章某

被告：某物流公司、某信息技术公司

【基本案情】

原告胡某在被告某信息技术公司经营的网购平台上，购买了被告章某经营店铺中价值8888元的高档手表。原告收到货后认为手表存在质量问题，与被告章某协商后寄回厂家检修。厂家检修后认为不存在质量问题，通过被告某物流公司寄回原告。双方约定的收货地点为原告家中地址。

某物流公司在配送快件时，直接放在驿站，并未与原告联系。原告取回快件后，发现快件内并无手表，而快递面单显示“内物为：手表已验视”。原告与卖家反映空包裹问题，卖家回复其已完成发货，不承担卖方责任，货物丢失应由承运人承担赔偿责任。原告继而向某物流公司投诉，某物流公司未提出处理方案，也未派出其他人员与原告继续沟通。原告诉称，被告章某、被告某物流公司应将涉案商品交付原告，被告某信息技术公司应对此承担连带责任。

【案件焦点】

1. 原告是否有权要求被告章某履行交付手表或者货款给付的诉讼请求；2. 被告某物流公司作为承运人、被告某信息技术公司作为网络交易平台经营者是否需要承担责任。

【法院裁判要旨】

北京互联网法院经审理认为：民事主体从事民事活动，应当遵循诚信原则，秉持诚实，恪守承诺。出卖人应当按照约定的地点交付标的物。就质检后寄回行为，章某主张已经将涉案商品委托厂家通过某物流公司快递寄回原告确定的地址，涉案快递面单显示“内物为：手表已验视”，可以表明章某所主张的厂家已经将涉案商品寄出。某物流公司作为承运人，是章某的履行辅助人，负有按照托运人指示将涉案商品完好交付收货人的义务，经营快递业务的企业应当将快件投递到约定的收件地址、收件人或者收件人指定的代收人，并告知收件人或者代收人当面验收。收件人或者代收人有权当面验收。本案中，某物流公司未经原告同意擅自将快件存入菜鸟驿站，原告可以拒绝提取快件，并及时告知章某，原告提取了快件，不能认为原告以事后行为表明其同意以存入菜鸟驿站作为交付快件的方式，某物流公司并未当面交付原告确认商品完好后签字，并没有将快件投递到约定的收件地址、收件人，因某物流公司系章某的履行辅助人，其交付行为不符合“出卖人应当按照约定的地点交付标的物”，存在违约行为，因此章某构成违约，应就该违约行为向原告承担违约责任。当事人一方不履行合同义务或者履行合同义务不符合约定的，应当承担继续履行、采取补救措施或者赔偿损失等违约责任，因此，章某需要继续向原告履行交付涉案商品的义务，如不能交付，则需退还相应货款。

某物流公司作为涉案快递的承运人，原告作为收货人，与某物流公司并不存在买卖合同关系，原告无权要求某物流公司承担赔偿责任。章某向原告履行义务后，如涉及运输合同纠纷，可以另行主张。某信息技术公司在本案中不存在过错，不应承担责任。

北京互联网法院依照《中华人民共和国民法典》第七条，第五百零九条第一款、第二款，第五百七十七条，第六百零三条第一款，《中华人民共和国民事诉讼法》第六十七条第一款，《最高人民法院关于适用〈中华人民共和国民事诉讼法〉的解释》第九十条之规定，判决如下：

一、自本判决生效之日起十日内，被告章某向原告胡某交付涉案商品（如有运费产生，由被告章某负担，如被告章某不能交付，则需向原告胡某返还货款8888元）；

二、驳回原告胡某的其他诉讼请求。

章某提起上诉，后又申请撤回上诉，二审法院裁定：

同意撤回上诉。

【法官后语】

随着信息网络技术的发展，网购交易在日常交易中的比重不断加大，传统线下买卖中的买方和卖方模式逐渐演变为买卖双方和快递企业的线上交易线下送达的新模式，快递企业在交易过程中扮演的角色不断强化。而随着业务量的增加以及快递企业间竞争程度的加深，“当面验收”的基本服务也被许多快递企业束之高阁。本案作为网络购物交易中快递未当面交付验收产生违约责任的典型案例，对于指引行业健康发展，弘扬社会主义核心价值观具有重要的意义，对今后类案的审理，也具有一定的参考价值。

一、网购交易中，快递企业未当面交付验收货物，卖家是否构成违约的认定

网购交易模式中的三方角色，似乎与传统交易中标的物需要运输的买卖合同里“买方”“卖方”“承运人”的三方角色类似。现实中，也有大量网络买卖合同纠纷中的网络店铺经营者将自身定义为传统交易中的卖方，援引《中华人民共和国民法典》第六百零三条第二款第一项“标的物需要运输的，出卖人应当将标的物交付给第一承运人以运交给买受人”之规定，以及第六百零七条第二款“当事人没有约定交付地点或者约定不明确，依据本法第六百零三条第二款第一项的规定标的物需要运输的，出卖人将标的物交付给第一承运人后，标的物毁损、灭失的风险由买受人承担”之规定，从主张其作为买卖合同的相

对方已经履行其出卖方的交货义务，因快递运输途中导致的货物瑕疵，系买家与承运人快递公司之间的快递运输合同纠纷，卖家不应承担责任。而快递运输合同中，投递人为网购中的卖家，承运人为快递公司，买家作为收件人仅为运输合同中的第三人，从而导致买家在快件毁损灭失、直接与快递公司维权时处于尴尬地位，买家在卖家与快递企业推诿中难以维权。

《中华人民共和国民法典》第五百一十二条第一款规定："通过互联网等信息网络订立的电子合同的标的为交付商品并采用快递物流方式交付的，收货人的签收时间为交付时间。电子合同的标的为提供服务的，生成的电子凭证或者实物凭证中载明的时间为提供服务时间；前述凭证没有载明时间或者载明时间与实际提供服务时间不一致的，以实际提供服务的时间为准。"通过确定交付时间的方式，明确了网络买卖合同中，卖方的义务应持续到买家收到货物之后，交付行为不符合《中华人民共和国民法典》第六百零三条第一款规定的"出卖人应当按照约定的地点交付标的物"时，应认定卖方构成针对网络买卖合同的违约行为，买方可直接要求卖方承担违约责任。卖方可后续就其运输合同，向快递服务企业主张违约责任，但不得以此为由主张买方直接向快递企业追责，从而规避其违约责任的履行。

二、快递企业在网络购物中的法律定位及责任承担

网络购物中因为互联网和快递行业的发展，改变了买卖合同双方充分协商的环境，产生了新的合同履行的争议。快递企业在网络购物中具有双重身份：一是运输合同中的涉案快递的承运人，其合同相对方为托运人，即网络购物中的网络商品经营者；二是网络商品经营者的履行辅助人，其负有按照托运人指示将涉案商品完好交付收货人的义务。

《快递暂行条例》第二十五条规定，"经营快递业务的企业应当将快件投递到约定的收件地址、收件人或者收件人指定的代收人，并告知收件人或者代收人当面验收。收件人或者代收人有权当面验收"。快递公司未经收件人同意擅自将快件存入菜鸟驿站，收件人可以拒绝提取快件，并及时告知网络商品经营者，收件人提取了快件，不能认为收件人以事后行为表明其同意以存入菜鸟驿站作为

交付快件的方式。收件人未当面签收其快件，不应视为快件已完成交付。其间产生毁损灭失的结果，应由快递公司基于快递运输合同向投递人承担违约责任。

在本案一审判决作出后，中华人民共和国交通运输部于2023年12月17日公布的《快递市场管理办法》第二十七条规定："经营快递业务的企业投递快件，应当告知收件人有权当面验收快件，查看内件物品与快递运单记载是否一致……"第五十四条规定："经营快递业务的企业有下列情形之一的，由邮政管理部门责令改正，予以警告或者通报批评，可以并处1万元以下的罚款；情节严重的，处1万元以上3万元以下的罚款：（一）未经用户同意代为确认收到快件的；（二）未经用户同意擅自使用智能快件箱、快递服务站等方式投递快件的……"快递行业新规通过部门规章的形式，进一步细致规定了快递企业履行当面交付义务的具体行为，也明确了快递企业未履行该义务应承担的法律责任，敦促快递企业履行服务主体义务，通过行政手段保障快递服务用户的合法权益。

编写人：北京互联网法院　袁建华　张夏意

53

社区团购经营者不能证明自己仅为网络服务提供者时应承担销售者责任

——董某诉某科技公司等信息网络买卖合同案

【案件基本信息】

1. 裁判书字号

北京互联网法院（2022）京0491民初12406号民事判决书

2. 案由：信息网络买卖合同纠纷

3. 当事人

原告：董某

被告：某科技公司、某食品商行、某食品公司

【基本案情】

2021年3月10日，原告董某在被告某科技公司经营的团购平台下单购买了案涉商品“杂粮”（以下简称案涉商品）一件，实际支付0.9元，收款方为被告某科技公司。案涉商品塑料包装标注净含量为65克，制造商为被告某食品公司。原告收到货后自行称重发现，案涉商品连同包装的重量为52.9克。原告将案涉商品送至检测公司进行检测，显示“净含量”检验“不合格”。原告董某认为，根据《定量包装商品计量监督管理办法》50克至100克允许4.5克的短缺量计算得出，案涉食品属于净含量不合格食品。原告曾与被告某科技公司进行协商，被告知被告某食品商行是案涉商品的实际销售者。原告主张，三被告作为销售者或生产者，应就其生产或销售不符合食品安全标准的食品导致原告合法权益受到侵害一事，共同承担解除合同、退货退款，以及承担惩罚性赔偿500元的责任。

被告某科技公司虽辩称，其仅是“团购买菜频道”的平台经营者，买卖合同交易相对方是被告某食品商行，但是，被告某科技公司不能证明其在“团购买菜频道”已公示销售者信息，并且已实际收取了原告董某的货款。同时，被告某食品商行亦不认可其是案涉商品的供货者，并提交入驻团购平台通过平台直接向消费者销售商品的合作协议签署于2021年4月20日，晚于案涉订单生成时间2021年3月10日。被告某食品公司虽辩称，案涉商品出厂时是合格产品，但同时表示，因洪水导致无法提供案涉商品的检验报告。

【案件焦点】

社区团购经营者不能证明自己仅为网络服务提供者时，应承担何种责任。

【法院裁判要旨】

北京互联网法院经审理认为：原告在被告某科技公司经营的团购中购买了

“杂粮”一件，合同有效，双方成立信息网络买卖合同关系。该合同是双方当事人的真实意思表示，不违反法律、行政法规的强制性规定，合法有效。被告某科技公司虽然辩称，其并非实际销售者，而是平台经营者，但未能提供其在平台内公示实际销售者信息、案涉商品实际由被告某食品商行在团购平台上销售的相应证据，商品货款亦实际支付给被告某科技公司，而被告某食品商行亦不认可其是销售者，并提供了双方合作协议签署时间晚于涉案订单发生时间的证据，故对于被告某科技公司的上述辩解意见，本院不予采纳。综合来看，被告某科技公司无法提供相应证据证明其系仅提供平台服务的电子商务平台经营者而非案涉商品销售者，应当认定其为案涉商品销售者，应当承担产品销售者责任。

关于原告要求解除合同、退货退款的诉求，因案涉商品存在实际商品净含量明显少于标注净含量的问题，导致原告合同目的无法实现，故予以支持。

关于原告主张赔偿500元的惩罚性赔偿诉求。案涉商品标注的重量与实际检测重量存在明显差距，超过了允许存在的误差范围，而该重量差异并非消费者在购买商品时能够直接获知的。被告某食品公司作为生产者，不能够提供案涉商品出厂检测合格报告等材料，该缺斤少两的行为推定生产者存在欺诈的故意，应承担惩罚性赔偿责任。但是，案涉食品包装并非被告某科技公司制作，标注内容并非某科技公司可决定，不足以认定其存在欺诈的故意，不应承担惩罚性赔偿责任。

关于原告要求被告某食品商行承担合同责任的诉求，缺乏事实依据，不予支持。

北京互联网法院依照《中华人民共和国民法典》第五百六十三条第一款第四项、第五百六十五条、第五百六十六条，《中华人民共和国食品安全法》第五十三条，《中华人民共和国消费者权益保护法》第五十五条第一款之规定，判决如下：

一、原告董某与被告某科技公司的涉案合同自2022年6月15日起解除；

二、自本判决生效之日起七日内，被告某科技公司退还原告董某货款0.9

元，原告董某将案涉商品退还给被告某科技公司，若不能退还，需折抵相应货款；

三、自本判决生效之日起七日内，被告某食品公司赔偿原告董某500元；

四、驳回原告董某的其他诉讼请求。

判决后，双方当事人均未提起上诉，本判决现已生效。

【法官后语】

目前，社区团购作为一种全新的为基层社区提供商品、服务的模式，为居民带来了便利，提高了商品流通效率，近年来得以快速蓬勃发展，可以说，社区团购已经成为网络消费的重要途径。然而社区团购引发的纠纷案件随之而来，由于社区团购采购模式复杂。常见的采购模式主要有以下四种：一是团购平台为消费者提供自主选择商家的权利，类似传统电商的交易模式。二是团购平台直接与消费者进行交易，不披露供货商，类似于传统电商的“自营”模式。三是消费者不能直接选择商家，由平台根据货源进行匹配后替消费者作出决策。四是由“团长”替消费者选择商家，平台仅提供交易途径。

不同模式下，各类主体法律关系不同，消费者维权时或将供货商、团购平台、“团长”，以及生产商等列为被告，责任主体较难区分，特别是实际供货主体身份难以确定时，增加维权难度。这时，就涉及实际经营者认定的问题。

《最高人民法院关于适用〈中华人民共和国民事诉讼法〉的解释》第九十一条第一项规定，主张法律关系存在的当事人，应当对产生该法律关系的基本事实承担举证证明责任。一般而言，消费者的维权和举证能力较弱。我们认为，消费者能够举证证明交易实际发生、收款主体，以及对外显示的交易主体，即完成了证明存在买卖合同关系这一基本事实的举证责任。社区团购平台经营者应承担实际销售主体为他人的举证责任。

《中华人民共和国电子商务法》第十五条规定，电子商务经营者应当在其首页显著位置，持续公示营业执照信息、与其经营业务有关的行政许可信息、属于依照本法第十条规定的不需要办理市场主体登记情形等信息，或者上述信息的链接标识。前款规定的信息发生变更的，电子商务经营者应当及时更新公示信息。依据上述规定，社区团购平台的经营者，不仅要在显著位置，公示自己的营业执照等信息，若存在其他平台内经营者，亦应当公示其他平台内经营者的营业执照等信息。

《中华人民共和国消费者权益保护法》第四十四条第一款规定，消费者通过网络交易平台购买商品或者接受服务，其合法权益受到损害的，可以向销售者或者服务者要求赔偿。网络交易平台提供者不能提供销售者或者服务者的真实名称、地址和有效联系方式的，消费者也可以向网络交易平台提供者要求赔偿；网络交易平台提供者作出更有利于消费者的承诺的，应当履行承诺。网络交易平台提供者赔偿后，有权向销售者或者服务者追偿。从保护消费者权益的角度来看，社区团购平台经营者若实际收取了货款，交易发生在其经营的团购平台内，而其并未向消费者提供自主选择商家的权利，不能披露实际供货商，应认定为其直接与消费者进行交易，属于类似于传统电商的"自营"模式，故应当承担销售者责任。

编写人：北京互联网法院　王红霞

54

恶意频繁退单的信息网络买卖合同效力认定

——庞某诉黄某信息网络买卖合同案

【案件基本信息】

1. 裁判书字号

江西省永丰县人民法院（2024）赣0825民初273号民事判决书

2. 案由：信息网络买卖合同纠纷

3. 当事人

原告：庞某

被告：黄某

【基本案情】

黄某在某网络购物平台经营多家皮肤生活馆店铺，庞某在2023年9月14日和9月16日两天时间内，在黄某经营的7家店铺内下单购买用于治疗银屑病类的抑菌乳膏产品共计20单，随后庞某又将已下单的多笔订单申请退款，其中未成功退款5单，金额合计1987.75元。未退款的订单，黄某通过快递公司合并发货给庞某，但庞某接到快递后发现包裹显示重量为0.1千克，认为是空包，便与黄某联系，黄某重新发货，之后庞某以不需要该商品为由拒收。其间，双方就案涉订单申请售后协商但未果，订单金额已由平台打给了被告黄某。现原告以标的物未交付、被告欺诈发货为由，要求解除合同退回货款并进行惩罚性赔偿，遂成本讼。另查明，在同一时间，庞某还在黄某弟弟经营的同类店铺中采用同样的方式进行频繁下单、付款、申请退款等，后有一单经客服审核驳回了退款申请，庞某同样拒收货物后诉至法院要求解除合同并“退一赔三”进行惩罚性理赔。

【案件焦点】

1. 双方信息网络买卖合同的效力问题；2. 出卖人在交易中是否存在欺诈行为。

【法院裁判要旨】

江西省永丰县人民法院经审理认为：本案涉及以下两个问题。

第一，关于双方信息网络买卖合同的效力问题。原告庞某于2023年9月14日和9月16日在被告黄某及其弟弟黄某友经营的店铺中频繁进行下单购买同一产品，并立即频繁地发起退款操作，后被告店铺的订单仅有5单系原告放弃退款申请或被客服驳回而未退款成功，其余15单均已退款成功。结合售后聊天记录“货发少了，快点发，我买多少发多少，要玩就这样玩”等内容看，原告意图干扰被告及其弟弟店铺经营的目的性和指向性明显，可以反映出原告并非真正意义上的消费者，其没有购买使用该商品的真实意思。而且原告购买此类特殊产品的每单件数也较多，已经明显超出个人使用的正常消费需要，其频繁下单、付款、申请退款、货到拒收等系列行为明显是滥用其退货退款的权利以达个人非法之目的的表现，在主观上存有恶意，已经严重扰乱了网络买卖的正常经营交易秩序，也与普通百姓心中朴素的一买一卖的正常、善良交易习俗完全相背离，违反了《中华人民共和国民法典》第八条“民事主体从事民事活动，不得违反法律，不得违背公序良俗”和第一百三十二条“民事主体不得滥用民事权利损害国家利益、社会公共利益或者他人合法权益”之规定，该违背公序良俗的民事行为无效。解除合同的前提是该合同系合法有效，现原、被告之间成立的合同因原告行为有违公序良俗而无效，无效合同的民事法律行为自始无效，原告要求解除合同的前提已不成立，其该诉请本院不予支持。民事法律行为无效后，行为人因该行为取得的财产，应当予以返还；不能返还或者没有必要返还的，应当折价补偿。有过错的一方应当赔偿对方由此所受到的损失；各方都有过错的，应当各自承担相应的责任。原告拒收而未取得货物，无须返还货物，但被告对原告诉称的订单货款1987.75元已由网络购物平台转入而取得，应予退还。

第二，关于原告诉称被告存在欺诈交易行为并要求“退一赔三”进行惩罚性赔偿的问题。所谓欺诈是指故意告知虚假情况或者隐瞒真实情况，导致相对方做出错误意思表示的行为。原告并未提供证据证明因被告存在其他欺诈行为，致使其产生错误认识进而与被告订立了信息网络买卖合同。故而原告认为被告行为构成欺诈的主张，欠缺事实与法律依据，本院不予采信，其要求被告按订单金额的三倍予以赔偿的诉讼请求，本院不予支持。

江西省永丰县人民法院依照《中华人民共和国民法典》第八条、第一百三十二条、第一百五十三条、第一百五十七条、第五百九十五条之规定，判决如下：

一、被告黄某向原告退还货款1987.75元；

二、驳回原告庞某的其他诉讼请求。

判决后，双方当事人均未上诉，本判决现已生效。

【法官后语】

随着网络经济的发展，网络购物平台越来越多，信息网络买卖合同纠纷案件也屡见不鲜，消费者与销售者之间的纠纷日渐增多。销售者在网上展示自己经营的产品，向不特定的客户发出邀请，消费者通过注册平台用户，在平台上选择购物提交订单，向销售者发出要约，销售者收到订单后通过平台系统予以接受即作出了同意交易的承诺。自此，信息网络买卖合同成立。网购因便捷逐渐成为时尚，但网络购物也不能是法外之地，网络上的购物通过电子设备来传达买卖合意，该买卖行为亦受法律保护，诚实信用、遵守公序良俗同样是网络买卖的基本原则。现在网购中出现了利用无理由退款权利进行恶意频繁下单、退单等，紧盯商家伺机寻找高额回报，扰乱正常交易秩序的现象，这种恶意的行为不能被纵容，不能给予其法律上的支持与保护，应该给予网络经济相应的发展空间，为其创造优质的营商环境，进而获得高质量发展。

本案中，庞某出于干扰他人正常经营或牟取高额赔偿款的目的，通过网络购物平台频繁下单、退单，仅留少数几单也在卖方发货后故意拒收，明显与一般老百姓心中的朴素、善良、正常的“一买一卖”的交易习俗相悖，违反了《中华人民共和国民法典》第八条“民事主体从事民事活动……不得违背公序良俗”之规定，对于此种恶意频繁下单、退单的买卖行为，应根据民法典规定确认为无效行为，有利于维护正常的网购交易秩序，让受此侵扰的卖方有不予发货以及造成损失要求对方予以赔偿的合法依据，从而促进网络经济的健康高质量发展。

本案对网购中的恶意频繁下单退单行为直接认定为无效行为具有一定的社会价值。据了解，在网络平台销售中不少商家确有碰上同行或“打假团队”的恶意频繁下单退单情况，对此形成的订单如不发货则平台又会处罚或降权，故而有以发送空包的形式作为对策的，以此来减少运费损失，最后形成纠纷后便协商退货款。该案直接认定该种行为无效，则可让受此侵扰的卖方有不予发货（不予理睬）以及造成损失要求对方予以赔偿的合法依据。黄某在该案中要求庞某赔偿损失未获支持，主要是因未在法定期限内提出反诉，但其仍有权另行诉讼主张庞某承担侵权赔偿责任。

编写人：江西省永丰县人民法院　陈庆荣

八、所有权保留买卖合同纠纷

55

因保留所有权人购买的商业险无法受偿应负担相应风险

——某运输公司诉严某、姜某所有权保留买卖合同案

【案件基本信息】

1. 裁判书字号

山东省枣庄市中级人民法院（2024）鲁 04 民终 378 号民事判决书

2. 案由：所有权保留买卖合同纠纷

3. 当事人

原告（上诉人）：某运输公司

被告（被上诉人）：严某、姜某

【基本案情】

严某与姜某系夫妻关系。2020 年 12 月，严某（乙方、购车方）向某运输公司（甲方、供车方）购买汽车一辆，约定总价款 38.6 万元，并签订《分期付款车辆买卖合同》。合同签订之日，严某支付首付款 5 万元，剩余 33.6 万元车款分二十个月支付，每月支付本金及利息 1.68 万元，姜某（丙方、保证方）作为保证人在合同上签字。合同中约定："在分期付款期间，乙方在全部付清

合同约定的购车款和其他费用前，乙方同意甲方保留车辆所有权。在本合同期间，甲方对该车辆投保保险种类、投保保险公司的选择及对车辆投保的各投保险种的最高投保金额有决定权，但对每一台车辆至少要投保交强险、车辆损失险等险种，由甲方统一办理车辆保险事宜，保险费用由乙方承担。在合同期间内，因车辆发生的交通事故赔偿由乙方自行承担，甲方不承担任何赔偿责任。如果甲方向第三人支付赔偿后，乙方应当在10日内向甲方支付上述赔偿款，逾期乙方自愿承担月息2%的利息。超过90天，甲方有权强行收回该车辆，经第三方评估作价后，由甲方直接出售，优先用于偿还甲方支付的赔偿款，不足的部分由乙方自愿用其他财产偿还。如果登记在甲方名下的车辆存在车辆损失保险赔偿，统一由甲方向保险公司索赔（诉讼、仲裁），所得赔偿款优先支付甲方的费用、垫付款及向第三者支付的赔偿款。合同期内，丙方自愿承担连带责任……"

合同签订后，车辆正常运营11个月，严某每月按期付款，与首付款共计支付23.48万元。直至2021年10月，该车辆与案外人发生交通事故，经事故发生地法院审理，判决姜某承担全部赔偿责任，某运输公司承担连带赔偿责任。因投保的商业险严某无法向保险单位理赔，该运输公司取回车辆，于2023年4月把案涉车辆以16.3万元的价格出售给某县某贸易部。2023年3月，交通事故被害人与姜某、某运输公司的机动车交通事故纠纷执行完毕，某运输公司向受害人实际支付的赔偿款为166717.73元。在该车辆发生交通事故后，该运输公司从停车场取回车辆，向停车场交纳停车费1万元，并购买交强险及补交交强险保险滞纳金共计3568.88元。

另查明，该分期付款买卖合同是由该运输公司提供的格式合同文本。分期付款合同中，有关严某向银行借款，某运输公司提供担保并通过严某向银行分期还款付息的条款是虚假的条款。

【案件焦点】

1. 某运输公司取回车辆后，变卖价格是否合理；2. 某运输公司售卖车辆的价款应优先偿还因交通事故产生的案外人损害赔偿还是优先扣除严某欠运输公司的购车款；3. 是否支持某运输公司从停车场取回车辆所支付的停车费和保险费。

【法院裁判要旨】

山东省枣庄市市中区人民法院经审理认为：关于车辆被运输公司取回变卖价格是否合理。庭审中严某、姜某对运输公司取回并出售案涉车辆并无异议。只是陈述运输公司出售车辆后才告知其售价。同时对出售的价款有异议，该运输公司告知姜某的出售价格是 17 万元至 18 万元，不是 16.3 万元。运输公司当庭出示了其与某县某贸易部的买卖合同和转款凭证。实际出售价格与姜某所述价格差价在 7000 元至 1.7 万元，考虑到案涉车辆属于事故车，必然影响出售价格等因素，差距可以认为在合理范围之内。姜某也未提交车辆市场价高于实际售价的证据，可以认定 16.3 万元是在合理价款范围之内。

关于售卖车辆的价款应优先偿还因交通事故产生的案外人损害赔偿还是优先扣除所欠购车款。案涉合同是由运输公司提供的格式合同，根据《中华人民共和国民法典》第四百九十六条第一款、第四百九十七条第二项的规定，提供格式条款的一方应当遵循公平原则确定当事人之间的权利和义务；提供格式条款一方不合理地免除或者减轻其责任、加重对方责任、限制对方主要权利的，该格式条款无效。案涉合同虽然约定“甲方出售车辆价款，优先偿还甲方支付的第三人赔偿款”，本案现有证据证明案涉车辆发生交通事故造成案外人损害后，无法向保险单位理赔的过错责任在运输公司，理由如下：（1）车辆投保的保险单位是由运输公司决定选择的，该运输公司未能提供所投保的保险单位某交通运输公司从事保险业务资质证明。（2）该运输公司未按照要求提供保单和保险发票。故不应将理赔不能的责任转与严某、姜某，出售车辆所得价款应该优先用于折抵严某所欠运输公司的购车款，不应优先偿还因交通事故产生的损害赔偿款。

关于某运输公司从停车场取回车辆所支付的停车费和保险费问题。某运输公司所交的停车费 1 万元属于取回案涉车辆出售的必要费用，依法应当由严某、姜某承担，购买的保险费 3568.88 元的费用，虽然不能认定为取回车辆的必要费用，但严某、姜某当庭同意该诉讼请求，可以由严某、姜某承担。依据《中华人民共和国民法典》第六百四十三条第二款的规定，关于以上费用由严某、姜某承担，本院予以支持。

山东省枣庄市市中区人民法院依照《中华人民共和国民法典》第四百六十五条、第四百九十六条、第四百九十七条、第五百七十七条、第五百七十九条、第六百四十一条、第六百四十二条、第六百四十三条、第六百八十八条、第六百九十二条、第一千二百一十三条，《中华人民共和国民事诉讼法》第四十条第二款、第一百三十九条、第一百七十条之规定，判决如下：

一、被告严某于本判决生效之日起十日内给付原告某运输公司购车款、停车费、保险费1768.88元；

二、被告姜某对上述第一项承担连带清偿责任；

三、驳回原告某运输公司的其他诉讼请求。

某运输公司不服一审判决，提起上诉。

山东省枣庄市中级人民法院经审理认为：双方签订的《分期付款车辆买卖合同》中约定由运输公司统一办理保险事宜，即车辆投保的保险单位是由运输公司决定，因本案中运输公司投保商业险的公司无保险业务资质，运输公司也未提供保单、保险发票等证据，运输公司对涉案交通事故商业险不能取得理赔应承担全部的过错。运输公司主张不能理赔的责任应当由严某、姜某承担，依据不足，依法不予支持。在本案车辆商业险不能理赔的情况下，运输公司出售涉案车辆所得价款，如优先用于偿还因交通事故产生的赔偿款，则使得因运输公司原因不能理赔的责任转嫁给严某、姜某，从而免除了运输公司的责任，并加重了严某、姜某的责任。综上，一审法院认为售车款应优先用于折抵所欠的购车款，并无不当。

山东省枣庄市中级人民法院依照《中华人民共和国民事诉讼法》第一百七十七条第一款第一项之规定，判决如下：

驳回上诉，维持原判。

【法官后语】

在汽车分期付款时，车辆的价值过高时需要将车辆本身作为质押物，车辆的所有人实际只有使用权，所有权人是在两方清账解除抵押或公证，合同作废之后才会对车辆享有实际处置权，该情形在重型货车领域尤为明显。重型货车在运行过程中，危险性往往比小型汽车更大，加之挂靠关系不明确、合同约定不清楚等原因导致此类纠纷高发频发。

本案中，购车方购买案涉车辆并挂靠在出卖方名下经营，合同约定由出卖方购买包括交强险、商业险、三者险、车辆损失险在内的各种保险，购买方不得私自购买保险，否则出卖方有权解除合同。根据合同约定，车辆发生事故后，其相应风险要由购车方承担。以往判例中，因出卖方购买保险错误，导致无法受偿的风险由购车方承担，显失公平。本案中，是否能认定该《分期付款车辆买卖合同》为格式合同及售卖车辆的价款能否优先偿还因交通事故产生的案外人损害赔偿是值得探讨研究的重点。

一、《分期付款车辆买卖合同》是否为格式合同

庭审中，运输公司表示合同样式为他们拟定提供，且是一直沿用的版本，可以认定为该合同为运输公司制定的格式合同，对于格式合同效力的认定可以适用《中华人民共和国民法典》第四百九十六条第二款、第四百九十七条第二项的规定，提供格式条款的一方应当遵循公平原则确定当事人之间的权利和义务；提供格式条款一方不合理地免除或者减轻其责任、加重对方责任、限制对方主要权利的，该格式条款无效。

二、售卖车辆的价款能否优先折抵所欠的购车款

按照双方签订的合同约定，车辆保险必须由运输公司购买，运输公司一直未能提供保险费发票、保险凭证等材料。因运输公司的过错，购买的保险所属保险公司不具备相关资质，无法理赔交通事故造成的损失，才造成分期履行协议的中断，故该风险应由运输公司承担。售卖车辆的价款应优先折抵所欠的购车款。案涉车辆出现交通事故及运输公司支付的案外人赔偿166717.73元的事实，该法律关系属于追偿权纠纷，与本案买卖合同不是同一法律关系，运输公司可向保险公司另行主张。

综上，采用分期付款方式签订的买卖合同，在标的物交付后，价款尚未完

全付清之前，出卖方有保留标的物所有权的权利，但标的物的风险责任与其所有权是分离的，即由买受人负担。保留所有权买卖主要是为出卖方提供一种担保功能，确保其能如期、完全地获取应得的价款。如果买受人违约，出卖人可以依法采取补救措施，从而实现自己的利益。在价款未付清之前，虽然所有权尚未完全转移，但由于标的物已由买受人实际占有、控制、使用，此间发生的标的物毁损、灭失或者造成与第三人的侵权诉讼等，其责任均与出卖人无关。但如果是因出卖方的过错，导致购买的保险无法最终获得理赔，造成分期履行协议中断的，风险责任应由出卖人承担。

编写人：山东省枣庄市市中区人民法院　王家利　陈灿　刘飞

图书在版编目（CIP）数据

中国法院2025年度案例. 买卖合同纠纷 / 国家法官学院，最高人民法院司法案例研究院编. -- 北京 : 中国法治出版社社，2025. 4. -- ISBN 978-7-5216-5034-1

Ⅰ. D920. 5

中国国家版本馆CIP数据核字第2025H7F440号

策划编辑：李小草　韩璐玮　白天园

责任编辑：孙静　　封面设计：李宁

中国法院2025年度案例. 买卖合同纠纷

ZHONGGUO FAYUAN 2025 NIANDU ANLI. MAIMAI HETONG JIUFEN

编者/国家法官学院，最高人民法院司法案例研究院

经销/新华书店

印刷/三河市紫恒印装有限公司

开本/730毫米×1030毫米　16开　　印张/ 17.5　字数/ 211千

版次/2025年4月第1版　　2025年4月第1次印刷

中国法治出版社出版

书号ISBN 978-7-5216-5034-1　　定价：75.00元

北京市西城区西便门西里甲16号西便门办公区

邮政编码：100053　　传真：010-63141600

网址：http：//www.zgfzs.com　　编辑部电话：010-63141787

市场营销部电话：010-63141612　　印务部电话：010-63141606

（如有印装质量问题，请与本社印务部联系。）